KB210706

크리스천 베이직

크리스천이라면 반드시 알아야 할 기독교 신앙원리의 핵심

크리스천 베이직

CHRISTIAN BASIC

김동호

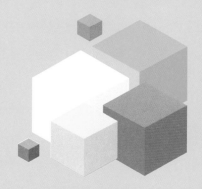

규장

크리스천 베이직
개정판을 내며

1998년부터 2년간 월요일마다 한동대학교에서 '크리스천 베이직'이라는 과목으로 강의한 원고를 정리하여 이 책을 출간했다. 2000년 4월에 초판을 찍은 《크리스천 베이직》은 어언 19년이 되는 지금까지 꾸준히 판매되는 스테디셀러로 자리 잡았다.

초판 서문에도 언급했듯이, 조직신학적인 틀 안에서 교인들이 기독교의 기본 교리를 알기 쉽게 이해하도록 서술한 책이다. 신학을 전문적으로 공부하지 않는다고 해도, 건강하고 올바른 신앙생활을 위해서는 조직신학적인 공부가 한 번은 꼭 있어야 한다. 그래야 균형 잡힌 신앙생활과 교회생활을 할 수 있다. 그렇지 않으면 기둥과 뼈대를 세우지 않고 집을 짓는 것과 같아서 튼튼하고 반듯한 신앙생활이 어려워진다.

그런 목적에 동의하는 많은 독자에게 인정받아 85쇄를 찍을 만큼 사랑받아온 《크리스천 베이직》을 다시 손보고 편집하여 개정판을 내놓는다.

나름 힘들여 열심히 쓴 책은 나중에 교정도 보기 싫어진다. 부족하고 흠이 있어도 있는 그대로에 깊은 애정을 느끼기 때문이 아닐까 싶다. 화가 중에 정성껏 그림을 완성한 후에는 부족한 점이 보여도 덧칠하지 않는 분들이 있다는 이야기를 들은 적이 있는데, 내 심정이 그런 것이 아닌가 생각한다.

고치고 싶은 부분이 눈에 띄지만 고치고 싶지 않았다. 몇 번 손을 대보았지만, 결국 실패하고 말았다. 7부 선교 부분에 한 꼭지 정도 추가하고, 나머지 부분은 규장 편집팀에서 정성껏 다듬어 주었다. 원판은 거의 바뀌지 않았지만 누가 메이크업을 했는가에 따라 인물이 달라 보이는 법이다. 확실히 초판보다 책의 빛깔이 달라졌다. 소명을 품고 책을 만드는 규장에 늘 감사한다.

새롭게 세수하고 단장하고 나온 《크리스천 베이직》 개정판이 현대 교회와 교인들에게도 사랑받는 책이 되었으면 좋겠고, 신앙의 기초를 튼튼히 하는 데 쓰임 받을 수 있으면 더할 나위 없겠다.

20여 년 전 열심히 내 강의를 들어준 한동대학교 학생들, 19년 동안 열심히 이 책을 읽고 공부해주신 독자들, 그리고 애정과 소명감을 가지고 새롭게 책을 꾸며주신 규장에 감사드린다.

2019년 4월

김동호

신앙의 구구단을
아십니까?

그동안 우리나라는 "꿩 잡는 것이 매" 또는 "모로 가도 서울만 가면 된다"는 식으로 성장을 위하여 수단과 방법을 가리지 않고 나름대로 열심히 살아왔다. 어느 정도까지는 이와 같은 방법이 통했는데, 어느 순간부터인가 이런 밀어붙이기 식의 일이 통하지 않게 되었다. 더 이상의 성장과 부흥을 감당하기에는 기초가 너무 약했기 때문이고, 수단과 방법을 가리지 않은 것이 문제가 되기 시작했기 때문이다. 이제 우리 한국이 이 모든 어려움을 극복하고 일어서려면 시간이 걸리더라도 기초를 튼튼히 하고 정당한 수단과 방법을 사용하는 것을 배우지 않으면 안 된다.

기초를 튼튼히 하고, 정당한 수단과 방법 선택하기를 배우는 것은 사회에만 필요한 것이 아니다. 그것은 교회에도 필요하다. 왜냐하면 그동안 우리 교회도 세상과 마찬가지로 성장 일변도의 목회를 해왔기 때문이다. 그와 같은 목회를 통하여 어느 정도 교회가 성장한 것은 사실이지만 성장한 만큼 기초가 튼튼하지 못하기 때문에 교회는 오히려 성장하기 전보다 더 문제가 많아지고 위험해지고 있다. 지금이라도 늦지 않았으니 신앙생활과 교회생활의 기본과 기초를 튼튼히 하는 일이 무엇보다도 중요하다.

이전에 교회생활의 기초를 든든히 다지게 하려고 《크리스천 스타트》라는 책을 출간했다. 이번에는 신앙생활의 근간을 위하여 《크리스천 베이직》(Christian Basic)이라는 제목의 책을 집필하게 되었다. 지난번 책은 교회생활을 중심으로 집필했다면, 이번 책은 기독교의 기본 교리를 중심으로 집필했다. 조직신학적인 순서를 따라 창조와 타락, 그리고 구원과 선교의 문제를 다루었다. 기독교인으로서 반드시 알고 있어야 할 주제들을 다루었다. 모든 주제가 조직신학적인 순서를 따라 집필되었기 때문에 이 한 권의 책을 차분히 다 읽는다면 나름대로 기독교 신앙의 줄거리를 체계적으로 파악할 수 있게 될 것이다.

포항에 있는 한동대학교에서 1998년 가을 학기부터 '크리스천 베이직'이라는 제목으로 강좌를 개설하고 강의를 했다. 나름대로 어느 정도 좋은 열매가 있어서 1999년부터는 필수과목으로 강의를 개설하게 되었다. 목회하는 목사가 월요일 새벽부터 서둘러 포항까지 강의를 하러 내려간다는 것은 생각처럼 쉬운 일은 아니다. 그러나 나는 학생들에게 이 내용을 강의하는 것이 매우 중요하다고 생각하기 때문에 참으로 열심히 강의를 하러 내려간다. 내 작은 수고를 통하여 한 사람이라도 믿음의 기초를 튼튼히 할 수 있다면, 그것은 얼마나 감사한 일인가! 얼마나 기쁜 일인가!

부지런히 책을 쓴다. 때로는 힘들기도 하고 때로는 부끄럽기도 하다. 그러나 내 작은 수고와 나의 부끄러움을 무릅쓰는 용기를 통하여 단 한 사람이라도 믿음의 기초를 튼튼히 할 수 있다면 그것 또한 감사한 일, 기쁜 일이 아니겠는가? 이번에도 그런 마음을 가지고 용감하게 이 책을 썼다. 책을 쓸 때마다 허물하지 않고 열심히 출판을 해주는 규장에 감사를 드린다.

2000년 4월

김동호

CHRISTIAN BASIC

PART 1

우연이라니?
말도 안 돼!

창조주 하나님

CHAPTER 1

헛똑똑이

믿는다는 것과 안다는 것

어느 기독교 대학에서 몇 년 동안 학생들에게 기독교 과목을 강의한 적이 있었다. 미션 스쿨이었기 때문에 학생들은 의무적으로 기독교 과목 몇 강좌를 필수로 수강하여야만 했다. 학생 중에는 기독교인들도 있었지만 기독교 신앙을 가지지 않은 학생들도 많았는데, 어쩔 수 없이 들어야 하는 과목이 즐거울 리가 없었고 따라서 저들 앞에서 강의하는 일은 쉽지가 않았다.

강의 첫 시간에 종종 학생들에게 만일 "이 땅에 신(神)이 존재하지 않는다"는 무신론을 논리적으로 입증하는 페이퍼를 제출하는 학생이 있다면, 그에게는 한 학기 동안 강의에 들어오지 않고 시험을 보지 않아도 A학점을 주겠다고 약속을 하였다. 여러 해 동안 수천 명의 학생들에게 강의를 했지만, "이 땅에 신이 존재하지 않는다"는 '무신논증'으로 학점을 딴 학생은 단 한 명도 없었다.

💎 불가능한 무신논증

누구나 "이 땅에 신은 없다"고 말할 수는 있지만, 그것을 논리적으로 증명할 수는 없다. 그 대학의 학생들뿐 아니라 이제껏 그 누구도 무신론을 논리적으로 입증한 사람은 아직 한 사람도 없고 앞으로도 없을 것이다.

그러나 유신론은 얼마든지 논리적으로 입증할 수 있다. 이제까지 수없이 많은 사람이 수없이 많은 유신논증을 해왔는데, 그 중에 대표적인 유신논증 하나를 꼽으라면 그것은 '존재론적인 유신논증'이다. 존재론적인 유신논증을 간단히 이야기하면 다음과 같다.

과학의 가장 기본적인 공리(公理) 중에 하나는 "원인이 없는 결과는 없다"는 것이다. 그것은 "결과가 있는 것은 반드시 원인이 있다"라는 말과도 같다. 그러므로 모든 존재하는 것에는 그것이 존재하게 된 원인이 반드시 있다.

그런데 중요한 것은 이 세상에 존재하는 모든 존재의 존재 원인은 반드시 밖에 있다고 하는 것이다. 그것을 철학에서는 "존재의 원인이 타자(他者)에게 있다"는 말로 설명한다. 그것은 쉽게 말해서 스스로 존재하는 것은 이 땅에 없고 반드시 모든 존재하는 것은 타자에 의해서 존재하게 된다는 것이다.

연필이 있다고 하자. 그 연필이 존재하게 된 원인은 연필 스스로에게 없다. 누군가가 그 연필을 만들었는데, 그 누군가가 연필에게는 타자이고 그 타자가 연필의 존재 원인이 되는 것이다. 그것은 사람도 마찬가지이다. 모든 사람은 존재의 원인이 타자에게 있다. 이 세상에 스스로 태어난 사람은 한 사람도 없다. 모든 사람은 부모에게서 태어났다. 부모가 존재의 원인이다.

나의 존재 원인은 부모이다. 그러나 부모도 스스로 존재한 존재의 제일원인(第一原因)은 아니다. 부모도 그들의 부모로 인하여 존재하게 되었고, 그 부모도 또 그들의 부모 때문에 존재하게 되었다. 이렇게 존재의 원인을 찾아 올라가게 되면 우리는 끝없는 여행을 계속해야만 한다.

🔷 유신논증이 합리적이다

결과가 있다는 것은 원인이 있었다는 것을 의미하며, 끝이 있다는 것은 시작이 있었다는 것을 의미한다. 그것은 과학의 가장 근본적인 공리라고 할 수 있다. 그러므로 이 세상에 존재하는 모든 것의 첫 원인이 되는 첫 존재가 있었을 것이라는 사실을 우리는 쉽게 생각할 수 있다.

그는 그 이전에는 그 어떤 존재도 없었던 첫 존재였을 것이다. 철학에서는 그를 '제일원인'이라고 한다. 그런데 그 제일원인은 논리적으로 존재의 원인이 자신에게 있어야만 한다. 모든 존재의 원인이 되는 첫 존재는 존재의 원인이 타자에게 있지 않고 스스로에게 있어야 한다는 것은 자명한 논리이다. 그래서 철학은 '제일원인'을 '자존자'(自存者)라고도 한다. 그리고 그 제일원인과 자존자를 신(神)이라고 지칭한다.

우리는 이와 같은 논리적인 작업을 통하여 신이 이 땅에 존재한다는 논증을 할 수 있는데, 그것이 바로 '존재론적인 유신논증'이다. 그 밖에도 이 땅에 신이 존재한다는 것을 증명하는 유신논증은 얼마든지 있다.

깊이 생각도 해보지 않고 그냥 무조건 무신론자가 되는 것은 이성과 지식을 가진 사람이 할 일이 아니다. 사람들은 신이 있다고 믿는 사람들은 비과학적인 사고를 하는 사람이고, 신이 없다고 믿는 무신론자들은 마치 과학적인 사고를 하는 사람인 것처럼 생각하는데 그것은 잘못이다. 무신론처럼 비과학적인 억지는 없다. 적어도 지성인이라면 이 땅에 신이 존재한다는 것을 과학적이고 합리적인 사고를 통해 믿어야 하고 받아들여야만 한다.

그러나 유신논증에도 한계가 있다. 절대로 넘어설 수 없는 치명적인 한계가 있다. 그것은 유신논증으로 이 땅에 신이 존재한다는 것은 입증할 수 있으나 그 신이 과연 우리 기독교가 이야기하는 하나님인지 아닌지는 논리적으로 입증하거나 설명하기가 불가능하다는 것이다. 다시 말해서 유신논증은 가능하나 하나님논증은 불가능하다는 것이다.

그러므로 믿지 않는 사람들에게 하나님이 계심을 논리적으로 입증하려고 하는 것은 잘못이다. 유신논증을 통하여 하나님의 존재를 설명하려고 하는 것은 틀렸다. 신이 존재한다는 것은 인정하겠는데 그 신이 기독교의 하나님인지 아닌지를 어떻게 알 수 있느냐고 물으면 어떠한 말로도 대답이 불가능하기 때문이다.

여기서 우리는 기독교의 하나님과 그에 대한 신앙은 어떠한 논증을 통해서도 이해될 수 없다는 사실을 발견할 수 있다. 신앙은 우리의 이해를 통해 얻어질 수 있는 것은 아니다.

어떤 신학자는 "이해되어지는 신은 신이 아니다"라는 말을 하기도 하였다. 신은 무한 세계의 존재요 우리는 유한 세계의 존재이다. 유한은 무한을 품을 수 없다. 유한한 존재가 무한한 존재를 논리적으로 이해하려고 한다는 것은 불가능한 일이다. 신은 우리의 이해 안에 있으나 하나님은 우리의 이해 밖에 계시는 진리이시다. 이해 밖에 계시는 진리이신 하나님을 이해하려고 하는 것은 불가능한 일이다.

🔷 믿음으로 이해에 이르는 비밀

이 세상에는 우리에게 이해되지 않는 진리가 많다. 어떤 면에서 보면 우리에게 이해되는 진리보다 이해되지 않는 지혜가 오히려 더 많을는지도 모른다. 우리는 그것을 겸허하게 인정해야만 한다. 우리에게 이해되지 않는 것은 무조건 진리가 아니라고 이야기한다면 어리석은 일이요 억지가 아닐 수 없다.

우리가 이해할 수 있는 진리도 중요하지만 좀 더 중요한 진리는 거의 다 우리 이해 밖에 있다고 할 수 있다. 그렇다면 어떻게 우리의 이해 밖에 있는 진리를 우리 것으로 삼을 수 있는가?

우리의 이해 밖에 있는 진리를 이해할 수 있는 길은 과연 있는가? 있다. 우리의 이해 밖에 있는 진리를 우리 것으로 할 수 있는 길이 있다. 그 길은 '믿음'뿐이다. 우리는 믿음으로 그것을 내 것으로 삼을 수 있다.

당신은 당신이 다니는 교회를 처음 찾아갔을 때 분명히 교회로 가는 길을 잘 몰랐을 것이다. 누군가가 길을 일러주었을 것이다. 약도를 그려주었을 수도 있다. 그때 당신은 그 약도를 알고 갔는가? 믿고 갔는가? 처음엔 누구나 믿고 가는 것이다. 그 약도가 맞을 것이라고 믿고 갔을 것이다. 그 약도대로 갔더니 교회에 도착하게 되었다. 그와 같은 일을 통하여 교회 가는 길을 이해하게 되었다. 그다음부터는 길을 믿고 가는 것이 아니라 길을 알고 간다. 이해로 믿음에 이른 것이 아니라 믿음으로 이해에 이르게 된 것이다.

세상의 모든 진리도 다 믿음으로 이해에 이른 것이다. 이해를

세상의 모든 진리도 다 믿음으로 이해에 이른 것이다.

통하여 믿음에 이르는 것이 아니라 믿음으로 이해에 이르는 것이다. 그것은 하나님에 대해서도 마찬가지이다. 하나님과 하나님에 대한 모든 진리는 믿음으로 이해에 이르는 것이지 이해를 통하여 믿음에 이르는 것이 아니다. 그러므로 이해가 안 돼서 못 믿겠다는 말은 논리적으로 맞지 않는 말이다. 하나님을 보여주면 믿겠다는 말도 마찬가지이다. 보여주면 믿는 것이 아니라 믿으면 보이는 것이다.

🔵 믿고 시작해야 한다

히브리서 11장 1절에 보면 "믿음은 바라는 것들의 실상이요 보이지 않는 것들의 증거"라는 말씀이 있다. 우리가 믿는 것이 진실이면 그 실상과 증거가 나타날 것이요, 그렇지 않다면 그 증거와 실상은 나타나지 않을 것이다. 믿음은 보이지 않는 것이지만, 그 증거와 실상은 눈에 보이는 것이다. 그 증거와 실상을 통하여 우리는 우리 믿음이 참된 것인지 거짓된 것인지 판별할 수 있다.

믿음으로 이해에 이를 수는 있으나 이해로 믿음에 이를 수는 없다. 하나님과 하나님에 대한 신앙은 믿음을 통해서만 얻을 수 있다. 우리의 이해를 통해서는 얻을 수 없다. 그래서 성경에 보면 하나님은 자신의 존재를 증명하려고 하시지 않았다. 성경의 제일 첫 장 첫 절은 "태초에 하나님이 천지를 창조하시니라"(창 1:1)라는 말씀으로 시작된다. 하나님은 자신의 존재를 증명하려 하시지 않고 선포하셨다.

하나님의 존재를 논리적으로 입증하고 논증하는 글이라면 그 말씀은 맨 마지막에 나와야만 하는 말씀이다. 모든 것을 논리적으로 잘 설명하고 입증한 후에 "그러므로 이 세상은 태초에 하나님이 창조하신 것이다"라는 결론으로 써야 할 말씀인 것이다.

그런데 하나님은 "태초에 하나님이 천지를 창조하시니라"라는 말씀을 성경의 맨 끝에 쓰지 않고 성경 맨 처음에 쓰셨다. 그것은 기독교 신앙은 증명이 아니라 선포이며, 이해가 우선하는 것이 아니라 믿음이 우선하는 것임을 우리에게 가르쳐주고 있다.

기독교 신앙에 입문할 때 가장 중요한 것은 믿음이다. 믿고 시작해야 한다. 하나님과 하나님에 대한 모든 진리를 우선 믿음으로 받아들여야 한다. 그리고 그것을 우리의 삶이라고 하는 밭에 심는다. 그리고 나중에 그 열매로 나타나는 증거와 실상을 가지고 우리의 믿음을 판단하면 된다.

약도를 믿고 약도대로 갔는데 목적지에 도착하지 않았다면, 그 약도는 틀린 것이다. 그 약도가 가리키는 길은 틀린 길이라는 사실을 이해하게 될 것이다. 약도를 믿고 약도대로 갔더니 무사히 목적지에 도착하게 되었다면, 그 약도는 맞는 것이다. 그 길이 맞는 사실이라는 것을 이해하게 될 것이다.

하나님을 이해하는 것도 마찬가지이다. 우선 믿음으로부터 시작하여야 한다. 믿음은 보이지 않는 것이지만, 증거가 나타날 것이다. 실상이 나타날 것이다. 믿음은 보이지 않는 것이지만, 증거와 실상은 눈에 보인다. 그 실상과 증거를 통하여 우리 믿음이 옳았는지 옳지 않았는지를 이해하게 될 것이다. 중요한 것은 신앙은 믿음에서부터 시작하지 이해에서부터 시작하지 않는다는 점이다. 믿음으로 시작하자.

CHAPTER 2

너희가 원숭이를
믿느냐?

창조냐 진화냐?

성경은 "태초에 하나님이 천지를 창조하시니라"라는 선포로 시작된다. 이 세상 우주 만물은 우연히 생겨나 진화한 것이 아니라 하나님께서 분명한 계획과 뜻을 가지고 창조하신 하나님의 피조물이다. 그러므로 우리 기독교 신앙은 하나님께서 태초에 천지 만물을 창조하셨다는 창조론을 믿는 데서부터 출발한다.

그러나 불신자들은 창조론을 거부하고 진화론을 고집한다. 사람들은 그것을 그저 단순한 학설 정도로만 생각하지만, 그것은 단순한 학설이 아니다. 진화론은 학설 이상의 의미가 있다. 진화론 속에는 교묘한 사탄의 전략과 의도가 담겨 있다.

🔘 진화론과 우연, 창조론과 필연

사탄은 진화론을 전도하기 위하여 자신의 최선을 다하고 있다. 창조론을 무너뜨리면 기독교 신앙은 그 기초부터 무너진다는 것을 잘 알고 있기 때문이다. 진화론 속에는 기독교 신앙을 기초부터 무너뜨리려고 하는 명백한 사탄의 의도가 담겨 있다는 것을 알아야 한다. 크리스천 중에도 진화론을 그저 학설로 생각하고 별로 심각하게 생각하지 않는 사람들이 있는데, 그것은 매우 위험한 생각이다.

인생의 기초를 창조론 위에 놓느냐, 진화론 위에 놓느냐에 따라 그의 삶과 인생이 구별되며, 행복과 불행, 그리고 성공과 실패가 결정된다는 것을 알아야 한다. 창조론과 진화론의 문제는 그만큼 우리에게 중요한 문제이다.

진화론자는 반드시 그의 주장을 '우연'에서부터 시작해야만 한다. 진화를 이야기하기 위해 진화 이전에 진화의 모체가 되는 생명을 이야기해야 하는데, 그 진화의 모체가 되는 생명(그것이 아메바든 아니면 다른 원시 생명체이든지 간에)이 어떻게 생겨나게 되었느냐에 대하여 진화론자들은 "우연히 생겨나게 되었다"라고밖에는 이야기할 수 없다. 그러므로 진화론의 기초는 우연이라고 할 수 있다.

그러나 창조론의 기초는 필연이다. 전능하신 하나님, 그리고 우리를 사랑하시는 하나님이 역사하고 다스리시는 세계에 우연이란 있을 수 없다. 하나님이 모르시는 일이 우연히 일어날 수는 없다. 우연은 무능과 무관심에서만 나오게 되는데, 전능하실 뿐만 아니라 우리를 사랑하셔서 졸지도 주무시지도 않고 지키시는 하나님에게 우연한 일은 일어날 수 없다.

진화론에 따르면, 우리는 우연히 이 땅에 태어난 존재가 된다. 그러나 창조론에 따르면 우리는 이 땅에 우연히 태어난 존재가 아니라 하나님의 뜻과 계획이 있어서 창조된 필연적인 존재인 것이다.

우리에게 일어나는 모든 일 또한 필연이다. 거기에는 하나님의 뜻이 있고 의도가 있다. 우리가 이해하든 이해하지 못하든, 그리고 우리가 좋게 느끼든 좋지 않게 느끼든 상관없이 그 하나님의 뜻과 의도는 언제나 옳으며 선하다. 이 믿음은 이 땅에 사는 우리 인간은 결코 무의미한 존재가 아니라는 사실의 기초가 되기 때문에 아주 중요한 것이라 할 수 있다.

🔷 의미 있는 세상에서 의미 있는 존재로

우연이란 그 속에서 의미를 찾을 수 없다는 것이 문제다. 우연한 일에 의미가 있을 수 없기 때문이다. 우연히 일어난 일에 대하여 그 일의 뜻과 의미를 물을 수는 없다. 그러므로 진화론에 따르면, 우리는 무의미한 존재가 될 수밖에 없다. 그리고 우리에게 일어나는 일상의 일들이 다 무의미한 일이 될 수밖에 없다. 의미

진화론은 불가지론자들이 믿는 또 하나의 종교다.

없는 세상에서 의미 없는 존재로서 살아가야 한다는 것은 불행한 일이 아닐 수 없다.

그러나 자신의 존재와, 자신의 주변과 세상에서 일어나는 모든 일을 필연으로 이해한다는 것은 자신의 존재와 매사에 일어나는 모든 일이 다 의미가 있다는 것을 뜻한다. 창조론을 믿고 사는 한 우리는 절대로 무의미한 존재가 아니다. 창조론을 믿고 사는 한 우리에게 무의미한 일들은 일어나지 않는다. 우리는 의미 있는 세상에서 의미 있는 존재로서의 삶을 살아가게 되는 것이다.

그런데 무의미는 무가치로 이어진다는 데 그 문제의 심각성이 있다. 의미가 없는 것에 가치가 있을 리 만무하다. 그러므로 진화론은 이 땅에 존재하는 것들을 다 무가치한 것으로 만들어버리고 만다. 여기에 진화론의 치명적인 독(毒)이 있다. 진화론을 믿으면, 자신의 존재와 세상의 모든 것과 세상에 일어나는 모든 일이 다 우연한 존재와 일이 되고 만다. 그 모든 것이 우연한 존재와 일이 됨으로써 그 모든 것은 무의미한 존재와 일들이 되고, 그 모든 것이 무의미한 존재와 일이 됨으로써 그 모든 것은 결과적으로 무가치한 존재와 일들이 될 수밖에 없다. 진화론 속에는 우리의 존재와 세상의 모든 것을 무의미하고 무가치한 것으로 만들어버리려고 하는 사탄의 무서운 흉계가 숨어 있다.

그러나 창조론은 그렇지 않다. 하나님께서 나와 세상을 창조하셨다는 것을 믿으면, 나와 세상이 우연한 존재가 아니라 필연적인 존재임을 믿게 된다. 나와 세상이 필연적인 존재라는 것은 나와 세상 속에, 그리고 나의 존재와 세상의 모든 일 속에 하나님의 특별한 뜻과 의도가 있으며, 그것은 나와 세상이 의미 있고 가치 있는 존재임을 뜻한다.

🧊 소유냐 존재냐

나는 가난한 집의 무녀독남 외아들로 태어났다. 이런 배경 때문에 나는 심한 열등감과 내성적인 성격을 가진 아이가 됐다. 내성적인 성격은 그런대로 장점도 되지만, 심한 열등의식은 잘못하면 사람을 아주 모나고 비뚤어지게 만들 수도 있었다. 그런데 다행히도 나는 그 열등의식에서 해방되어 나름대로 건강한 사람이 되었다. 그것은 믿음 때문이었다. 나는 이 땅에 우연히 태어난 존재가 아니라 창조주 하나님의 특별한 뜻과 계획 속에서 창조된 하나님의 피조물이라는 것을 믿는 믿음을 통하여 나는 나 자신이 생각하는 것처럼 그렇게 하찮은 존재가 아니라는 사실을 깨달을 수 있었다.

그것을 깨닫기 전 나는 가난을 부끄러워했다. 남루한 옷을 입고 다니는 것까지도 부끄러웠다. 그러나 믿음으로 그와 같은 사실을 깨달은 후 나는 나의 가난을 더 이상 부끄러워하지 않게 되었다. 그것은 내 인생을 바꾸어놓은 매우 중요한 사건이었다. 나를 좋게 평가해주는 사람들은 나에게 가난의 티가 없다는 이야기를 해준다. 가난했으나 가난의 티가 없이 자랐다는 것은 얼마나 중요한 것인지 모른다. 나는 그 평가를 참으로 감사하게 생각한다. 그리고 자랑스럽게 생각한다.

그런데 그 모든 것이 믿음 때문이었다. 하나님이 나를 창조하셨기 때문에 나는 하찮은 존재가 아니라 천하보다 귀한 존재라는 사실을 깨달았기 때문이다. 진화론에 따르면, 인간은 우연히 생겨난 어떤 생명체에서 진화한 존재로서 존재의 이유와 목적이 없이 그냥 살기 위하여 존재하는 생명체에 불과한 것이다. 그러니 삶의 의미와 목적을 물을 수 없고 존재의 가치를 논할 수 없다. 그저 어디서 왔다가 어디로 가는지 알지 못하는 구름처럼 정처 없이 흘러가는 생(生)의 방랑자일 뿐이다.

그 생의 방랑은 방황에 지나지 않으며, 그 방황은 결국 방탕으로 흘러갈 수밖에 없다. 진화론을 믿고 사는 사람은 자신의 존재에서 의미와 가치를 찾을 수 없기 때문에 그의 삶은 '존재 가치'에 따라 좌우되는 것이 아니라 '소유 가치'에 따라 좌우될 수밖에 없고, 그는 그저 잘 입고 먹으며 많은 것을 소유하고 누리는 데에만 온 정신을 쏟으며 사는 사람이 될 수밖에 없다.

그러나 창조론을 믿는 사람들은 자신이 우연히 태어난 존재가 아니라 전지전능하신 하나님의 뜻이 있어서 이 땅에 태어난 필연적인 존재임을 믿는다. 그러므로 자신은 하찮은 존재가 아니라 무엇인가 중요한 삶의 소명을 가지고 태어난 존재로 인식한다. 또 무엇을 먹을까 무엇을 마실까 하는 것에 대한 관심보다 어떻게 하면 자신을 향하신 하나님의 뜻을 이룰 수 있을까 하는 데 관심을 가지고 살아가게 된다.

그러므로 그와 같은 사람들의 가치는 '소유 가치'에 있는 것이 아니라 '존재 가치'에 있다. 그리고 소유보다 존재에 더 깊은 관심을 가지고 살아가기 때문에 그는 이 세상에 없어서는 안 될 소중한 사람이 된다.

인생을 좀 더 가치 있는 존재가 되기 위하여 사는 사람과 좀 더 가치 있다고 생각하는 것을 소유하기 위하여 사는 사람은 비

"나는 절대로 하찮은 존재가 아니다."

교할 수 없다. 그리고 그 두 사람이 이 세상과 사회에 끼치는 영
향은 이루 말로 다할 수 없을 만큼 큰 차이가 있다. 자신의 존재
가치에 마음을 두고 사는 사람은 세상을 아름답게 만든다. 그러
나 자신의 삶을 소유 가치에 두고 사는 사람은 세상을 어지럽히
고 악하게 만든다. 욕심이 잉태하면 죄를 낳고 죄가 장성하면 사
망을 낳기 때문이다.

🔷 사람은 다 특별한 존재다
삶의 참행복은 가치 있는 것을 소유하는 데 있는 것이 아니라
자신의 삶과 존재가 가치 있는 삶으로 존재하는 데 있다. 진화

론은 우리의 존재 의미와 목적에 대하여 해답을 줄 수 없다. 따라서 진화론적인 사고를 하면서 살아가는 사람은 필연적으로 자신의 존재 가치를 이해할 수 없게 된다. 자신의 존재 가치를 생각할 수 없기 때문에 그는 소유 가치로 그것을 대신하며 살 수밖에 없다.

그러므로 저들은 삶의 의미와 목적을 좀 더 인간답게 존재하는 데 두고 살지 못하고 좀 더 가치 있다고 스스로 생각하는 것들을 소유하는 데 두고 살아갈 수밖에 없다. 사람이 존재에 욕심을 갖지 않고 소유에 욕심을 갖게 되면 자연히 타락할 수밖에 없다. 왜냐하면 소유에 대한 욕심이 온갖 죄의 뿌리가 되기 때문이다. 욕심은 죄를 낳고 죄는 결국 사망을 낳는다고 성경은 말씀하고 있는데, 그 모든 것의 뿌리가 진화론에 있다는 사실을 우리는 간과해서는 안 될 것이다.

그것이 진화론의 치명적인 문제이다. 그래서 나는 진화론을 믿지 않는다. 나는 창조론을 믿는다. 나는 내가 전능하신 창조주 하나님이 뜻과 기대를 가지고 창조하신 하나님의 특별한 피조물이라고 믿는다. 그러므로 나는 이 땅에 존재해야 할 이유를 가지고 태어난 존재이며, 목적을 가지고 태어난 의미 있는 존재임을 믿는다.

그러므로 나에게는 '나는 절대로 하찮은 존재가 아니다'라고 하는 분명한 자긍심과 자존심이 있다. 그것은 교만과 다르다.

가치 있는 것을 소유할 때보다 내 자신이 가치 있는 존재가 될 때 사람은 진정한 기쁨과 행복을 느낀다. 좀 더 가치 있는 존재에 대한 선한 욕심을 가지고 사는 사람은 소유에 대한 욕심으로부터 자유할 수 있다. 자연히 죄에서 멀어지는 삶을 살 수 있다.

나를 향하신 창조주 하나님의 뜻과 기대를 물으며 그 뜻과 기대를 깨달아 그것을 이루기 위하여 노력하고 기도하며 하루하루 살아간다면, 그 삶은 방황하는 삶이 아니라 푯대를 향하여 열심히 달려가는 경주하는 삶이다. 나는 경주하는 삶이 아름답다고 생각한다. 나는 진화론을 믿지 않는다. 나는 하나님께서 나와 세상을 창조하셨다는 창조론을 믿는다.

CHAPTER 3

인생 주군(主君)

주권자이신 하나님

성경은 "태초에 하나님이 천지를 창조하시니라"라는 말씀으로 시작된다. 이 말씀을 통하여 우리에게 주시는 하나님의 말씀이 많지만, 그중 가장 중요한 것은 하나님께서 이 온 세상과 우리 인간의 주인이 되신다는 것이다. 이것이 우리 기독교 신앙의 기본 중의 기본이다. 그러나 우리 모든 인간의 마음속에는 '우리가 이 세상의 주인이며 세상의 주인일 뿐만 아니라 자신의 삶의 주인'이라는 생각이 자리잡고 있다.

그것은 사탄이 아담과 하와를 유혹하면서부터 우리에게 심어준 원죄적 본능인데, 그것이 바로 가장 근본적인 불신앙의 뿌리이다. 사탄은 하와를 유혹할 때 "하나님의 말씀에 불순종하여 선악과를 따 먹으면 네가 하나님과 같이 될 것"이라고 유혹했다. 사탄은 아담과 하와에게뿐만 아니라 우리에게도 여전히 그와 같은 말로 유혹하고 있다.

🔘 누가 우리 삶의 주인인가

북미와 유럽 쪽에는 사탄교라는 종교가 있다고 하는데, 그 사탄교에서 사용하는 사탄경(經)을 본 적이 있다. 그런데 그 사탄경의 제일 첫 부분에 나오는 말이 "네 자신이 네 삶의 주인이다"라는 것이었다. 나는 그것을 보면서 우리 인간을 향한 사탄의 제일가는 유혹은 창세로부터 지금까지 동일하다는 것을 알 수 있었다.

사탄이 우리로 하여금 하나님을 부인하고 스스로 자신의 주인이 되게 하려고 하는 까닭은 우리를 넘어지게 하고 실패케 하기 위함이다. 사탄은 우리가 우리 자신의 주인이 될 수 없다는 것을 너무나도 잘 알고 있다. 또한 우리가 스스로 자신의 주인이 되면 자신의 삶을 감당하지 못하고 넘어지게 될 것도 잘 알고 있다. 그래서 사탄은 하나님을 부인하고 스스로 자신의 주인이 되라고 우리를 유혹하고 있다.

우리가 우리와 세상의 주인이 되어 살아도 문제가 없으려면, 우리 자신이 전지전능한 존재가 되어야만 한다. 그래야만 우리 자신이 주인이 된다고 해도 우리 삶에 문제가 생기지 않을 것이다. 그러나 우리는 전지전능한 존재가 아니라 무능하고 무지한 존재이다. 그러므로 우리는 우리 스스로의 주인이 되어서는 안 된다.

성수대교가 무너지던 날 새벽에 나는 바로 그 다리를 운전하여 건넜다. 새벽기도회를 인도하기 위해 새벽 4시 25분경에 그 다리를 건넜다. 그 다리는 그날 아침 7시경에 무너졌다. 아침 7시경에 무너진 다리는 새벽 4시 25분경에도 매우 위험했을 것이다. 그러나 나는 전혀 그 위험을 알지 못했다. 나는 아무것도 알지 못한 채 찬송을 부르며 태평스럽게 그 다리를 건넜던 것이다.

새벽에 집을 나설 때마다 나는 어머니에게 "다녀오겠습니다"라고 인사를 하곤 했다. 그러나 그날 이후로 나는 "어머니, 저 갑니다"라는 말로 바꾸었다. 가는 것은 알겠는데, 오는 것은 내가 알 수 없는 일이라고 생각했기 때문이다. "다녀오겠습니다"라고 인사한다는 것은 내가 보장할 수 없는 말이라고 생각했기 때문이다. "다녀오겠습니다"라는 인사도 할 수 없는 존재가 스스로 자신과 세상의 하나님이 되어 제 마음대로 산다면 그 인생이 과연 온전할 수 있겠는가?

나는 비행기로 여행을 자주 하는 편에 속한다. 그러나 나는 한 번도 비행기 조종을 스스로 해본 일이 없다. 조종실의 문을 두드리며 조종사에게 "내가 자동차 운전을 한평생 했는데, 비행기 조종이나 자동차 운전이나 뭐 비슷하지 않겠습니까? 피곤하실 터이니 조종간을 내게 맡기고 좀 쉬시지요"라고 이야기해본 일이 한 번도 없다.

만일 내가 그렇게 생각하고 이런 말을 했다면 그것은 분명히 내가 정신적으로 이상해졌기 때문일 것이다. 만일 그때 조종사도 정신적으로 이상이 생겨서 내가 하는 말을 믿고 나에게 조종간을 맡긴다면, 비행기는 어떻게 되겠는가? 말할 필요도 없이 100퍼센트 추락할 것이다.

나는 내가 비행기를 조종할 줄 모른다는 것을 안다. 그뿐만 아니라 이 세상과 나의 인생 또한 조종할 줄 모른다는 사실도 안다. 이 세상과 나는 내가 만든 것이 아니기 때문이다. 나는 비행기는 조종사가 조종해야만 한다는 것을 알고, 내 인생은 나를 만든 하나님이 주인이 되어 조종하셔야만 된다는 사실을 안다.

욥기 38장 이하에 보면 욥에게 던지는 하나님의 질문들이 나온다.

"내가 땅의 기초를 놓을 때에 네가 어디 있었느냐? 누가 땅의 도량법을 정하였는지, 누가 그 줄을 그것의 위에 띄웠는지 네가 아느냐? 바다가 그 모태에서 터져 나올 때에 문으로 그것을 가둔 자가 누구냐? 까마귀 새끼가 먹을 것이 없어서 허우적거릴 때에 먹이를 마련하는 이가 누구냐? 말의 목에 흩날리는 갈기를 네가 입혔느냐? 메뚜기처럼 뛰게 하였느냐?"

이 수많은 질문의 유형을 분석하면 두 가지로 정리된다. 첫째 유형의 질문은 "너 아느냐?" 하는 질문이고, 둘째 유형의 질문은 "너 할 수 있느냐?" 하는 질문이다. 이 질문을 통하여 하나님께서 욥과 우리에게 깨우쳐주려고 하시는 것이 있다. 그것은 우리의 무능과 무지이다.

이 모든 질문을 다 하신 후에 하나님은 욥기 40장 14절에서 다음과 같이 말씀하신다.

"그리하면 네 오른손이 너를 구원할 수 있다고 내가 인정하리라."

"네가 이 모든 것을 다 알고, 그리고 다 할 수 있다면 네 오른손이 너를 구원할 수 있다고 내가 인정하겠다"는 말씀이다. 이 말씀의 뜻은 "너는 무지하고 무능한 존재이니 너 자신의 구원자가 될 수 없고 주인이 될 수 없다"는 말씀인 것이다.

🔲 그럭저럭 살고, 마지못해 산다(?)

길거리를 지나가는 백 명의 사람들에게 "요즘 어떻게 사시느냐?"고 물었다. 무엇이라고 대답하는 사람이 가장 많았을까? 아마 첫째는 "그럭저럭 삽니다"일 것이고, 둘째는 "마지못해 삽니다"일 것이고, 셋째는 "죽지 못해 삽니다"일는지 모른다. 많은 사람이 행복한 삶을 소원하고 살지만, 정작 행복한 삶을 성공적으로 사는 사람은 많지 않다. 오히려 많은 사람이 무거운 짐을 지고 늘 번민하고 고통스러워하며 부담스러운 삶을 살아가고 있다. 사람들은 인생을 고해(苦海)라고까지 한다. 그만큼 삶은 고달프고 부담스러운 것이기 때문이다.

왜 삶이 그토록 부담스럽고 고통스러운지 아는가? 무능하고 무지한 사람이 스스로 자신과 세상의 주인이 되어 감당할 수 없는 짐을 지고 살아가려고 하기 때문이다. 그 때문에 그의 삶에는 기쁨이나 평안도 없고, 자유도 없고, 늘 고통과 번민과 부담과 스트레스만이 가득 차 있다. 그것이 바로 사탄이 노리는 것이다. 우리를 세상과 자신의 주인이라고 추켜세워주는 척하면서 감당할 수 없는 짐을 지게 하여 쓰러지고 넘어지게 하려는 계략이 숨어 있다.

사탄에게 속아 하나님으로 세상과 자신의 주(主)를 삼지 않고 스스로 자신과 세상의 주인이 되어 살아가면 고달프고 힘들어지는 것은 사람뿐만이 아니다. 자연도 고생한다. 사람이 세상의 주인이 되어 다스리기 시작하면 자연은 파괴될 수밖에 없다. 그래서 많은 피조물이 탄식하게 되고, 하나님의 아들들이 나타나기를 소원하게 되는 것이다. 하나님을 아버지로, 주인으로 고백하는 하나님의 자녀들이 나타나야만 피조물들도 복을 받고 평화를 누릴 수 있기 때문이다. 바울은 그와 같은 사실을 로마서 8장 19-23절에서 다음과 같이 말하고 있다.

피조물이 고대하는 바는 하나님의 아들들이 나타나는 것이니 피조물이 허무한 데 굴복하는 것은 자기 뜻이 아니요 오직 굴복하게 하시는 이로 말미암음이라 그 바라는 것은 피조물도 썩어짐의 종 노릇한 데서 해방되어 하나님의 자녀들의 영광의 자유에 이르는 것이니라 피조물이 다 이제까지 함께 탄식하며 함께 고통을 겪고 있는 것을 우리가 아느니라 그뿐 아니라 또한 우리 곧 성령의 처음 익은 열매를 받은 우리까지도 속으로 탄식하여 양자 될 것 곧 우리 몸의 속량을 기다리느니라

무능하고 무지한 존재인 우리가 스스로 하나님이 되어 자신과 세상을 다스리려고 했기 때문에 자신과 세상이 다 고통을 받고 있다. 수고하고 무거운 짐을 지고 고생을 하고 있다.

◈ 사용권과 소유권의 차이

우리가 스스로 자신과 세상의 주인이 되어 제 욕심대로 살려고 하는 마음을 버리고 하나님으로 세상과 자신의 주(主)를 삼고 살면, 즉시 그 무거운 삶의 부담으로부터 해방되어 하나님이 주시는 자유와 기쁨과 행복과 소망 가운데 살아갈 수 있게 된다.

이스라엘 백성들에게는 희년이라는 제도가 있었다. 희년이 되면 우리가 잘 아는 바와 같이 가난을 모면하기 위해 넘겨주었던 땅이 원 주인에게로 돌아갔으며, 가난 때문에 팔려간 종도 해방

되었다.

하나님께서 이스라엘 백성들에게 희년의 법을 정해주시고 그것을 지키게 하신 까닭은 토지에 대한 소유 개념이나 정신을 갖지 못하게 하기 위함이었다. 토지를 비롯한 세상의 모든 것은 다 하나님의 것이요, 우리는 다만 하나님의 것을 맡아 관리하는 청지기일 뿐이라는 것이 기독교의 기본 정신이다.

땅의 원 주인은 사람이 아니라 하나님이시다. 하나님께서 사람에게 그 땅을 사용하도록 허락해주셨다. 하나님이 맡겨주신 땅을 사용하다가 피치 못하게 그 땅을 다른 사람에게 파는 일이 있을 수 있었다. 그러나 어떤 사람에게서 땅을 산다는 것은 그 땅의 사용권을 사는 것이었지 그 땅의 소유권을 사는 것이 아니었다. 그러므로 땅값은 희년이 얼마나 남았는가에 따라 달리 결정되었다.

희년의 정신은 참으로 근사한 정신이었다. 살다 보면 누구나 어려운 일도 당하고 실패도 할 수 있다. 그래서 땅도 팔 수 있고 심지어는 자신을 종으로 팔 수도 있었다. 그러나 가난한 자와 종에게도 희망이 있었다. 희년까지만 기다리면 모든 것이 다시 원상으로 회복된다는 희망이 있었으며, 내 세대에는 혹 어려워도 내 자식의 대(代)에 가서는 다시 공평한 삶의 기회가 주어질 것이라는 희망이 있었다.

희년의 정신은 하나님이 천지 만물의 주인이시라는 믿음에서 비롯된 것이었다. 그 믿음이 세상에 희망을 가져다주었고, 그 희망이 삶을 풍성하게 하고 아름답게 했다. 그러나 희년의 정신을 버리고 사람들이 욕심으로 세상을 소유하려고 할 때 세상은 점점 각박해지기 시작했고 희망이 없어지기 시작했다. 사람들은 땅을 소유하면서부터 오히려 가난해지기 시작한 것이다.

예수 믿는 사람들은 세상의 모든 소유권이 하나님께 있음을 인정하고 세상에 대한 모든 인간적인 욕심을 버려야 한다. 자신이 세상과 물질의 소유자라는 생각을 버리고 하나님의 것을 맡아 관리하는 청지기라는 의식을 가져야만 한다. 그리고 하나님의 선한 청지기로서 살아가기 위하여 힘쓰고 노력하며 기도해야 한다.

우리가 그와 같은 믿음과 마음으로 살아가게 될 때, 세상에 얽매이지 않는 자유인이 될 수 있다. 그리고 실수하여 실패한 사람들에게도 새로운 희망과 기회를 줌으로써 우리가 살아가는 세상을 좀 더 희망이 넘치는 평화스러운 세상으로 만들어갈 수 있게 된다. 하나님이 우리 자신과 세상의 주인이 되실 때, 삶과 세상은 희망으로 넘치게 된다. 그러나 우리가 우리 자신과 세상의 주인이 될 때, 삶과 세상은 무거워지기 시작하고 피곤해지기 시작한다.

누구의 능력으로 사는가

사람이 미숙하면 미숙할수록 알지 못하는 것이 있다. 그것은 자신이 모른다는 것을 모르고, 자신이 할 줄 모른다는 사실을 모른다는 것이다. 텔레비전에서 〈아톰〉이나 〈마징가 제트〉 같은 만화영화가 나오면 골목에 목에 보자기 하나씩을 묶고 날아다니는(?) 어린아이들이 어김없이 나타났다. 저들은 손을 벌리고 "나는 아톰이다", "나는 마징가다"를 외치며 골목을 날아다녔다. 아이들이 이와 같은 놀이를 하게 되면 부모들은 아주 조심해야 했다. 특별히 고층 아파트에 사는 사람들은 베란다 문단속을 잘해야만 했다. 왜냐하면 그런 아이들은 아파트 베란다에서 뛰어내릴 가능성이 높았기 때문이다.

하나님은 나에게 아들만 셋을 주셨다. 그 아이들이 자라날 때 이만기라고 하는 씨름 선수가 아주 유명했다. 이만기 선수가 씨름하는 모습을 텔레비전으로 보고 난 아이들은 곧잘 나에게 씨름을 하자고 도전(?)하곤 했다. 아이들과 씨름을 하면 물론 아이들이 이겼다. 아빠의 역할이 무엇인지를 나는 알고 있었기 때문에 몇 번 기우뚱거리다가 일부러 넘어져주곤 했다.

그런데도 아이들은 그것을 몰랐다. 아이들은 정말로 자기들이 씨름을 잘해서 아빠를 이긴 줄 알았다. 어떤 아이는 밭다리를 걸어서 이겼다고 했고, 또 어떤 놈은 잡치기를 해서 이겼다고 했다. 바로 이런 것이 미숙한 삶에 나타나는 중요한 특징이다.

"내게 능력 주시는 자 '안에서' 내가 모든 것을 할 수 있느니라."

　나폴레옹은 "내 사전에 불가능이란 없다"는 아주 유명한 말을 세상에 남겼다. 그러나 나는 그 말을 "나는 아톰이다"라고 하는 것과 같은 말로 이해하고 해석한다. 자신의 무능과 무지를 알지 못하는 사람은 미숙한 어린아이와 같은 사람이기 때문이다. 전쟁에서 몇 번 승리해서 유능해졌기로서니 자신이 전능한 하나님이나 된 것처럼 "내 사전에 불가능이란 없다"라고 외친 것은 누가 뭐라 해도 미숙한 것이다. 그 미숙함에서 비롯된 어리석음 때문에 결국 나폴레옹은 추락하였고, 그는 세인트헬레나 섬에 유배되어 비참한 생을 마감할 수밖에 없었다.

　사도 바울도 나폴레옹과 비슷해 보이는 말을 했다.

"내게 능력 주시는 자 안에서 내가 모든 것을 할 수 있느니라"(빌 4:13).

겉보기에는 비슷해 보여도 내용은 전혀 다르다. 사도 바울은 스스로를 믿고 자만한 사람이 아니었다. 사도 바울은 자기에게 능력 주시는 하나님 안에서만 자기는 모든 것을 할 수 있는 존재가 된다는 것을 말하고 있다. 나폴레옹은 능력이 자신에게 있다고 자랑했지만, 바울은 능력이 하나님께 있다고 고백했다. 나폴레옹은 미숙한 사람이었고 바울은 성숙한 사람이었다.

우리는 하나님의 청지기

우리는 무지하고 무능한 존재이다. 그래서 우리는 우리 스스로의 주인이 될 수 없다. 또 절대로 되어서는 안 된다. 개인과 세상을 막론하고 이 세상에서 일어나는 모든 문제의 가장 큰 원인은 하나님으로 자신과 세상의 주인을 삼아 하나님의 말씀과 뜻대로 순종하여 살지 않고 자신이 자신과 세상의 주인이 되어 제 마음과 욕심대로 사는 데 있다.

하나님만이 우리와 세상의 주인이시다. 이 기본적인 사실을 인정하고 하나님을 자신의 개인적인 주(主)로 영접해야 한다. 그리고 그분의 말씀대로 순종하는 삶을 살아야 한다. 우리는 무지하고 무능하지만 하나님은 전지전능하시다. 그리고 하나님은 전능하실 뿐만 아니라 우리를 사랑하시되 독생자 예수 그리스도를 십자가에 못 박기까지 사랑하는 하나님이시다. 그러므로 우리를 사랑하시는 하나님이 우리의 주인이 되셔야만 한다. 구주가 되셔야만 한다.

그럼에도 불구하고 우리에게는 자신이 세상과 자신의 주인이 되어 세상의 모든 것을 자신의 것으로 소유하려고 하는 죄된 본능이 있다. 그것은 사탄이 우리에게 준 원죄적인 본능인데, 앞에서도 이야기했지만 사탄이 그렇게 하는 이유는 우리로 하여금 감당할 수 없는 짐을 지게 하여 지치고 쓰러지게 하려는 것이다. 그리고 더 나아가 우리로 하나님의 심판을 받게 하려는 것이다.

이 세상은 우리의 소유가 아니다. 이 세상은 우리가 창조한 세상이 아니다. 이 세상과 우리 인간은 하나님이 창조하셨다. 그러므로 당연히 하나님이 우리와 세상의 주인이시다. 하나님의 것을 내 것이라고 하는 것은 악한 것이며, 그것이 곧 모든 죄의 뿌리가 된다.

하나님은 이 세상을 우리에게 관리하라고 주신 것이지 소유하라고 주신 것이 아니다. 그럼에도 사람들은 끊임없이 이 세상을 선한 청지기로서 하나님의 뜻대로 관리하려고 하지 않고 자기 욕심을 채우기 위하여 소유하려 하고 있다. 그것은 악한 것이다. 그런데도 우리가 그와 같은 악한 일을 계속하려고 하면 하나님은 결국 우리를 심판하실 수밖에 없다.

예수님의 비유 중에 이런 것이 있다. 어떤 주인이 포도원을 세로 주고 타국으로 떠났는데, 포도원을 맡아 경작하던 농부들이 흑심이 생겨서 세를 받으러 보낸 종들을 죽이고 나중에는 그 포도원을 자기들 것으로 만들기 위하여 그 주인의 아들까지 죽였다는 비유다. 이 비유에 나오는 주인은 자기 포도원에서 일할 사람들을 위하여 포도즙을 짜는 틀까지 새로 준비해주었다고 했다. 그는 자신보다 자기 포도원에서 일하는 일꾼들을 먼저 생각하는 선한 사람이었다. 그런데도 포도원 일꾼들은 선을 악으로 갚았다.

이 예수님의 비유를 들으면, 사람들은 세상에 그렇게 악하고 나쁜 사람이 어디 있느냐고 흥분할는지 모른다. 그러나 그 악한 일꾼들이 바로 우리 자신인 것이다. 예수님은 그것을 깨우쳐주시기 위하여 그와 같은 비유를 드신 것이다. 예수님의 비유에서 그 악한 일꾼들은 결국 주인에게 진멸되고, 포도원은 주인에게 제때 세를 잘 낼 사람에게 주어지고 말았다. 예수님은 이 비유를 통하여 우리에게 무서운 메시지를 전하고 계신다.

하나님의 것을 자신의 것으로 삼고 함부로 주인 노릇 하면서 사는 사람을 하나님은 절대로 그냥 내버려두시지 않는다. 하나님의 것과 자신의 것을 구별하지 못하여 죽고 망하는 사람이 세상에는 얼마나 많은지 모른다. 하나님의 것을 하나님의 것으로 알고 사는 것이 하나님의 복을 받는 데 가장 기본이 되는 일이다. 이것을 명심해야 한다. 나와 세상은 하나님이 창조하셨다.

그러므로 나와 세상은 내 것이 아니라 하나님의 것이다. 우리는 하나님의 것을 맡아 관리하는 청지기일 뿐 주인은 하나님이시라는 사실을 항상 잊지 말아야 한다.

🔹 내 지갑의 주인이 내 삶의 주인

추상적이고 상식적인 신앙고백으로 구원을 얻을 수는 없다. 신앙은 구체적이어야만 한다. 하나님을 자신의 주인으로 고백하는 것도 마찬가지로 구체적이어야 한다. 예수님도 입으로 "주여 주여 하는 자마다 다 천국에 들어갈 것이 아니요"(마 7:21)라고 말씀하셨다.

해와 달과 별, 그리고 온 우주 만물을 하나님의 것이라고 고백하는 일은 쉬운 일이다. 그러나 내 지갑 속에 들어 있는 돈을 하나님의 것이라고 고백하는 일은 어려운 일이다. 해와 달과 별, 그리고 온 우주 만물은 다 하나님의 것이라고 인정해드릴 수 있어도, 정작 땅 한 평 값도 안 들어 있는 지갑의 돈을 하나님의 것이라고 인정해드리는 것은 얼마나 힘든 일인가?

단도직입적으로 말하자면 내 지갑의 주인이 내 삶의 주인이다. 지갑의 주인이 하나님이시라면 내 삶의 주인도 하나님이신 것이고, 지갑의 주인이 나 자신이라면 아무리 하나님을 주(主)라고 고백한다고 하여도 결국 내 삶의 주인은 나 자신인 것이다. 하나님이 나의 주가 되시기 위하여 내 지갑의 돈이 하나님의 것이 되어야 한다. 우리가 물질에 대한 소유권이 하나님께 있음을 고백하도록 세우신 법과 기준이 있다. 그것이 바로 십일조 제도이다. 모든 소득의 십 분의 일은 하나님의 것으로 성별(聖別)하여 떼어두라는 것이다.

특전대원들은 반드시 낙하 훈련을 받아야만 한다. 낙하 훈련을 받기 위하여 처음부터 비행기에서 뛰어내리는 것이 아니다. 사람이 가장 크게 공포심을 느낀다고 하는 높이 10미터의 점프대를 만들어놓고 거기에서 뛰어내리는 훈련을 한다. 비행기에서 뛰어내리는 것에 비하면 아무것도 아니지만, 그 점프대에서 뛰어내릴 수 있는 사람은 비행기에서도 뛰어내릴 수 있다고 한다.

나는 십일조가 바로 그 낙하를 연습하는 점프대와 같은 것이라고 생각한다. 어쩌면 물질에 대해 가장 큰 공포심을 유발하는 기준이 십 분의 일일지도 모른다. 실제로 온전한 십일조를 훈련하여 몸에 익히게 되면 물질에 대한 욕심으로부터 자유로운 사람이 될 수 있기 때문이다. 십일조는 하나님을 자신의 온전한 주(主)로 고백하기 위한 훈련을 위하여 하나님이 만들어놓으신 점프대와 같다. 이 훈련을 통과해야만 비로소 온전한 그리스도인이 될 수 있다.

하나님의 자녀가 되는 권세

하나님을 주(主)로 고백하고 우리의 모든 삶의 자리를 하나님께 내어드리면 우리는 어떻게 되는 것일까? 우리는 하나님의 종이 되어 삶의 아무런 권한도 없는 비참한 사람이 되는 것일까? 사탄은 그렇다고 우리를 속이지만, 성경은 그렇게 말씀하지 않는다. 우리가 잘 아는 요한복음 1장 12,13절의 말씀은 우리에게 다음과 같이 일러준다.

"영접하는 자 곧 그 이름을 믿는 자들에게는 하나님의 자녀가 되는 권세를 주셨으니 이는 혈통으로나 육정(肉情)으로나 사람의 뜻으로 나지 아니하고 오직 하나님께로부터 난 자들이니라."

우리가 하나님을 우리의 주(主)로 고백하면 하나님은 우리를 종이라 하지 않으시고 자녀라 해주신다. 종과 자녀는 비교할 수 없는 상대이다. 그래서 성경은 자녀가 되는 권세라고 했다. 자녀에게는 권세가 있다. 특권이 있다. 그것은 아버지 것이 다 자기 것이 되는 특권이다. 아이들이 친구들을 집으로 데리고 올 때 저들은 친구들에게 "우리 집에 가자"라고 이야기한다. 아이는 그 집을 살 때 한 푼도 낸 것이 없지만, 아버지 집이기 때문에 당당하게 자기 집으로 인식하여 '우리 집'이란 표현을 쓴다. 그것이 바로 자녀의 특권이요 권세이다.

우리가 하나님을 우리의 주(主)로 영접하면, 우리는 하나님의 자녀가 되는 권세를 얻게 되어 하나님의 집이 우리 집이 되는 놀라운 특권을 누린다. 사탄은 하나님으로 주(主)를 삼으면 우리는 종이 되어 우리의 모든 것을 빼앗긴다고 우리를 꼬드기지만,

사실은 하나님으로 주(主)를 삼을 때 우리는 하나님의 자녀가
되어 하나님나라의 주인이 되는 권세를 누리게 된다.

하나님을 내 주(主)로 고백할 때만 성경이 약속한 하나님의 자
녀가 되는 권세를 누릴 수 있다. 사탄은 하나님이 주인이 되시면
우리는 종이 되어 빈털터리가 될 것이라고 속이지만, 사실은 그
렇지 않다. 하나님이 우리의 주인이 되시면 우리는 그분의 자녀
가 되어 하나님나라의 주인이 될 것이다.

🔲 입으로만 믿으면 망한다

'과연 지금 나의 삶의 주인은 누구이신가?'를 물어보라. 많은
사람이 자신들은 교회를 다니기 때문에 당연히 하나님이 자신의
삶의 주인이실 것이라고 생각한다. 그러나 그렇지 않다. 교회를
다닌다고 해서 자동적으로 하나님이 자신의 삶의 주인이 되시는
것은 아니다. 하나님은 입으로 주여 주여 한다고 해서 다 하나님
나라에 들어갈 것이 아니라고 말씀하셨다. 우리는 이 말씀에 유
의해야만 한다.

나의 삶의 주인은 누구인가? 혹시 나의 삶의 주인은 내가 아
닌가? 입으로만 하나님을 주(主)라 하고 실제로는 나 자신과 세
상이 주(主)가 되어 자신의 욕심과 고집을 따라 살고 있는 것은
아닌가? 그렇다면 빨리 주인을 바꾸어야만 한다. 전지전능하시
며 우리를 사랑하시되 독생자 예수 그리스도를 십자가에 못 박

기까지 사랑하시는 하나님으로 우리와 세상의 주(主)를 삼아야 한다.

그렇지 않으면 우리는 이 땅에서 구원받은 사람의 복된 삶을 살 수 없고, 마지막 날에도 구원을 얻을 수 없다. 예수님은 하나님 앞에서 우리를 도무지 알지 못한다고 말씀하실 것이다. 아무리 주(主)의 이름으로 선지자 노릇을 하고 병을 고치며 귀신을 쫓아냈다고 하더라도 하나님은 우리를 도무지 알지 못한다고 말씀하실 것이다. 하나님의 이름을 빙자하여 자신의 일을 한 것과, 하나님을 주(主)로 모시고 하나님을 섬긴 것을 하나님은 명확히 분별하여 심판하실 것이기 때문이다.

CHAPTER 4

이 소리도
아닙니다

말씀과 창조

결혼을 앞두고 하나님께 "말이 통하는 여자와 결혼하게 해주십시오"라고 기도를 드렸었다. 평생을 함께 살아야 할 사람에게 가장 중요한 것이 바로 그것이라고 생각했기 때문이다. 말 속에는 그 사람의 인생관이 들어 있고 그의 인격이 들어 있다. 그리고 그의 말에는 그의 혼이 담겨 있기 때문에 결혼을 할 때 배우자와 말이 통하는 것이 가장 중요하다고 생각했다.

말씀으로 창조하셨다는 뜻

성경은 하나님께서 천지 만물을 말씀으로 창조하셨다고 한다. 사람들은 하나님께서 천지를 창조하실 때 "빛이 있으라", "궁창이 있으라"고 명령하셨기 때문에, 하나님이 말씀으로 천지를 창조하셨다고 생각하고 또한 그렇게 말한다. 그러나 하나님께서 말씀으로 천지를 창조하셨다는 것의 의미는 사람들이 생각하는 것보다 훨씬 더 깊다.

창세기 1장 2절에 보면, "하나님의 영은 수면 위에 운행하시니라"라는 말씀이 있는데, '하나님의 신'이란 'Spirit of God'을 의미하는 것으로 하나님의 혼을 뜻한다. 이것이 중요한 의미를 담고 있다. 사람의 말에는 그 사람의 혼과 정신이 들어 있다. 혼과 정신이 들어 있지 않은 말은 말이 아니라 그냥 소리인 것이다.

그러므로 우리는 하나님의 말씀을 단순한 소리가 아닌 하나님의 혼과 정신의 차원에서 이해해야 한다. 그러므로 하나님께서 말씀으로 천지를 창조하셨다는 것은 모든 만물 속에 하나님의 혼과 정신을 불어넣으셨다는 것을 의미한다. 하나님은 천지를 창조하실 때 단순한 언어적인 명령으로가 아니라 자신의 혼을 불어넣으심으로 창조하셨다.

그러므로 모든 하나님의 창조물 속에는 하나님의 혼이 들어 있고 하나님의 말씀이 담겨 있다. 훌륭한 예술작품 속에는 작가의 혼이 담겨 있다. 작가의 혼이 담겨 있지 않은 작품은 죽은 것이다. 사람들은 그것을 사랑하지 않는다. 명작 속에 작가의 혼이 담겨 있듯 하나님이 창조하신 이 우주 만물 속에는 하나님의 혼이 담겨 있다.

하나님은 이 우주 만물을 그저 말씀 한마디로 쉽게 쉽게 창조한 것이 아니라 자신의 심혈을 다 쏟고 자신의 혼을 불어넣음으로 창조하셨다. 어느 것 하나 하나님의 생각과 마음 없이, 그리고 혼을 불어넣는 것 없이 창조하신 것은 없다. 그래서 세상의 모든 것이 하나님 보시기에 훌륭하고 아름다웠다. 여기에 하나님의 창조의 위대함이 있다.

◈ 천국은 어떤 곳인가

하나님의 말씀과 하나님의 정신, 즉 혼이 이 땅 위에 임하기 전에 땅은 "혼돈하고 공허하며 흑암이 깊음 위에 있었다"(창 1:2)고 성경은 말씀한다. 그런데 그와 같은 세상에 하나님의 말씀이 임하자 세상은 단번에 바뀌게 되었다. 혼돈하던 세상에 질서가 생겼고 공허하던 세상이 아름답게 되고 흑암이 깊음 위에 있던 세상은 밝은 빛의 세상이 되었다. 에덴이 되었다. 낙원이 되었다.

이와 같은 일은 지금 우리가 살아가는 세상에서도 꼭 마찬가지로 나타난다. 아무리 물질적으로 풍요하고 과학이 발달하여 넉넉하고 편리한 생활을 하면서 산다고 하여도, 하나님의 말씀이 살아 역사하지 않으면 우리가 사는 세상은 즉시 공허하고 혼돈하며 어두운 세상이 되고 만다. 세상의 그 어떤 과학으로도, 그리고 아무리 많은 물질로도 삶의 공허함과 혼돈함, 악함과 어두움의 문제는 해결할 수 없다.

그러나 하나님의 말씀이 임하여 그 말씀이 이루어지는 곳에는 혼돈도 없고 공허도 없고 어둠도 없다. 하나님의 말씀이 임하는 곳에는, 그 말씀이 이루어지는 곳에는 그 어디나 질서 있고 아름다우며 밝은 삶이 즉시 이루어진다. 사도 요한은 천국을 황금 길과 열두 보석으로 지은 집이 있는 곳으로 설명했다. 나는 그것이 사실이라고 믿는다.

천국은 그보다도 더 좋은 것으로 꾸며져 있을 것이라고 나는 생각한다. 요한은 그 훌륭하고 아름다운 천국을 보았으나 이 세상에 있는 것으로밖에는 표현할 수 없었을 것이다. 제한된 언어로 천국을 다 묘사한다는 것은 불가능한 일이다. 그래서 고작 황금 길과 열두 보석으로 지은 집 정도로만 표현했을 것이다.

그렇지만 그것은 천국을 천국 되게 하는 근본적인 요인들이 아니다. 황금 길과 열두 보석의 집이 있는 것은 사실이지만, 그렇기 때문에 천국이 천국 되는 것은 아니다. 천국에 있는 사람들은 다 하나님의 말씀대로만 산다. 하나님의 말씀이 그대로 이루어지기 때문에 거기에는 혼돈도 없고 공허함도 없고 악하고 어두운 것도 없다.

그뿐만 아니라 모두가 다 하나님의 말씀과 뜻대로만 살기 때문에 사람들 사이에도 모두 말이 통하고 마음이 통할 수밖에 없다. 말과 마음이 통하는 하나님과 함께, 말과 마음이 통하는 사람과 함께 사는 곳이 천국이다. 천국은 그래서 천국이 된다.

예수님은 우리에게 주기도문을 가르쳐주면서 "나라가 임하시오며"라고 하나님나라를 소유하기 위하여 기도하라고 가르쳐주셨다. 세상에 그보다 더 중요한 기도는 있을 수 없다. 우리가 우리를 위하여 기도하는 기도의 제목이 만 가지가 넘는다고 하여도, 그 모든 기도 제목은 "나라가 임하시오며"라는 기도에 다 들어 있다. 하나님의 나라가 우리의 삶에 이루어지면 우리의 모든 간구와 기도는 더 이상 필요 없게 될 것이다.

그런데 예수님이 이해하신 하나님의 나라란 하나님의 뜻이 이루어지는 나라이다. 그래서 예수님은 주기도문에서 "뜻이 하늘에서 이루어진 것같이 땅에서도 이루어지이다"라고 기도하라고 일러주셨다. 하나님의 말씀과 뜻이 이루어질 때 우리의 삶은 천국이 될 것이기 때문이다. 천국은 물질적인 풍요와 과학의 발달로 이루어지는 것이 아니라 하나님의 말씀으로 이루어진다는 사실을 명심해야 한다.

🔷 말씀이 통하는 나라

기독교는 말씀의 종교이다. 기독교 신앙에서 하나님의 말씀처럼 중요한 것은 없다. 그러나 미신적인 종교에는 말씀이 없다. 미신을 섬기는 종교 행위에서 중요한 것은 신의 말씀과 뜻이 아니라 그 신의 능력이다. 신의 뜻을 따라 살기 위하여 신을 섬기는

기독교는 말씀을 중히 여긴다. 말씀에 천국이 달려 있기 때문이다.

것이 아니라 자신의 뜻과 욕심을 이루기 위하여 신의 능력을 빌리려고 하는 것뿐이다.

그러나 우리 기독교는 그렇지 않다. 물론 전능하신 하나님의 능력을 믿고 그 힘을 의지하기도 한다. 그러나 우리 기독교에서 더 중요한 것은 하나님의 말씀이다. 우리의 뜻과 욕심을 따라 사는 데 하나님의 능력을 빌리려고 하나님을 믿는 것이 아니라 하나님의 말씀과 뜻대로 순종하여 살기 위하여 우리는 하나님을 믿는다.

그러므로 기독교인은 무엇보다도 하나님의 말씀을 중히 여겨야만 한다. 하나님의 말씀에 천국이 달려 있기 때문이다. 기독교인이라 하면서도 하나님의 말씀을 중히 여기지 않고 살면 하나님을 믿지만 그 신앙의 수준이 미신적인 수준으로 떨어질 수밖에 없다. 하나님의 말씀을 중히 여기는 삶을 살려면 무엇보다도 다음 세 가지 사항을 마음에 새겨두어야 한다.

첫째, 하나님의 말씀인 성경을 읽어야 한다.
우리는 하나님의 말씀인 성경을 통하여 늘 하나님의 음성을 들을 수 있다. 성경을 읽지 않고 하나님의 말씀을 중히 여기는 신앙생활을 할 수는 없다. 그러므로 신앙인이 성경을 읽는다는 것은 매우 중요한 일이 아닐 수 없다. 성경을 읽을 때 다음 내용을 참고하는 것이 좋다.

- 성경은 많이 읽는 것도 좋지만 깊이 읽는 것이 더 중요하다. 말씀을 통하여 세미한 하나님의 음성을 들으려고 하는 간절한 소원을 가지고 성경을 정독하는 것이 무엇보다 중요하다.
- 성경은 조금씩이라도 매일 읽는 것이 중요하다. 특별한 목적을 가지고 단기간에 성경을 완독하는 것도 중요하지만, 더 중요한 것은 평생 매일매일 조금씩이라도 꾸준히 읽어가는 것이다. 그와 같은 일을 통하여 우리는 매일매일 우리에

게 주시는 하나님의 음성을 들을 수 있기 때문이다.

• 성경을 읽는 것도 중요하지만 암송하는 것이 중요하다. 성경을 암송해놓으면 그 말씀이 꼭 필요한 상황에 좌우에 날선 어떤 검보다도 예리한 능력을 발휘하게 될 것이다.

• 성경을 좀 더 정확히 이해하며 읽을 수 있기 위하여 성경을 공부하는 것이 중요하다.

둘째, 하나님 말씀의 선포인 설교를 경청해야 한다.

하나님의 말씀은 성경을 읽는 것을 통해서뿐만 아니라 강단에서 선포되는 설교를 통해서도 들을 수 있다. 혼자서 성경을 깊이 읽는 것도 중요하지만, 강단에서 선포되는 설교를 듣는 것도 중요하다. 설교를 듣지 않고 혼자서 성경을 읽고 공부하다 보면 엉뚱한 해석을 할 가능성이 많기 때문이다. 그러므로 전문적으로 신학을 공부한 목회자가 설교하는 것을 통하여 우리는 좀 더 온전한 하나님의 말씀을 이해할 수 있다.

그러므로 하나님의 말씀을 늘 가까이하기 위하여 무엇보다도 강단을 통하여 선포되는 설교를 경청하는 일이 중요하다. 강단에서 선포되는 설교를 통하지 않고 하나님의 말씀을 가까이한다는 것은 혹 이론적으로는 가능한지 모르나 실제적으로는 거의 불가능하리만큼 어렵다는 것을 알아야 한다.

사탄은 우리가 쉽게 하나님의 말씀을 접하지 못하도록 하기 위하여 이 핑계 저 핑계를 대서 성경을 못 읽게도 하지만, 강단을 통하여 선포되는 설교를 잘 듣지 못하게 하기 위하여 자신의 최선을 다하고 있다. 설교 말씀을 잘 듣지 못하게 하기 위하여 사탄이 쓰는 고도의 전략 가운데 하나는 말씀을 선포하는 설교자와의 관계를 나쁘게 만드는 것이다.

설교자를 인간적으로 또는 인격적으로 무시하게 하거나 아니면 설교자의 약점을 부각하여 실망하게 한다. 그리고 별것도 아닌 사소한 일을 가지고 설교자와 다투게 한다. 이렇게 해서 설교를 듣지 못하게 하는 전략을 사탄은 얼마나 즐겨 쓰는지 모르고 또 사람들은 얼마나 그 시험에 잘 빠지는지 모른다.

성경은 우리에게 "가르침을 받는 자는 말씀을 가르치는 자와 모든 좋은 것을 함께하라"(갈 6:6)고 말씀하고 있다. 그리고 우리 믿음의 선배들은 그와 같은 하나님의 말씀에 철저히 순종했다. 그리하여 목회자를 특별히 주(主)의 종이라 하여 각별히 섬겼다. 그것이 지나쳐서 오히려 목회자를 교만하게 한 면이 없지 않았다. 그러나 그것은 섬김을 잘못 받은 목회자들의 문제요 저들을 잘 섬긴 교인들의 문제는 아니었다.

저들은 언제나 설교자를 존경하고 설교자와 좋은 관계를 유지하려고 힘썼기 때문에 언제나 강단에서 들려오는 설교를 통하여 하나님의 말씀을 들을 수 있었다. 설교자와의 관계를 늘 조심하여 좋게 함으로써 강단에서 선포되는 설교를 통하여 늘 하나님의 음성을 들을 수 있어야 할 것이다.

셋째, 말씀에 순종하는 생활을 해야 한다.

성경을 읽고 듣는 것도 중요하지만, 가장 중요한 것은 그 말씀에 순종하는 것이다. 하나님의 말씀을 아무리 열심히 읽고 듣는다고 하여도 그 말씀에 순종하지 않는다면 아무것도 아니다. 말씀을 중히 여긴다는 것은 말씀에 순종하는 삶을 산다는 것이다. 우리가 하나님의 말씀에 순종하는 삶을 살 때 우리 삶의 자리는 천국, 즉 하나님의 나라가 된다.

우리나라는 대한민국이다. 대한민국은 대한민국의 주권과 법, 그리고 한국말이 통하는 나라를 의미한다. 일본은 우리나라가 아니다. 왜냐하면 그 나라에는 우리나라의 주권과 법과 말이 통하지 않기 때문이다. 일본에는 일본의 말과 주권과 법이 통한다. 하나님나라는 하나님의 주권과 법, 그리고 하나님의 말씀이 통하는 나라이다.

하나님의 방식과 법, 그리고 하나님의 말씀이 통하지 않고, 세상 방식과 세상 법이 통하는 나라는 하나님의 나라가 아니다. 우리가 하나님의 말씀에 순종할 때 우리 삶 속에 하나님의 주권이 통하는 하나님의 나라가 이루어질 것이다.

🔷 하나님의 나라는 어떻게 임하는가

기독교는 말씀의 종교이다. 기독교는 말씀을 떠나 존재할 수 없다. 하나님은 말씀으로 천지 만물을 창조하셨다. 말씀은 하나님의 혼과 정신을 의미하며 그것은 곧 하나님 자신을 의미한다. 하나님의 말씀이 통하는 나라가 하나님나라이다. 하나님의 뜻대로 통치되는 나라가 하나님나라이다. 하나님의 말씀을 따라 그분의 뜻을 좇아 살면 반드시 천국의 삶을 살 수 있다.

그러나 사탄은 하나님의 말씀대로 살다가는 절대로 성공할 수 없다고 우리를 속이고 미혹한다. 그런데 우리는 불행하게도 사탄에게 속아서 하나님이 우리를 사랑하셔서 우리에게 주신 자유를 잘못 사용하여 하나님의 말씀에 불순종하고 하나님의 뜻을 거슬러 제 마음대로, 제 욕심대로 사는 삶을 선택했다. 그렇게 살면 잘 살 줄 알았다. 그러나 결과는 그렇지 않았다. 우리가 사는 세상이 창조 이전의 세상, 즉 공허와 혼돈과 어두움의 세상으로 돌아가고 만 것이다.

이 세상의 문제는 먹을 것이 없는 것이 아니다. 마실 것이 없는 것이 아니다. 이 세상의 문제는 사람들이 마음에 하나님 두기를 싫어하고 그 하나님의 말씀을 거역하며 사는 것이다. 지금이라도 사람들이 마음속에 하나님을 주(主)로 영접하고 그분의 말씀대로 순종하는 삶을 살기로 결심만 한다면, 세상은 즉시 하나님의 나라, 즉 천국이 될 것이다.

하나님의 말씀 속에 우리의 희망이 있다. 우리의 구원이 있다. 우리의 가정과 삶 속에 하나님의 말씀과 주권이 살아 역사하며 통치할 수 있게 되기를 바란다. 그리고 이 온 땅이 하나님의 말씀과 뜻이 통하는 세상이 되기를 소망한다.

CHAPTER 5

쉰다와 논다의
사이에서

안식일과 인간 문화

하나님은 이 우주 만물을 엿새 동안 창조하셨다. 그리고 이레째 되는 날 안식하셨다. 다시 말해서 쉬셨다. 그리고 하나님은 그 날을 특별히 성별하여 거룩하게 하시고 복을 주셨다. 하나님은 안식의 법을 세우시고 우리에게 그것을 계명으로 주시고 지키라 말씀하셨다.

"일곱째 날은 네 하나님 여호와의 안식일인즉 너나 네 아들이 나 네 딸이나 네 남종이나 네 여종이나 네 가축이나 네 문안에 머무는 객이라도 아무 일도 하지 말라 이는 엿새 동안에 나 여호 와가 하늘과 땅과 바다와 그 가운데 모든 것을 만들고 일곱째 날에 쉬었음이라 그러므로 나 여호와가 안식일을 복되게 하여 그날을 거룩하게 하였느니라"(출 20:10,11).

🔲 안식의 법을 세우신 하나님

이와 같은 안식일의 법은 안식년의 법으로 이어지고, 안식년의 법은 희년의 법으로 발전한다. 일주일의 하루는 구별하여 안식일로 지키고 칠 년 중의 한 해는 성별하여 안식년으로 지키라는 것이다. 그리고 그 안식년이 일곱 번 지난 후 오십 년이 되는 해를 희년이라 하여 49년 동안의 모든 삶을 원점으로 돌리고 다시 새로운 삶을 시작하는 해의 원점으로 삼게 하셨다. 우리는 그와 같은 안식년과 희년에 대한 사실을 레위기 25장 1-17절 말씀을 통하여 알 수 있다.

여호와께서 시내산에서 모세에게 말씀하여 이르시되 이스라엘 자손에게 말하여 이르라 너희는 내가 너희에게 주는 땅에 들어간 후에 그 땅으로 여호와 앞에 안식하게 하라 너는 육 년 동안 그 밭에 파종하며 육 년 동안 그 포도원을 가꾸어 그 소출을 거둘 것이나 일곱째 해에는 그 땅이 쉬어 안식하게 할지니 여호와께 대한 안식이라

너는 그 밭에 파종하거나 포도원을 가꾸지 말며 네가 거둔 후에 자라난 것을 거두지 말고 가꾸지 아니한 포도나무가 맺은 열매를

거두지 말라 이는 땅의 안식년임이니라 안식년의 소출은 너희가 먹을 것이니 너와 네 남종과 네 여종과 네 품꾼과 너와 함께 거류하는 자들과 네 가축과 네 땅에 있는 들짐승들이 다 그 소출로 먹을 것을 삼을지니라

너는 일곱 안식년을 계수할지니 이는 칠 년이 일곱 번인즉 안식년 일곱 번 동안 곧 사십구 년이라 일곱째 달 열흘날은 속죄일이니 너는 뿔나팔 소리를 내되 전국에서 뿔나팔을 크게 불지며 너희는 오십 년째 해를 거룩하게 하여 그 땅에 있는 모든 주민을 위하여 자유를 공포하라 이 해는 너희에게 희년이니 너희는 각각 자기의 소유지로 돌아가며 각각 자기의 가족에게로 돌아갈지며 그 오십 년째 해는 너희의 희년이니 너희는 파종하지 말며 스스로 난 것을 거두지 말며 가꾸지 아니한 포도를 거두지 말라 이는 희년이니 너희에게 거룩함이니라 너희는 밭의 소출을 먹으리라

이 희년에는 너희가 각기 자기의 소유지로 돌아갈지라 네 이웃에게 팔든지 네 이웃의 손에서 사거든 너희 각 사람은 그의 형제를 속이지 말라 그 희년 후의 연수를 따라서 너는 이웃에게서 살 것이요 그도 소출을 얻을 연수를 따라서 네게 팔 것인즉 연수가 많으면 너는 그것의 값을 많이 매기고 연수가 적으면 너는 그것의 값을 적게 매길지니 곧 그가 소출의 다소를 따라서 네게 팔 것이라 너희 각 사람은 자기 이웃을 속이지 말고 네 하나님을 경외하라 나는 너희의 하나님 여호와이니라

우리는 이 하나님이 정해주신 안식일과 안식년, 그리고 희년의 법과 정신을 지켜나가기 위하여 힘쓰고 노력해야 한다. 요즘 우리는 이 안식의 법을 별로 중히 여기지 않고, 지켜도 되고 지키지 않아도 되는 법으로 생각하는 경우가 많은데, 그것은 그렇지 않다. 최선을 다하여 그 안식의 법과 정신을 지켜나가도록 힘써야 할 것이다.

🔷 열심히 일한 자가 잘 쉰다

하나님이 정해주신 안식의 법에는 다음과 같은 네 가지 의미와 정신이 있다.

첫째, 엿새 동안 힘써 일하라는 것이다.

일주일의 하루는 꼭 쉬지 않으면 견딜 수 없을 만큼 최선을 다하여 엿새 동안 힘써 일하라는 정신이 안식의 법에 들어 있다. 열심히 일하는 사람만이 안식할 수 있다. 엿새 동안 빈둥거리며 꾀부리고 요령을 피우며 사는 사람은 안식의 축복을 누릴 수 없다. 열심히 땀 흘려 일하는 사람에게만 안식이 복이 된다. 우리 기독교는 열심히 일하고 노동하는 것을 귀히 여기는 종교이다. 하나님은 "누구든지 일하기 싫어하거든 먹지도 말게 하라"(살후 3:10)라고 말씀하시며, 손이 수고한 대로 먹는 것을 축복이라고(시 128:2) 말씀하신다.

쉴 줄 아는 자만이 '도끼날'을 갈 수 있다.

　그러므로 우리 기독교인들은 어디서 무슨 일을 하든지 엿새 동
안 최선을 다하여 일해야 한다. 그리하여 세상 사람들에게 기독
교인들은 성실한 사람이라는 평판을 얻어야만 한다. 엿새 동안
힘써 일하는 것이 안식의 법이 내포하고 있는 중요한 정신이다.
세상 사람들은 일한 만큼 대우를 받지 못하는 것에 대하여 아주
민감하다. 그러나 우리 예수 믿는 사람들은 받은 만큼 일하지
못하는 것에 대하여 민감할 필요가 있다. 물론 일한 만큼 받지
못하는 것도 문제임에 틀림이 없지만, 받은 만큼 정당하게 일하
지 않고 요령을 피우는 것은 더 큰 문제라는 것을 알아야 한다.
　"무슨 일을 하든지 마음을 다하여 주께 하듯 하고 사람에게
하듯 하지 말라"(골 3:23). 아멘.

둘째, 욕심부리지 말고 쉬라는 것이다.

나태하고 게으른 사람에게도 안식이 없지만, 욕심이 많은 사람에게도 안식이 없다. 지나친 욕심에 사로잡힌 사람은 하루분의 소득과 성과가 만족스럽지 못해 쉴 수가 없다. 그러므로 하나님께서 일주일 중 하루를 쉬라고 말씀하신 것에는 무슨 일을 할 때 그것을 인간적인 야망과 욕심에 사로잡혀 하지 말라는 중요한 정신과 교훈이 담겨 있다. 욕심과 인간적인 야망에 사로잡혀서 일하는 사람은 성실한 사람은 혹 될 수 있을는지 모르나 훌륭한 사람이 될 수는 없다.

그러므로 성실한 사람이라고 해서 다 훌륭한 사람이 되는 것은 아니다. 성실한 사람 중에 얼마나 악하고 나쁜 사람들이 많은지 모른다. 인간적인 야망을 가지고 그 야망을 이루기 위하여 최선을 다하는 사람은 절대 훌륭한 인물이 될 수 없다. 인간적인 야망과 욕심을 버리고도 성실히 일할 수 있는 사람만이 진정한 의미의 훌륭한 인물과 일꾼이 될 수 있다.

소득의 십 분의 일을 하나님의 것으로 구별하여 포기할 수 있는 사람, 그리고 일주일 중의 하루를 하나님을 위하여 드릴 줄 아는 사람만이 진정한 의미의 물질과 시간의 주인이 될 수 있다. 버릴 수 있는 사람만이 잡을 수 있다. 버릴 수 없는 사람이 잡으면 자신과 세상에 큰 문제가 된다. 그러므로 하나님은 버릴 수 있는 사람에게 물질과 시간을 맡기신다. 하나님은 그분 소유의 물질과 시간을 맡기실 수 있는 사람을 찾으시기 위하여 물질은 열의 하나를 버리라 하셨고, 시간은 일주일의 하루를 버리라 하신 것이다.

🔲 안식법과 로드십

셋째, 언제나 하나님이 모든 것의 주인이심을 알라는 것이다.

사람에는 세 종류가 있다고 한다. 있어서는 안 되는 사람과 있으나 마나 한 사람, 그리고 없어서는 안 되는 사람이 바로 그것이다. 사람들은 누구나 없어서는 안 되는 사람이 되기 위하여 노력하고 있다. 그러나 없어서는 안 되는 사람이 되는 것도 우리가 추구해야 할 궁극적인 삶의 모습이 될 수 없다. 우리가 없어서는 안 되는 사람으로 우리의 인생을 끝마치게 되면, 정작 우리가 없어지게 될 때 우리가 섬기던 교회와 직장과 가정 모두가 다 피해를 입게 될 것이다.

물론 우리는 없어서는 안 되는 사람이 되어야만 한다. 그러나 없어서는 안 되는 사람이 된 후에는 다시 있으나 마나 한 사람이 되기 위하여 힘써야 한다. 있으나 마나 한 사람에는 두 종류의 사람이 있을 수 있다. 하나는 없어서는 안 되는 사람 이전 단계의 사람이고, 또 다른 하나는 없어서는 안 되는 사람 이후 단계의 사람이다.

우리가 열심히 살아서 없어서는 안 되는 사람이 되는 것은 중요하지만, 너무 열심히 살아 하나님의 자리까지 차지하려는 것은 옳지 않다. 그러다가 하나님이 없어도 자기만 있으면 모든 일이 다 되는 것처럼 착각하게 되면 큰일이다. 주위의 사람들도 하나님보다 그 사람을 더 의지하여, '하나님은 안 계셔도 상관없지만 아무개는 없어서는 안 된다'고 착각하게 되면 그것은 더 큰일이 아닐 수 없다.

설마 그렇게까지 되겠는가 싶지만 그렇지 않다. 세상의 많은 사람이 그와 같은 오류에 빠져 있고, 그것 때문에 세상 살기가 어려워지고 힘들어지고 있다. 그것은 가정도 마찬가지고, 교회도 마찬가지다. 하나님은 우리가 없어서는 안 되는 사람을 넘어 있으나 마나 한 사람이 되게 하시기 위하여, 그리하여 진정으로 모든 삶을 하나님께 의지하고 살아가는 사람이 되게 하시기 위하여 안식일과 안식년의 법을 정하셨다.

나는 이 글을 안식년을 보내는 가운데 썼다. 2년에 걸친 교회 건축 공사 중 마지막 6개월을 남겨놓은 가장 힘들고도 중요한 시점에 담임목사가 안식년을 보낸다는 것은 그렇게 쉽지 않았다. 많은 생각과 고민 끝에 안식년을 가지기로 결정했다. 여러 가지 이유가 있지만, 교회는 담임목사 때문에 움직여지는 곳이 아니라 하나님 때문에 움직여지는 곳이라는 사실을 확인하고 또 연습하고 싶었기 때문이다.

그 당시 나는 내가 시무하는 교회가 내가 없으면 안 되는 교회가 되었으면 좋겠다는 생각을 품었다. 그래야만 나의 주가가 올라가고 나의 권한이 강해질 것이기 때문이다. 그러나 그렇게 하면 교회는 하나님이 주인이 되시지 않고 내가 주인이 되고 만다. 그것은 나를 위해서도 좋지 않고 교회를 위해서도 결코 좋은 일이 아니었다. 나는 안식년을 지키는 것을 통하여 교회의 주인이 하나님이심을 드러내고 싶었다.

나는 중요한 때에 안식년을 가짐으로 담임목사인 나도 좋은 목사가 되고 교회도 좀 더 건강한 교회가 될 것이라고 믿었다. 사람들은 내가 교회가 어려운 때에도 자기 권리를 다 찾아 먹는다고 생각했을는지 모른다. 그러나 나는 안식년을 나의 권리라고 생각하기보다 나의 책임이라고 생각했다.

안식의 법은 우리 모두가 나 때문에 사는 것이 아니라 하나님 때문에 산다는 것을 가르쳐주기 위하여 세우신 법이라고 할 수 있다. 한 육 년 동안 열심히 농사를 지어먹고 살다 보면 먹고 사는 것이 자신에게 달려 있는 것처럼 착각하게 되기가 쉽다. 그럴 때 하나님은 한 해를 쉬라고 말씀하신다. 한 해를 쉼에도 불구하고 여전히 죽지 않고 살아가게 되는 것을 통하여 사람들은 살고 죽는 것이 자기 손에 달려 있는 것이 아니라 하나님 손에 달려 있다는 것을 알 수 있게 된다. 그것이 바로 하나님께서 안식의 법을 세우신 중요한 목적 가운데 하나이다.

안식의 법을 지키면 하나님이 내 모든 삶의 주인이심을 알 수 있게 된다. 그러나 안식의 법을 지키지 않고 살게 되면 자신이 모든 삶의 주인인 것처럼 착각하게 되기 쉽다. 목회도 마찬가지다. 안식년을 가지지 않고 목회를 하다 보면 자신도 모르는 사이에 교회의 주인이 되기가 쉽다. 없어서는 안 되는 목사로 굳혀져간다.

그러나 안식년을 가지게 되면 자신과 교인들이 교회의 주인이 하나님이심을 알 수 있게 된다. 자신이 없어도 된다는 것을 교인도 알게 되고 목사 자신도 알 수 있게 된다. 그리고 일 년 쉬는 동안, 교회에 대한 사적이고 인간적인 욕심도 어느 정도 맥을 끊을 수 있다. 하나님은 하나님이 우리의 주인이심을 알게 하시려고 안식의 법을 세우셨다.

🔹 쉬는 것이 힘이다

넷째, 새 힘을 얻게 하시기 위함인 것이다.

욕심만 가지고 쉬지 않고 농사를 짓게 되면, 결국 땅은 지력(地力)을 잃게 되고 빈약한 소출을 거둘 수밖에 없는 땅이 되고 말 것이다. 결국 나중에는 아무것도 소출할 수 없는 땅이 되고 말 것이다. 그것은 땅뿐만 아니라 사람도 마찬가지이다. 사탄은 우리가 그렇게 소멸하는 삶을 살기를 원한다. 그래서 안식의 법을 무시하고 살도록 우리를 유혹하고 있다. 육 년 동안 농사를 지은 후에는 한 해 동안 땅을 내버려두어 지력을 회복할 수 있는 시간을 주어야만 한다. 육 년 동안 열심히 일한 후에는 한 해 정도 푹 쉬면서 다음 육 년을 위한 계획을 세우며 그 계획을 실천하기 위한 공부를 해야만 한다.

어떤 사람이 "하나님께서 죽도록 충성하라고 하셨는데, 왜 목사님은 쉬시느냐?"고 물었다. 나는 그에게 "죽도록 충성하기 위하여 쉰다"라고 대답해주었다. 참으로 죽도록 충성하기 위하여 우리는 쉬어야 하고 또 공부해야 한다. 그러기 위하여 안식의 법을 지키는 것이 무엇보다 중요하다.

두 사람이 산에 들어가 도끼로 나무를 찍기 시작했다. 한 사람은 하루 여덟 시간을 쉬지 않고 나무를 찍었고, 또 한 사람은 50분 동안 일하고 10분씩은 쉬면서 일했다. 결과적으로 쉬면서 일한 사람은 쉬지 않고 일한 사람보다 한 시간 이상이나 일하지 못했다. 그러나 나무는 10분씩 쉬면서 일한 사람이 더 많이 했다. 이유는 쉬는 동안 새 힘을 얻었기 때문이고, 또 쉬는 동안 그는 도끼날을 갈았기 때문이다.

나는 교회 건축 중에 안식년을 가졌다. 예배당을 짓는 일도 중요하지만, 목사와 장로, 그리고 온 교인이 다 예배당 짓는 일에만 매달리는 것은 생산적인 일이 아니라고 생각했다. 목회는 릴레이와 같은 것이다. 한 선수가 뛸 때 다른 선수는 쉬면서 다음을 준비해야 한다. 모든 선수가 다 함께 뛴다면, 그것은 낭비이다. 그리고 그 경기에서 승리할 수도 없다.

목회도 마찬가지다. 누군가 예배당을 건축하느라고 애쓸 때 다른 누군가는 쉬면서 다음 목회를 준비해야만 한다. 나는 안식년 동안 그것을 준비했다. 쉬는 동안 예배당 완공 후 힘 있게 뛸 수 있는 힘을 비축했다. 결과적으로 그 기간은 아주 성공적이었다. 많은 목회자가 예배당을 건축하면서 탈진하게 되는데, 그래서 건축 후의 목회가 오히려 힘이 없어지게 되는데, 나는 반대였다. 예배당 완공 후 나는 충전되어 있었다. 능력 있게 목회할 충분한 힘을 비축할 수 있었던 것이다.

◼ 주일성수, 주일안식

안식의 법은 하나님이 만드셨다. 이 법을 제정하신 데는 분명한 이유가 있다. 그러므로 안식의 법은 꼭 지켜야만 한다. 먼저 안식일을 구별하여 거룩히 지키도록 힘써야 한다. 우리는 그것을 성수주일의 정신으로 지켜나갈 수 있을 것이다. 주일 지키는 일을 중히 여기는 사람이 되어야 한다. 그리고 그날은 세상의 모든 일을 쉬고 오직 하나님만 생각하고 예배하며 하루를 쉬어야 한다.

그리고 안식년도 지켜야만 한다. 물론 사회의 일원으로 자기 혼자의 뜻대로만 살 수 없는 사람들은 안식년을 구별하여 지킨다는 것이 쉽지 않다. 그러나 나름대로 방법을 강구하여 그 정신을 실현하도록 노력해야 할 것이다. 그리고 만일 자유로운 직업을 가지고 있어서 마음만 비울 수 있다면, 안식년 또한 지키도록 힘써야 할 것이다.

그리고 희년의 정신도 우리가 구현해나가야 할 것이다. 희년의 정신은 유산 안 남기기 운동이나 재산의 사회 환원이라는 방법으로 실현할 수 있을 것이다. 우리가 만일 이 세상을 떠날 때에 우리가 맡아 관리하였던 모든 것을 다시 사회에 환원하고 돌아간다면, 그것이 바로 희년의 정신을 실천하는 일이 될 것이다. 우리가 그와 같은 희년의 정신을 지켜 살 수만 있다면, 우리는 얼마나 훌륭한 사회를 건설할 수 있을 것인가?

CHAPTER 6

메이드 인 헤븐

하나님의 걸작품, 인간

하나님께서는 엿새 동안 최선을 다해 우주 만물을 창조하신 후 제일 마지막으로 인간을 창조하셨다. 그러고는 그 전에 창조하신 모든 것을 다 인간에게 맡겨주셨다. 여기서 우리는 매우 중요한 사실 하나를 발견하게 된다. 그것은 하나님께서 이 우주 만물을 우리 인간을 위하여 창조하셨다는 사실이다.

하나님은 우리를 위하여 세상을 창조하셨다. 하나님은 해와 달과 별을 우리 인간을 위하여 창조하셨다. 땅과 바다와 하늘, 그리고 거기에 충만한 모든 것을 다 우리 인간을 위하여 창조하셨다. 그와 같은 것들은 하나님께 필요한 것이라기보다는 모두가 다 우리 인간에게 필요한 것들이다.

🔵 천지 만물은 인간을 위해 존재한다

아이들이 어렸을 때 바다에 놀러 가서 조개를 잡은 적이 있다. 그날 저녁 함께 잡은 그 조개를 먹으며, 나는 하나님께서 나를 위하여 바다를 지으셨다는 생각에 혼자서 깊이 감동했다. 그 엄청난 바다 가운데 있는 모든 것뿐만 아니라 하늘과 땅에 있는 그 모든 것을 다 나를 위하여 하나님이 지으셨다는 것을 깨닫게 되었다.

창조의 중심과 목적이 하나님이시라기보다는 오히려 우리 인간이라는 것을 깨닫게 되었으며, 거기서 우리 인간을 향하신 하나님의 깊은 사랑을 다시 한번 깨달을 수 있었다. 하나님은 우리 인간을 위하여 우주 만물을 창조하셨다.

그리고 우리 인간은 하나님을 위하여 창조되었다. 그러므로 창조의 중심과 목적은 인간이요, 인간의 중심과 목적은 하나님이시다.

하나님은 하나님이 창조하신 모든 것을 인간에게 맡기시고 그것들을 돌보라고 말씀하셨다.

하나님이 이르시되 땅은 생물을 그 종류대로 내되 가축과 기는 것과 땅의 짐승을 종류대로 내라 하시니 그대로 되니라 하나님이 땅

의 짐승을 그 종류대로, 가축을 그 종류대로, 땅에 기는 모든 것을
그 종류대로 만드시니 하나님이 보시기에 좋았더라

하나님이 이르시되 우리의 형상을 따라 우리의 모양대로 우리가
사람을 만들고 그들로 바다의 물고기와 하늘의 새와 가축과 온
땅과 땅에 기는 모든 것을 다스리게 하자 하시고 하나님이 자기
형상 곧 하나님의 형상대로 사람을 창조하시되 남자와 여자를 창
조하시고 하나님이 그들에게 복을 주시며 하나님이 그들에게 이르
시되 생육하고 번성하여 땅에 충만하라, 땅을 정복하라, 바다의
물고기와 하늘의 새와 땅에 움직이는 모든 생물을 다스리라 하시
니라

하나님이 이르시되 내가 온 지면의 씨 맺는 모든 채소와 씨 가진
열매 맺는 모든 나무를 너희에게 주노니 너희의 먹을거리가 되리라
또 땅의 모든 짐승과 하늘의 모든 새와 생명이 있어 땅에 기는 모
든 것에게는 내가 모든 푸른 풀을 먹을거리로 주노라 하시니 그대
로 되니라

하나님이 지으신 그 모든 것을 보시니 보시기에 심히 좋았더라 저
녁이 되고 아침이 되니 이는 여섯째 날이니라 _{창 1:24-31}

🟦 정복은 짓밟는 것이 아니다

하나님은 사람에게 땅을 정복하고 그것을 다스리라고 말씀하
셨다. 여기서 우리가 알아야 할 매우 중요한 사실이 하나 있다.

그것은 기독교가 말하는 정복의 개념이다. 일반적인 세상의 개념은 어떤 것을 '정복한다'고 할 때 자신의 이익을 위하여 그것을 철저히 착취하고 지배하는 것을 의미한다고 할 수 있다. 왜냐하면 세상의 법칙은 약자가 강자를 섬기고 강자는 저들의 섬김을 받으며 자신들의 특권을 누리기 위하여 철저히 저들을 부리는 것이기 때문이다.

그러나 기독교의 정복의 개념은 그와 다르다. 기독교는 약자가 강자를 섬기는 것이 아니라 강자가 약자를 섬기는 구조이다. 예수님이 허리에 수건을 동이시고 제자들의 발을 씻으시면서 보여주신 모범이 바로 그것이다.

하나님께서 로마서 15장 1절에서 강한 자가 약한 자의 약점을 담당해야 한다고 말씀하신 것이 바로 그와 같은 맥락이라고 할 수 있다.

그러므로 하나님께서 땅을 정복하고 그것을 다스리라고 하신 것은, 자연과 세상을 착취하고 그것을 파괴해서라도 자신의 이익을 취하면서 살라는 것이 아니다. 자연과 세상을 보호하고 잘 돌보아주고 섬겨 그것들이 생명을 잘 유지할 수 있도록 해주라는 말씀이다.

하나님은 인간을 하나님이 창조하신 모든 만물의 선한 관리자로서 창조하셨다. 우리 인간은 하나님이 우리에게 주신 능력과 권한을 가지고 하나님이 창조하신 모든 만물이 다 편안히, 그리고 안심하고 잘 살아갈 수 있도록 늘 돌보아주고 보살펴주어야만 한다. 그것이 우리 인간의 본분이다. 요즘 많이 이야기되고 있는 환경보호와 자연보호는 요즘 와서 부각되는 개념들이 아니라 창조 때부터 우리 인간들에게 부여되었던 본래 사명이라는 사실을 알아야 한다.

세상의 주인은 하나님이시다. 그러나 하나님은 이 세상의 관리자로 우리 인간을 임명하셨다. 하나님은 우리에게 세상을 관리할 수 있는 권한과 관리해야만 하는 책임을 주셨다. 따라서 우리는 우리 마음대로 관리해서는 안 된다.

하나님이 주인이시기 때문에 하나님의 뜻대로, 그리고 하나님의 영광을 위하여 세상을 관리해야 한다. 그것이 우리 사람의 본분인 것이다.

🔷 하나님과 대화하는 인간

하나님의 인간 창조에서 가장 중요한 면이 있다면, 그것은 하나님께서 우리 인간을 자신과 대화할 수 있는 인격으로 창조하셨다는 것이다.

인간 외의 모든 피조물은 그저 하나님이 명령하시면 그대로 따르는 존재들이지만, 인간은 하나의 인격으로서 하나님과 대화할 수 있는 유일한 존재로 창조되었다는 것이 매우 중요하다. 그래서 하나님은 인간에게 두 가지 중요한 것을 허락해주셨는데,

첫째는 하나님의 영(靈)이요, 둘째는 자유이다.

하나님은 자유를 가지고 스스로 생각하고 판단할 수 있는 영적인 존재로 우리를 만드셨다. 인간은 자유와 영이 있기 때문에 하나님과 대화할 수 있는 존재가 되었다.

우리에게 자유와 영이 없다면 하나님의 '독백'(monologue)만 있을 뿐 하나님이 원하시는 진정한 의미의 '대화'(dialogue)는 불가능하다. 그래서 하나님은 우리에게 그분 자신의 소중한 영을 나누어주시고 자유의지를 주셔서 스스로 판단하고 결정할 수 있는 인격이 되게 하셨다.

그리고 마지막으로 중요한 것이 있는데, 그것은 사랑이다. 아무리 영이 있고 자유가 있다 해도 하나님이 사랑하시지 않는 대상이라면 대화는 불가능하기 때문이다. 하나님은 이렇게 다른 피조물과는 비교할 수 없는 사랑을 우리 인간에게 베푸신다. 그러므로 인간이 다른 피조물과 엄격히 구별되는 사실이 세 가지 있다.

첫째 인간은 영적인 존재라는 것과, 둘째 인간은 자유의지를 가지고 스스로 자유롭게 생각하고 판단할 수 있는 존재라는 것, 그리고 마지막으로 하나님이 특별히 사랑하시는 존재라는 것이다.

하나님은 인간 외의 다른 피조물에게 명령하신다. 물론 하나님은 우리 인간에게도 명령할 수 있으며 또 명령하실 때가 있다.

그러나 하나님은 우리 인간과 말씀하기를 좋아하신다. 하나님은 우리 인간을 하나님과의 대화자로 창조하셨으며, 우리 인간과 교제하는 것을 좋아하신다.

하나님은 그렇게 대화하고 교제를 나누는 대상을 갖기 위하여 우리 인간을 창조하신 것이다.

그러므로 우리 인간의 존재 의미와 목적은 바로 하나님과의 대화와 교제에 있다. 하나님과의 대화와 교제가 끊어진 존재는 엄밀한 의미에서 인간이라고 할 수 없다. 우리는 하나님과의 관계와 대화, 그리고 교제가 끊어지지 않도록 조심하고 노력해야 한다. 우리는 성경을 통하여 하나님의 말씀을 듣고, 기도를 통하여 하나님께 말씀드릴 수 있다.

기도와 말씀으로 우리는 하나님과 대화하며 하나님의 말씀에 순종하고 하나님은 우리의 기도에 응답하심으로 서로 교제한다. 사탄은 이러한 대화와 교제의 관계를 끊기 위하여 우리에게 끊임없이 범죄하고 하나님께 반역하라고 부추긴다. 진정한 순종을 원하셔서 우리에게 주신 자유를 가지고 도리어 하나님께 반역하고 불순종하라고 꼬드긴다. 그리고 성경을 읽지 못하게 하고 기도도 하지 못하게 방해한다. 어떻게 하든지 하나님과의 관계를 단절시키려고 한다.

우리는 이와 같은 사탄의 교활한 꾀에 빠지지 말고, 기도와 말씀으로, 그리고 순종으로 늘 하나님과 바른 관계를 유지하고

당신 자체가 하나님의 창조의 중심이며 목적이다.

늘 하나님과 동행하며 대화하는 삶을 사는 사람이 되어야 할
것이다.

🔲 당신은 아는가?

당신은 당신 자체가 하나님의 창조의 중심이며 목적이라는 사
실을 아는가? 하나님께서는 우리 한 사람 한 사람을 온 천하보
다 더 크고 귀하게 창조하셨다는 것을 아는가? 사람들이 생각하
는 것처럼 당신은 그렇게 하찮은 존재가 아니라는 사실을 알고
있는가? 당신은 이 우주 만물을 맡아서 관리하고 다스리며 저들

을 도와주어야 하는 존재라는 사실을 아는가?

세상의 모든 피조물이 우리의 도움과 보살핌을 필요로 하고 있다는 것을 알고 있는가? 타락한 우리 인간들이 자신의 사명과 책임을 망각함으로 자연과 환경이 파괴되고, 그로 인하여 피조물들이 탄식하고 있다는 것을 알고 있는가? 그리고 그 피조물들이 자신의 책임과 사명을 감당할 하나님의 아들들이 나타나기를 고대하고 있다는 사실을 알고 있는가?

"피조물이 고대하는 바는 하나님의 아들들이 나타나는 것이니"(롬 8:19).

당신은 하나님과 바른 관계를 맺으며 그분과 대화하기 위하여 창조된 유일한 하나님의 친구라는 사실을 알고 있는가?

혹 당신 자신이 창조의 중심이며 목적이라는 사실을 잊어버리고 쓸데없는 열등의식에 사로잡혀 정말 하찮은 존재로서 지금까지 살아오지는 않았는가?

혹 지금까지 자신의 책임과 사명을 망각하고 자연과 환경을 파괴하면서 살아오지는 않았는가?

혹 하나님과 영과 영이 통하는 그분의 친구라는 사실을 망각하고 소중한 자유를 죄짓는 데 사용하여 하나님과의 교제를 망각하며 살아오지는 않았는가?

하나님은 우리 인간을 특별하고 대단한 존재로 창조하셨다. 자신이 누구인가를 정확히 이해하고 인간답게 인간의 품위를 지키며 산다는 것은 얼마나 중요한 일인지 모른다.

창세기에 나타난 하나님의 인간 창조를 다시 한번 깊이 생각함으로 자신의 존재를 다시 인식하고 인간답게 인간의 품위를 지키면서 훌륭하게 살아가는 기회로 삼기를 바란다.

CHRISTIAN BASIC

PART 2

인생은 철거 중

타락과 죄

─ CHAPTER 7 ─

죄라니?
그런 심한 말을...

죄론(罪論)

사람들은 실패와 사망의 원인을 복잡하게 여러 곳에서 찾으려고 하지만, 성경은 모든 사망과 실패의 원인을 단 하나, 죄라고 단정하여 말씀하고 있다. 우리는 가난 때문에 못 살고 환경 때문에 못 산다고 생각하지만 아니다. 우리가 못 사는 이유는 단 하나, 죄 때문이다.

그러므로 우리의 구원과 성공과 승리를 위하여 우리는 모든 것에 앞서 죄 문제를 먼저 해결해야만 한다. 죄 문제를 해결하지 않으면 우리는 어떤 문제도 근본적으로 해결하지 못하게 될 것이기 때문이다. 우리가 문제로 생각하는 모든 것의 원인이 바로 죄라는 사실을 알아야 한다. 그러므로 우리는 그 무엇보다 죄 문제를 심각하게 생각하고, 그 죄 문제를 풀기 위하여 노력해야만 한다.

🔷 죄는 누가 삶의 주인인가의 문제

죄 문제를 해결하려고 하면 우선 죄가 무엇인지부터 알아야 한다. 죄가 무엇인지를 정확히 알지 못하고 죄 문제를 해결할 수는 없기 때문이다.

죄가 무엇인지를 정확히 이해하려면 이 땅에서 제일 먼저 생겨난 죄부터 살펴보는 것이 중요하다. 이 땅에서 제일 먼저 생겨난 죄는 하나님이 따 먹지 말라고 하신 선악과를 우리 조상 아담과 하와가 따 먹은 것과 관련된다. 그것이 최초의 범죄가 되었을 뿐 아니라 아담과 그 후손의 후예인 우리에게 원죄가 되어 우리가 이 세상에서 짓고 사는 모든 죄의 뿌리가 되었다. 그러므로 모든 죄의 문제를 해결하려고 하면 먼저 모든 죄의 뿌리가 되는 원죄를 이해하고 해결해야 한다.

하나님은 동산 모든 나무 실과는 다 따 먹어도 상관없으나 동산 중앙에 있는 선악과나무의 열매만큼은 따 먹어서는 안 된다고 말씀하셨다. 그 나무 열매를 따 먹으면 정녕 죽게 될 것이라고 말씀하셨다. 왜 하나님은 선악과나무 열매를 따 먹지 말라고 하셨을까? 하나님은 그와 같은 명령을 통하여 아담과 하와에게 생명의 원칙을 심어주려고 하셨다.

선악과나무 열매는 모든 나무 열매보다 더 먹음직하고 탐스러웠던 나무였다. 에덴의 그 어느 나무 열매보다도 먼저 그 나무 열매를 먹고 싶어 할 만큼 욕심이 나는 나무였다. 그런데 하나님께서 바로 그 나무 열매를 따 먹지 말라고 말씀하셨다. 그것은 단순히 어떤 나무의 열매를 먹느냐 먹지 않느냐의 문제가 아니었다. 그것은 삶의 원칙을 정하는 문제였다. 너는 "네가 앞으로 살아갈 때 네 욕심을 따라 살 것이냐 아니면 내 말을 따라 살 것이냐를 결정하라"는 것이었다. "너의 삶의 주인을 너 자신으로 할 것이냐 아니면 하나님으로 할 것이냐를 결정하라"는 것과 같은 뜻의 말씀이었다.

하나님은 아담과 하와가 하나님으로 자신들의 주인을 삼고 이해가 가든 이해가 가지 않든 하나님이 말씀하는 대로 순종하여 자신들의 욕심까지 제어하면서 살아야만 성공적이고도 훌륭한 삶을 살아갈 수 있기 때문에 가장 탐스러운 나무 열매를 금지하여 하나님의 명령에 복종하라 말씀하셨다.

그러나 아담과 하와는 여기에 실패하고 말았다. 사탄이 저들을 꾀었던 것이다. "네가 스스로 네 삶의 주인이 되라"는 것이었다. "네가 네 자신의 하나님이 되어 먹고 싶으면 먹고 따고 싶으면 언제든지 따는 그러한 삶을 살라"고 유혹했다. 사탄은 그것이 자유요 사람답게 사는 것이라고 아담과 하와를 속였다.

● "네 마음 가는 대로 해라"

사탄은 그때부터 지금까지 똑같은 방식으로 우리를 꼬드긴다. 사탄의 입장에서 볼 때 우리 삶의 주인을 누구로 고백하며 사느냐 하는 것만큼 중요한 것은 없다. 하나님을 자신의 주님으로 고백하고, 이해가 되든 이해가 되지 않든 자신에게 손해가 된다고 생각하든 이익이 된다고 생각하든 상관없이 말씀대로만 순종하여 사는 사람이 된다면, 사탄은 그 사람의 삶에 어떠한 영향력도 끼칠 수 없게 되기 때문이다.

그러나 사탄의 의도대로 하나님을 거역하고 자신이 자신의 주(主)가 되어 욕심을 따라 제 마음대로 사는 사람이 된다면, 그와 같은 사람은 사탄의 밥과 같아서 얼마든지 사탄 마음대로 조종 가능하게 된다. 그래서 사탄은 아담과 하와 때부터 끊임없이 하나님을 거역하고 "네가 스스로 네 삶의 주인이 되라"고 유혹하고 있다.

불행하게도 아담과 하와는 그 사탄의 유혹에 빠져 하나님의 명령을 거역하고 자신들의 욕심을 따라 행동했다. 하나님으로 자신의 주님으로 삼지 않고 자신이 스스로 자신의 주인이 되어, 말씀을 따라 살아가지 않고 욕심을 따라 제 마음대로 사는 방식을 선택했다. 성경은 그것을 죄라고 일컫는다. 그것을 다시 한번 정리하면 다음과 같다.

"죄란 하나님으로 자신과 세상의 주인을 삼지 않고, 자신이

내 마음가는대로 = 사탄마음대로

죄란 내가 내 삶의 주인이 되는 것이다.

자신과 세상의 주인이 되어 하나님의 말씀을 따라 살지 않고 자기의 욕심을 따라 제 마음대로 사는 것을 의미한다."

🔷 Sin과 sins

모든 만물에는 근본적인 것과 지엽적인 것이 있다. 그것은 죄도 마찬가지이다. 모든 죄의 근본이 되는 죄가 있는가 하면, 그 죄로부터 말미암은 죄악들이 있다. 모든 죄의 근본이 되는 죄를 영어로 대문자 단수를 써서 Sin이라 하고, 그 죄로부터 말미암은 죄악들을 소문자 복수를 써서 sins라고 한다. 죄의 문제를 해결하려고 할 때 중요한 것은 죄의 근본이 되는 Sin을 해결해야 한다는 것이다. Sin의 문제를 생각하지 않고 sins를 가지고 씨름한 다면, 죄의 문제는 해결할 수 없기 때문이다.

그렇다면 모든 죄악의 뿌리가 되는 근본적인 죄는 무엇인가? 그것은 한마디로 이야기해서 불신앙의 죄이다. 마음에 하나님 두기를 싫어하여 하나님과 바른 관계를 맺지 않고 자신이 자신 과 세상의 주인이 되어 제 욕심을 따라 제 마음대로 인생을 살 아가려고 하는 것이 바로 모든 죄의 뿌리가 되는 근본적인 죄가 된다.

사람들은 죄라고 하면 으레 윤리적인 죄를 먼저 생각한다. 물론 그와 같은 죄도 악하고 나쁜 것이지만, 자기를 사랑하는 하 나님을 배반하고 창조주 하나님을 거역하여 하나님의 자리를 대 신하여 자신과 세상을 파괴하는 것보다 더 악하고 나쁜 죄는 없 다. 사람들은 하나님을 믿지 않는 불신앙의 죄를 대수롭지 않게 생각하려고 하는데, 그렇지 않다. 세상에 가장 악하고 나쁜 죄 가 바로 불신앙의 죄라는 것을 알아야 한다. 그리고 그 불신앙 이 모든 죄악의 근본인 죄가 됨을 알아야 한다.

세상의 모든 죄악은 바로 그 죄로부터 비롯된다. 빛으로부터 멀어지면 멀어질수록 어두워지듯이 하나님으로부터 멀어지면 멀 어질수록 인간의 삶은 어두워지고 악해진다는 것을 알아야 한 다. 성경은 로마서 1장 18-32절에서 이 사실을 다음과 같이 우리 에게 말씀해주고 있다.

하나님의 진노가 불의로 진리를 막는 사람들의 모든 경건하지 않음과 불의에 대하여 하늘로부터 나타나나니 이는 하나님을 알 만한 것이 그들 속에 보임이라 하나님께서 이를 그들에게 보이셨느니라 창세로부터 그의 보이지 아니하는 것들 곧 그의 영원하신 능력과 신성이 그가 만드신 만물에 분명히 보여 알려졌나니 그러므로 그들이 핑계하지 못할지니라

하나님을 알되 하나님을 영화롭게도 아니하며 감사하지도 아니하고 오히려 그 생각이 허망하여지며 미련한 마음이 어두워졌나니 스스로 지혜 있다 하나 어리석게 되어 썩어지지 아니하는 하나님의 영광을 썩어질 사람과 새와 짐승과 기어 다니는 동물 모양의 우상으로 바꾸었느니라 그러므로 하나님께서 그들을 마음의 정욕대로 더러움에 내버려두사 그들의 몸을 서로 욕되게 하게 하셨으니 이는 그들이 하나님의 진리를 거짓 것으로 바꾸어 피조물을 조물주보다 더 경배하고 섬김이라 주는 곧 영원히 찬송할 이시로다 아멘

이 때문에 하나님께서 그들을 부끄러운 욕심에 내버려두셨으니 곧 그들의 여자들도 순리대로 쓸 것을 바꾸어 역리로 쓰며 그와 같이 남자들도 순리대로 여자 쓰기를 버리고 서로 향하여 음욕이 불 일 듯 하매 남자가 남자와 더불어 부끄러운 일을 행하여 그들의 그릇됨에 상당한 보응을 그들 자신이 받았느니라

또한 그들이 마음에 하나님 두기를 싫어하매 하나님께서 그들을 그 상실한 마음대로 내버려두사 합당하지 못한 일을 하게 하셨으

니 곧 모든 불의, 추악, 탐욕, 악의가 가득한 자요 시기, 살인, 분쟁, 사기, 악독이 가득한 자요 수군수군하는 자요 비방하는 자요 하나님께서 미워하시는 자요 능욕하는 자요 교만한 자요 자랑하는 자요 악을 도모하는 자요 부모를 거역하는 자요 우매한 자요 배약하는 자요 무정한 자요 무자비한 자라 그들이 이 같은 일을 행하는 자는 사형에 해당한다고 하나님께서 정하심을 알고도 자기들만 행할 뿐 아니라 또한 그런 일을 행하는 자들을 옳다 하느니라

이 로마서 1장 말씀을 이해하기 쉽게 다시 한번 정리하면 다음과 같다.

첫째, 하나님은 하나님을 알 만한 것들을 하나님이 만드신 모든 피조물을 통하여 계시해주셨다. 그러므로 사람들은 자기가 하나님을 알지 못한 것에 대하여 핑계할 수 없다.

둘째, 그럼에도 불구하고 사람들은 하나님을 마음에 두기를 싫어했다.

셋째, 그로 인하여 사람들의 마음이 어리석어지고 어두워지기 시작하여 죄를 짓게 되었다. 사람들이 마음에 하나님 두기를 싫어하여 하나님의 말씀에 순종하는 삶을 살지 않고 제 욕심을 따라 제멋대로 살기 시작하였는데, 그와 같은 삶에서 모든 불의, 추악, 탐욕, 악의, 시기, 살인, 분쟁, 사기와 같은 악독한 것들이

나오게 되었다.

넷째, 하나님께서 그와 같은 인간들의 죄에 대하여 진노하심
으로 인간은 하나님의 심판을 받게 되었다.

◆ 마음에 하나님 두기를 싫어하매

모든 죄의 뿌리는 마음에 하나님 두기를 싫어하는 것이다. 모
든 윤리적인 죄의 뿌리는 신앙적인 죄이다. 죄에서 해방되기를 원
한다면 자신의 죄악된 습성이나 습관과만 씨름해서는 안 된다.
그것은 마음에 예수 그리스도를 자신의 주(主)와 구주(救主)로
영접하는 것을 통해서만 가능하다. 죄의 문제는 도덕과 윤리로
해결할 수 없다. 죄의 문제는 도덕과 윤리보다 더 근본적인 개념
인 신앙의 문제가 우선 해결되어야만 풀릴 수 있다는 사실을 마
음에 명심해야 할 것이다.

죄란 무엇인가를 다시 한번 정리하면 다음과 같다.

첫째, 죄에는 근본적인 죄(Sin)와 지엽적인 죄(sins)가 있다.

둘째, 지엽적인 모든 죄악은 근본적인 죄에서 말미암은 것이다.

셋째, 죄의 문제를 바로 이해하고 해결하려면 지엽적인 죄악들
보다 근본적인 죄의 문제를 이해하고 해결해야 한다.

넷째, 근본적인 죄란 우리 인간 속에 있는 원죄를 의미한다. 그
것은 하나님으로 자신과 세상의 주인을 삼지 않고 자신이 세상
과 자신의 주인이 되어 하나님의 말씀대로 순종하여 살지 않고

자기 욕심을 따라 마음대로 살아가려고 하는 것을 의미한다.

다섯째, 그 죄로부터 세상의 만 가지 죄악이 나오게 되었고, 그 죄로 말미암아 이 땅에 사망이 역사하게 되었다.

사람이 이 세상에서 실패하는 삶을 사는 이유는 다른 곳에 있지 않고 죄에 있다. 그러므로 사망과 실패의 문제를 극복하고 승리하는 삶을 살려면 죄의 문제를 해결해야만 한다. 죄의 문제를 해결하지 않고는 그 어떠한 문제도 근본적으로 해결할 수 없게 될 것이다. 죄의 문제를 해결하려면 죄가 무엇인지를 알아야 한다. 무엇보다 그 죄의 뿌리가 무엇인지를 알아야 한다. 죄에도 근본적인 죄와 지엽적인 죄가 있다. 죄의 문제를 해결하려면 죄의 근본을 알고 그것과 씨름해야 한다.

모든 죄의 뿌리는 하나님을 자신의 삶의 주인으로 인정치 않는 불신앙이다. 죄의 문제는 윤리적인 접근을 통해서는 해결할 수 없다. 죄의 문제는 신앙적인 접근을 통해서만 해결할 수 있다. 마음에 하나님 두기를 싫어하는 불신앙을 내어버리고 예수 그리스도를 자신과 세상의 주(主)로 고백하고 영접하면 만 가지 죄의 뿌리가 한순간에 뽑히게 된다. 그리고 그 죄의 뿌리가 뽑히는 순간 우리의 삶은 사망에서 생명으로, 지옥에서 천국으로 옮겨진다.

CHAPTER 8

정말 죽으면
그만일까?

우리를 향하신 하나님의 뜻과 소원은 우리가 항상 기뻐하고 범사에 감사하며 늘 행복하게 잘 사는 것이다. 그리고 우리가 예수를 믿는 가장 중요한 이유도 바로 그것이다. 우리는 예수를 구원 얻기 위해서 믿는데, 구원이라는 말을 가장 보편적이고 평범한 말로 표현한다면 그것은 '잘 사는 것'이다. 우리의 소원도 잘 사는 것이고 우리를 향하신 하나님의 뜻도 잘 사는 것인데, 정작 스스로를 행복하게 잘 사는 사람이라고 생각하며 사는 사람은 많지 않다.

많은 사람이 행복하게 잘 살기를 원하면서도 행복하게 살지 못하는 데는 이유가 있다. 많은 사람이 행복하게 살지 못하는 가장 중요한 이유는 잘 사는 것이 무엇인가에 대한 오해 때문이다. 행복하게 살려고 하면 무엇보다도 먼저 행복이 무엇인지에 대한 정확한 이해가 있어야 한다. 행복, 즉 잘 사는 것에 대한 정확한 이해가 없다면 그는 결코 행복한 삶을 살 수 없다.

◼ 돈이 많으면 잘 사는 것인가

행복 아닌 것을 행복이라고 착각하게 되면, 그것을 얻어도 행복하지 못할 것이다. 왜냐하면 그것은 행복이 아니기 때문이다. 그것을 얻지 못해도 행복하지 못할 것이다. 그것이 행복이 아니므로 그것을 얻지 못한 것이 곧 불행한 것은 아니다. 그럼에도 그는 그것을 행복이라고 착각하여 결국 평생 자신은 행복을 얻지 못했다고 생각하며 살 것이다. 그러므로 행복하게 잘 사는 사람이 되려면, 무엇보다 먼저 과연 무엇이 잘 사는 것인가에 대한 명확한 이해를 가져야만 한다.

보통, 세상 사람들은 돈이 많으면 잘 사는 것이고 돈이 없으면 못 사는 것이라고 생각한다. 그래서 사람들은 돈이 많은 부자를 흔히 잘 사는 사람이라고 생각하고, 돈이 없는 가난한 사람들을 못 사는 사람이라고 생각한다. 잘 살고 못 사는 것의 기준을 돈으로 본다.

그러나 그것은 사실이 아니다. 왜냐하면 가난한 사람 중에도

돈이 없어 못 사는 게 아니라 죄 때문에 못 산다.

얼마든지 잘 살고 행복하게 사는 사람이 있는가 하면, 부유한
사람 중에도 얼마든지 못 살고 불행한 사람들이 있기 때문이다.
그러므로 단순히 돈만 가지고 잘 살고 못 사는 여부를 판단하는
것은 잘못된 일이다.

만일 돈이 많은 것이 잘 사는 것이라면, 하나님은 틀림없이 예
수를 잘 믿는 모든 사람을 다 부자가 되게 하셨을 것이다. 그러
나 예수를 잘 믿는 사람 중에도 가난한 사람이 있고, 예수를 전
혀 믿지 않고 사는 사람 중에도 부자가 있다. 이를 보면 하나님
께서는 돈이 많은 것을 복이라고 생각하지 않으시는 것이 분명
하다.

돈은 축복이 아니다. 돈은 정확히 이야기하자면 축복이 아니라 은사이다. 돈이 우리가 생각하는 것처럼 축복이라면, 예수를 믿는 사람은 다 부자가 되어야만 한다. 예수를 믿으면 누구나 다 축복을 받기 때문이다. 예수를 믿어도 가난할 수 있고 예수를 믿지 않아도 부자가 될 수 있는 까닭은 돈 자체가 축복인 것은 아니기 때문이다.

돈은 은사이다. 은사는 믿는다고 다 받는 것이 아니다. 방언은 은사이다. 그래서 예수를 믿는다고 해서 다 방언을 받는 것은 아니다. 돈은 방언과 같은 은사이다. 축복은 원칙적으로 누리라고 주시는 것이지만, 은사는 원칙적으로 쓰라고 주시는 것이다. 돈을 은사로 하나님께 구할 수는 있다. 그러나 돈을 축복으로 하나님께 구할 수는 없다. 돈은 우리를 행복하게 해주는 축복이 아니기 때문이다. 사람들은 돈이 없는 것을 못 사는 것이라고 여기지만, 돈이 없는 것은 못 사는 것이 아니라 가난한 것이다. 못 사는 이유를 가난에서 찾는 것은 옳은 생각이 아니다. 이런 생각으로는 잘 사는 법을 찾아낼 수 없다.

잘 사는 사람이 되려면 못 사는 이유를 정확히 알아야 한다. 우리는 못 사는 이유를 성경에서 찾아야만 한다. 그것이 가장 정확하다. 성경은 우리에게 못 사는 이유가 무엇인지에 대하여 분명히 말씀해주고 있다. 성경은 사람이 실패하고 못 사는 이유를 죄 때문이라고 말씀한다.

성경은 죄의 삯을 사망(롬 6:23)이라고 단정적으로 말씀하고 있는데, 여기서 우리는 사망, 즉 사람이 못 살고 실패하는 이유가 죄에 있다는 사실을 찾아낼 수 있다.

너무 간단하게 단정되어 있어서 오히려 의심하는 사람도 있을는지 모른다. 그러나 조금만 생각해보면 죄가 모든 못 사는 삶의 뿌리인 것을 알 수 있다. 구원의 문제뿐만 아니라 정치, 경제, 사회, 문화 모든 분야에 사망이 역사하는 까닭은 죄 때문이다. 죄의 문제만 해결된다면 우리는 구원과 같은 신앙의 문제뿐만 아니라 정치, 경제, 사회, 문화의 전반적인 문제도 해결할 수 있게 된다.

돈이 없어서 못 사는 것이 아니다. 죄 때문에 못 사는 것이다. 이 세상에 죄만 없다면 지금 이대로도 얼마든지 천국을 누리면서 살 수 있다. 그것이 성경이 우리에게 가르쳐주는 사실이다. 그러므로 우리는 돈보다 죄에 더 깊은 관심을 가지고 살아야만 한다. 돈의 문제를 해결할 때 잘 사는 사람이 되는 것이 아니라 죄의 문제를 해결할 때 우리는 비로소 잘 사는 사람이 될 수 있기 때문이다.

🧊 죽음, 관계의 단절

하나님은 아담과 하와에게 선악과를 따 먹으면 죽는다고 말씀하셨다. 물론 아담과 하와가 선악과를 따 먹고 범죄하였는데도 그 즉시로 호흡이 끊어져 죽지는 않았다. 그러나 아담과 하와에게는 하나님이 말씀하신 죽음의 실상이 다섯 가지 사실로 나타나게 되었다.

첫째, 아담과 하와가 선악과를 따 먹은 후 하나님과의 관계가 단절되었다.

범죄하기 전에는 하나님을 기다리며 하나님과 만나는 것을 즐거워하던 아담과 하와가 범죄한 후에는 하나님을 피하여 숨게 되었다. 생명과 축복의 근원이 되신 하나님으로부터 멀어지고 결국에는 관계가 단절됐다.

물론 인간의 범죄 이후에도 하나님은 자신의 줄을 끊지 않으셨지만, 하나님을 향한 인간의 줄이 끊어진 것이다. 그것은 곧 죽음을 의미했다.

둘째, 선악과를 따 먹은 후 아담과 하와, 즉 인간 서로 간의 관계가 단절되었다.

범죄하기 전 아담과 하와의 관계는 아주 아름다운 관계였다. 하와를 보고 아담이 한 말이 "이는 내 뼈 중의 뼈요 살 중의 살이라"(창 2:23)는 것이었는데, 우리는 그 말 속에서 아담과 하와의 관계가 어떤 관계였는가를 알 수 있고, 저들이 그러한 인간관계 속에서 얼마나 행복했을 것인가를 능히 짐작할 수 있다.

그러나 선악과를 따 먹고 범죄한 후 이 소중한 인간관계가 끊어지게 되었다. 범죄한 후 아담은 "내가 네게 먹지 말라 명한 선악과를 네가 먹었느냐?"라고 물으시는 하나님 앞에서 "하나님이 주신 여자 그가 내게 주어 먹었습니다"라고 대답했다. 모든 책임을 하와에게 전가하며 '그 여자'라고 부를 때 아담과 하와의 관계는 이미 그전과 같은 관계가 아니었다. '뼈 중의 뼈요 살 중의 살'이라는 말과 '그 여자 때문'이라는 말 사이에 천국과 지옥만큼이나 큰 차이가 있다는 것을 우리는 쉽게 알 수 있다. 그런 차이가 바로 죄 때문에 일어나게 되었다. 그것은 곧 죽음을 의미했다.

우리는 이와 비슷한 경우를 창세기 11장에서도 발견할 수 있다. 하나님을 대적하기 위하여 바벨탑을 쌓던 사람들이 하나님으로부터 받은 벌은 '흩어짐'이었다. 그 전까지 저들의 언어는 하나였으나 바벨탑을 쌓음으로 하나님께 범죄했을 때 하나님은 저들의 언어를 혼잡케 하셨다. 서로 말이 통하지 않게 되었다. 서로 말이 통하지 않게 됨으로 저들 서로 간의 삶에 벽이 생기게 되었고, 결국 함께 살 수 없어서 사방으로 흩어지게 되었다.

사람과 사람 사이에 하나 되지 못하게 하는 보이지 않는 담이 있어 다들 늘 외로워하며 불행한 삶을 살아가고 있는데, 그 모든 원인이 죄 때문인 것이다. 죄는 사람들 간의 모든 관계를 단절시키고 모든 사람을 자신의 형제가 아닌 경쟁 상대로 여기게 만든다. 그래서 서로 피나는 투쟁과 경쟁을 하면서 외롭게, 그리고 불행하게 살아가고 있다.

🔲 크고 놀라운 하나님의 은혜

셋째, 범죄 이후 인간은 수치스러운 존재가 되었다.

범죄하기 전 아담과 하와는 벌거벗고 살았으나 서로 부끄러움이 없었다. 그러나 범죄한 후 저들은 무화과 나뭇잎을 엮어 치마로 삼아 자신을 가렸다. 드러내놓고 보여줄 수 없는 수치스러운 존재가 된 것이다. 죄가 없을 때 사람은 자랑스럽고 영광스러운 존재로서의 삶을 산다. 그러나 죄를 지을 때 사람은 누구 앞에도 떳떳하게 설 수 없는 존재가 된다.

어떤 여 집사님의 남편이 부흥회에 참석하여 큰 은혜를 받고 거듭나게 되었다. 정말 변하여 새사람이 되었다. 그리고 지난날의 모든 잘못과 죄를 회개하고 정리하면서 과거 6년 동안 다른 여자와 살림을 차려 동거생활을 하며 여섯 살짜리 아이까지 두었다는 사실을 부인에게 털어놓고 용서를 구했다. 부인은 참으로 힘들었지만 힘써 기도함으로 남편을 용서해줄 수 있게 되었다.

남편도 그 잘못된 관계를 깨끗이 청산하고 새로운 삶을 살게 되었는데, 그동안 동거생활을 해오던 여인은 잘 정리하고 그 여자가 낳은 아이는 자기 호적에 새로이 입적하여 본집에 데려오게 되었다. 아이에 대한 아버지로서의 책임을 다하기 위해서였다. 다행히 가족들이 다 이해해주어 그렇게 할 수 있었다. 그럼에도 불구하고 그 남편은 다 큰 자식들을 볼 면목이 없었다. 그래서 그는 아이들이 일어나기 전에 일찍 집을 나섰고, 아이들이 잠든 후 밤늦게 집에 들어오는 고역을 상당히 오랫동안 치러야만 했다.

바로 이것이 무서운 '죄의 삯'이다. 자식에 대한 아비의 면목은 생명과 같다. 그런데 죄가 그 생명과도 같은 아비의 면목을 앗아가버렸다. 한순간에 자식을 훈계하고 가르칠 수 없는 사람으로 만들어버렸다. 자식 앞에 수치스러운 아비가 된다는 것은 죽음보다 무서운 것이다.

나에게서 생명처럼, 아니 생명보다 더 소중한 것들이 있다면, 내가 한 아내의 남편이 되고 세 아이의 아버지가 되며 많은 교인의 목사가 되었다는 것이다. 나는 아내에게 늘 사랑받는 남편이고 싶고 아이들과 교인들에게 존경받는 아버지와 목사이고 싶다. 실제로 나는 그들에게 거의 그런 존재로 인정받았다. 그러나 그것은 그들이 나를 모르기 때문이다. 내가 이제까지 지은 모든 죄를 하나님께서 용서하여주시고 도말하여주시지 아니하여 그 죄 중 십 분의 일, 아니 백 분의 일만이라도 드러나게 된다면 나는 나의 그 소중한 것들을 지킬 수 없다. 나는 그것을 안다. 그만큼 죄는 무서운 것이다. 그만큼 하나님의 은혜는 크고 놀랍고 감사하다.

넷째, 죄의 유산을 자식에게 물려주게 되었다.

세상에 천하보다 귀한 것이 있다면 그것은 나의 생명이다. 그러나 그 생명보다 더 귀한 것이 있다면, 그것은 자식이다. 정말 자식은 천하보다 귀하고 내 생명보다 귀한 존재이다. 그런데 죄는 그 생명보다 귀한 자녀들에게 치명적인 영향을 끼친다는 데 문제의 심각성이 있다. 아담과 하와의 장자 가인이 동생 아벨을 쳐 죽이는 엄청난 죄의 뿌리를 캐보면, 그 부모인 아담과 하와가 하나님의 뜻을 거역하고 범죄하여 에덴동산에서 쫓겨나온 일과 무관하지 않다는 사실을 우리는 알 수 있다.

교육 전문가들이 흔히 하는 말들이 있다. 그것은 "문제아는 없다. 다만 문제 부모가 있을 뿐이다"라는 말이다. 죄의 영향력이 자신에게서만 그치지 않고 어떤 모양으로든지 자식에게까지 그 심각한 영향을 미친다고 하는 점에서 죄는 참으로 무서운 것이다. 그것은 죽음보다 무섭다.

다섯째, 고통과 고생을 인간에게 안겨주게 되었다.

범죄한 후 하와는 해산하는 고통을 벌로 받게 되었으며, 아담은 이마에 땀을 흘려야만 먹게 되는 고생을 벌로 받게 되었다. 현대 과학과 문명의 발달로 여인들은 무통분만을 할 수 있게 되었다. 그리고 많은 남자가 이마에 땀을 흘리지 않아도 먹고살 수 있게 되기도 했다. 그렇다고 해서 모든 사람의 고통과 고생이 다 없어진 것은 아니다. 여인의 해산과 남자들의 땀 흘림은 우리 인간들이 이 땅에서 겪어야 할 모든 고통과 고생을 대표적으로 상징하는 표현이다.

가난한 사람이나 부유한 사람이나, 많이 배운 사람이나 그렇지 못한 사람이나를 막론하고 사람은 누구나 살아가는 동안 말로 다할 수 없는 고통과 고생을 감내해야만 한다. 그것은 피할 수 없는 운명과 같은 것이다. 그래서 사람들은 인생을 고해라고 한다. 그 모든 고생과 고통의 원인이 죄에 있다. 죄가 없다면 고생도 없다. 죄가 없다면 고통도 없다. 그것은 아주 분명하고 자명한 사실이다.

이 모든 것을 생각해볼 때, 죄의 삯은 사망이라는 하나님의 말씀은 정확하다. 죄의 삯은 사망이다. 우리가 못 사는 단 하나의 이유는 죄 때문이다.

🔹 길을 막아선 사람들

한 시간 반이면 도착하리라고 생각했던 길이 막혀서 세 시간이 넘게 걸려 목적지에 도착한 적이 있다. 고속도로상에 큰 교통사고가 났기 때문이다. 그날 사고를 일으킨 한 사람의 실수와 잘못 때문에 그 자신이 엄청난 피해를 입은 것은 말할 것도 없고,

셀 수 없이 많은 사람이 크고 작은 피해를 입었다. 그들 가운데는 분명히 정한 시간 내에 목적지에 도착해야만 하는 사람들이 있었을 것이다. 그 사고 때문에 제시간에 도착하지 못해 큰 피해를 입은 사람도 생겼을는지 모른다.

교통사고와 같은 실수와 잘못이 길을 막아 많은 사람에게 피해를 주듯, 크고 작은 죄악들이 사회의 길을 막아 많은 사람에게 피해를 주고 있다. 죄의 특성은 길을 막는다는 것이다. 살아가는 데 길이 막힌다는 것은 우리에게 말로 다할 수 없는 절망감을 가져다주는데, 그 절망감이 우리를 죽음으로 몰아가고 있다. 키르케고르라는 철학자는 절망을 '죽음에 이르는 병'이라고 했는데, 그 절망의 뿌리가 바로 죄이다.

정부와 민간이 합작하여 만든 회사에 근무하는 한 분을 알고 있다. 한국의 최고 명문대 출신으로 대학을 졸업한 후 30년 이상을 한 직장에 근무하는 분이다. 그런데 그 직장은 다른 직장에 비하여 진급이 참으로 어려운 곳이라고 한다. 그 분도 직장에 입사한 지 20년이 넘어 나이 오십이 넘도록 과장이었고, 그 후 겨우 부장으로 승진해 지금까지 근무하고 있다. 참으로 성실하고 유능하고 정직한 분으로, 그 분이 직장에서 그런 대우를 받는다는 것은 공정한 일이 아니라고 생각한다.

그 분이 과장이었을 때 나는 그 분에게 "아직도 과장이시냐?"고 물은 적이 있다. 그때 그 분은 자신은 그래도 좀 나은 편이라고 대답했다. 자기보다 나이도 많고 근무 연수도 많은 사람 중에 아직 과장도 못 된 사람들이 꽤 있다는 것이다. 그 분은 그 직장이 그렇게 진급이 어려운 이유 가운데 하나가 낙하산 인사 때문이라고 했다. 어느 정도의 낙하산 인사는 이해해줄 수도 있겠는데, 지나친 낙하산 인사 때문에 정상적으로 승진해야 할 사람들의 길이 막히고 있다는 것이었다.

어느 날 회사 복도에서 그 분보다 선배인 분으로 아직 과장도 되지 못한 분을 만나 "요즘 어떻게 지내십니까?"라고 인사차 물었더니, 쳐다보지도 않은 채 "아직 미치진 않았습니다" 하더라고 한다. 그 분은 이런 모습이 그 회사 전체적인 분위기라고 했다. 몇몇 사람들의 부정한 인사가 정당한 승진의 길을 막고, 그 길 막힘이 정직하고 성실하게 살아가는 많은 사람의 희망을 앗아가 하루하루를 절망감 속에 살아가게 만든 것이다.

이것은 작은 예에 불과하다. 그러나 바로 이러한 유형의 삶이 이 세상의 모습을 대변하는 전형이라고 할 수 있다. 크고 작은 사람들의 죄악들이 이 길 저 길을 모두 막아버리고 있다. 사람들은 길을 뚫기 위하여 편법을 쓴다. 그러나 그것이 또 길을 막는 요인이 되어 이 세상은 이리저리 길이 얽히고설켜서 다수의 사람을 절망으로 몰아가고 있다. 죽음으로 몰아가고 있다. 그것이 바로 죄의 역할이다. 죄의 삯은 사망이라 하신 하나님의 말씀이 맞다.

🔹 마음이 깨끗해야 보인다

성공과 승리를 위하여 가장 필요한 것 가운데 하나는 '정견'(正見)과 '선견'(先見)이다. 앞서 보고, 정확히 보는 것만큼 성공과 승리를 위하여 중요한 것은 없다. 그 밖의 다른 여건이 아무리 좋은 사람이라고 하여도 판단이 정확지 않고 또 판단의 속도가 느려서 남이 다 본 후에야 그것을 보게 된다면, 그는 절대로 성공하거나 승리할 수 없다.

그런데 삶에서 성공하고 승리하는 데 그토록 중요한 정견과 선견은 무엇을 통하여 얻을 수 있는가? 그것은 돈으로는 절대 얻을 수 없다. 아무리 많은 돈을 들인다 해도 돈으로 그것을 얻을 수는 없다. 물론 열심히 공부하는 것으로 어느 정도 얻을 수는 있지만, 그것으로도 충분하지는 않다. 정견과 선견의 사람이 되는 데 가장 중요한 것은 깨끗한 마음을 갖는 것이다. 욕심 없는 깨끗하고 맑은 마음을 갖게 될 때 정견과 선견의 축복을 받게 된다.

학교 다닐 때 바둑을 조금 두어본 적이 있다. 한 10급 정도밖에 안 되는 엉터리였다. 그런데 이상한 일은, 내가 직접 바둑을 둘 때는 10급 실력밖에 안 되는데 남의 바둑을 훈수할 때는 8급 실력이 나온다는 것이다. 그런데 나만 그런 것이 아니다. 누구나 다 그렇다. 그러면 왜 그런 일이 일어날까?

내 바둑을 둘 때는 꼭 이겨야만 한다는 승부욕이 생기기 마련이다. 그 승부에 대한 욕심이 우리 눈을 어둡게 하여 당연히 볼 수 있는 수를 보지 못하고 실수한다. 그러나 남의 바둑을 훈수할 때는 승부에 대한 욕심이 사라지기 마련이다. 욕심이 없어지면 눈이 밝아지게 된다. 마땅히 볼 수 있는 수가 다 보여 실력이 늘어난 것처럼 느껴지는 것이다. 우리 옛말에 "욕심에 눈이 먼다"는 말이 있다. 그 말이 정답이다. 욕심, 즉 죄가 우리 눈을 어둡게 하여 우리에게서 생명처럼 소중한 정견과 선견의 능력을 앗아간다.

예수님은 산상수훈에서 "마음이 청결한 자가 복이 있다"고 말씀하셨다. 그 사람은 하나님을 볼 것이라고 말씀하셨다. 마음이 깨끗하면 하나님까지 볼 수 있게 된다. 하나님의 생각, 하나님의 수가 보이게 된다는 말과 같다. 그러니 그는 늘 승리할 수밖에 없다. 성공할 수밖에 없다.

그러나 죄와 욕심으로 우리 마음을 지키지 못하게 되면, 우리는 소중한 정견과 선견의 능력을 빼앗겨버린다. 그래서 밤낮 오판하고 밤낮 악수(惡手)를 두게 된다. 그러니 성공과 승리는 고사하고 생명을 바로 부지하기도 어려워진다. 죄의 삯이 사망이라는 하나님의 말씀이 맞다.

🔹 거룩함이 능력이다

많은 나라를 다녀본 것은 아니지만 이제까지 다녀본 나라 중에 가장 인상 깊은 나라를 꼽으라면 영국을 꼽고 싶다. 왠지 나라가 품위 있어 보이는 것이 아마 내 개인적인 취향과도 맞는 모양이다. 그럼에도 불구하고 나는 영국이 앞으로 21세기의 세계를 이끌어나갈 수 있는 지도력을 가진 나라가 되기는 어려우리란 생각을 가지고 있다. 그것은 후배 목사님 한 분으로부터 들은 이야기 때문이다.

영국에서 어느 날 그 분과 함께 길을 가다가 유치원에 가는 아이들을 만난 적이 있다. 그 아이들을 보면서 그 후배가 나에게 이렇게 말해주었다.

"저 아이들 중에 양부모가 다 진짜 자기 엄마 아빠인 아이들이 그다지 많지 않습니다. 영국도 성적으로 이미 매우 문란해져 이혼율이 높아지게 되었지요. 이로 인한 가정 파괴가 얼마나 심각한 지경에 와 있는지 모릅니다."

그 이야기를 듣는 순간 영국에 대한 내 희망이 사라지고 말았다. 그런 가정에서 자라난 아이들로는 21세기의 주역으로 나설 수 없다는 게 나의 생각이다. 그런 면에서 미국은 새로운 희망을 보여주었다. 1990년대 미국에서 일어난 '프라미스 키퍼'(Promise-Keepers) 운동이 바로 그것이다. 수만에서 수십만에 이르는 남편들이 모여서 자신들의 정결치 못했던 삶을 눈물로 회개하고 앞으로 영육 간에 깨끗하고 순결한 삶을 살기로 다짐했다. 1997년에는 수도 워싱턴 DC에서 백만 명의 남자들이 모여서 집회를 했다고 한다.

나는 이 운동을 지켜보면서 거룩함과 깨끗함이 능력이라는 사실을 깨닫게 되었다. 이런 운동이 확산되어 미국이 정말 거룩함과 깨끗함의 능력을 회복하게 된다면, 미국은 앞으로도 계속 세계를 이끌어나가는 강국이 될 것임에 틀림없다. 거룩함과 깨끗함이 능력이다. 그 힘은 우리가 상상할 수 있는 것 이상이다. 그런데 죄가 우리에게서 그 소중한 생명의 능력을 앗아가고 있다. 죄의 삯은 사망이라고 하신 하나님의 말씀이 맞다.

🔘 까마귀발로는 천국 못 간다

주일학교에 다니는 한 어린아이가 저녁 시간에 다음 날 새벽에 어딜 함께 가자는 아빠의 이야기를 듣고는 놀라서 슬그머니 자기 방으로 도망을 갔다. 잠을 자지 않고 한밤중이 되기를 기다렸다가 식구들이 모두 잠이 든 틈을 타서 화장실에 가 몰래 발을 씻었다. 왜냐하면 아빠가 다음 날 새벽에 목욕탕에 함께 가자고 했는데, 그 아이의 발은 그동안 너무나 오랫동안 씻지를 않아서 까마귀발이 되어 있었기 때문이다.

발이 더러웠지만 그동안은 별문제가 없었다. 왜냐하면 양말을 신고 다녔기 때문에 사람들이 그 발이 까마귀발인지 백조 발인지를 알 수가 없었다. 그러나 아빠가 목욕탕에 가자는 말을 했을 때, 그 아이는 기겁할 수밖에 없었다. 양말을 신고 목욕탕

죄를 씻지 않고는 하나님나라에 들어갈 수 없다.

에 들어갈 수는 없었기 때문이다. 그러다간 자기의 수치가 모든 사람에게 드러나게 되기 때문이다. 아마 아빠가 내일 새벽에 목욕탕에 가자고 미리 이야기를 했기 망정이지, 아무런 예고도 없이 자는 아이를 깨워 목욕탕으로 데려가려고 했다면 그 아이는 분명 중간에 도망쳤을 것이다. 그 까마귀발을 하고 목욕탕에 들어갈 수는 없는 일이기 때문이다.

　더러운 발로 아버지랑 같이 목욕탕에 들어갈 수 없듯이, 우리의 더러운 죄를 가지고 하나님나라에 들어갈 수는 더더욱 없다. 이 세상에서는 우리 죄가 양말 속의 발처럼 숨겨질 수 있지만, 하나님나라에서는 그것이 불가능하다. 햇빛보다 더 밝은 하나님의 빛 앞에 우리의 모든 죄와 허물이 드러날 것이기 때문이다.

그러므로 우리의 모든 죄를 씻지 않고 하나님나라에 들어갈 수는 없다. 하나님이 제지하시기 이전에 우리가 먼저 도망가게 될 것이다. 부끄러운 죄를 가지고 천국에서 산다는 것은 지옥에서 사는 것보다 더 고통스러운 일이 될는지 모른다.

죄는 이 세상에서 우리를 실패하게 하고 패배하게 하는 정도가 아니라 영원한 하나님나라에까지 들어갈 수 없게 만든다는 데 문제의 심각성이 있다. 죄를 가지고는 하나님나라에 들어갈 수 없다. 죄를 가지고는 구원을 얻을 수 없다. 죄의 삯이 사망이라는 하나님의 말씀이 맞다.

우리는 이제까지 여러 측면에서 죄가 우리 삶에 끼치는 심각한 영향들에 대하여 생각해보았다. 사탄은 우리로 하여금 죄를 가볍게 생각하게 만든다. 그리고 사람이라면 누구나 죄를 짓고 산다는 식으로 대수롭지 않게 여기도록 속이고 있다. 그러나 세상에 죄처럼 무서운 것이 없다는 사실을 우리는 알아야 한다. 죄의 삯이 사망이라고 하신 하나님의 말씀을 마음 깊이 새기고 평생 그 말씀을 잊지 말아야 한다. 그리고 정말 그 죄를 두려워하면서 살아가야 할 것이다.

지금 당신의 마음과 삶 속에 기쁨이 없다면, 그 삶 가운데 평안함이 없다면 그 이유는 세상 때문이 아니라 죄 때문이다. 그러므로 삶이 무겁고 힘들어질 때마다, 삶이 메말라 무미건조해질 때마다 우리는 자신에게 숨어 있는 죄를 생각해야만 한다. 죄의 삯은 사망이다. 가난과 어려운 환경과 여건이 우리를 못 살게 하는 것이 아니다. 우리 인간의 마음속 깊은 곳에 자리하고 있는 죄가 우리를 못 살게 하고 있다. 죄 때문에 못 사는 것이다. 죄의 삯은 사망이다.

CHAPTER 9

잎새에 이는 바람을
감지하는가?

크리스천과 죄

당뇨병으로 오랫동안 앓아오신 목사님 한 분이 있었다. 그 목사님은 식탁 맞은편에 큰 글자로 "나는 당뇨병 환자다"라고 써놓으셨다고 한다. 자신이 당뇨병 환자라는 사실을 자꾸 잊어버리고 음식을 함부로 들어 건강을 유지하지 못하게 되는 경우가 많았기 때문이다.

당뇨병 환자들은 대부분 자신이 당뇨병 환자라는 사실을 인정하고 싶어 하지 않는다. 상태가 별로 좋지 않은데도 불구하고 자신의 상태는 양호한 편이라고 다른 사람에게 말할 뿐만 아니라 스스로도 그렇게 착각하는 경우가 많다. 그뿐만 아니라 당뇨병은 원칙적으로 치료가 되지 않는 병임에도 불구하고 환자들은 조금만 상태가 좋아지면 자신의 당뇨병이 거의 다 치료되었다고 생각하기를 좋아한다.

▣ 죄는 병이다

그런데 그와 같은 착각에 빠지면 당뇨병은 점점 더 나빠지고 나중에는 정말 관리가 불가능한 상태로까지 진전되고 만다. 그러므로 그 목사님이 자신의 식탁 앞에 "나는 당뇨병 환자다"라고 써놓은 것은 얼마나 지혜로운 일인지 모른다. 결국 그 목사님은 당뇨병을 잘 관리해서 은퇴할 때까지도 자신의 건강을 잘 유지할 수 있었다.

우리의 영적인 건강을 위해서도 우리가 반드시 알고 잊지 말아야 할 것이 있다. 그것은 우리 모두가 다 하나님 앞에서 죄인이라는 사실이다.

그러나 자신이 하나님과 사람 앞에 죄인이라는 사실을 인정하는 것은 생각처럼 그리 쉬운 일이 아니다. 교회생활을 오래하여 상식적으로는 알고 있지만, 실제로는 상대적인 의(義)에 사로잡혀 자신은 그래도 괜찮은 사람이라고 생각하기가 얼마나 쉬운지 모른다. 그러나 성경은 우리 모두가 다 죄인이라고 분명히 말씀하고 있다.

"기록된 바 의인은 없나니 하나도 없으며"(롬 3:10).

"모든 사람이 죄를 범하였으매 하나님의 영광에 이르지 못하더니"(롬 3:23).

당뇨병 환자가 자신이 당뇨병 환자인 줄을 모른다면 그는 당뇨병 때문에 반드시 큰 어려움을 당할 것이다. 죄인이 죄인인 줄을 모른다면 그는 그 죄로 말미암아 반드시 멸망할 것이다. 죄의 삯은 사망이기 때문이다.

🔹 하나님이 쓰시는 사람

성경에 보면 하나님께 귀히 쓰임 받았던 사람들이 있다. 예를 들면 다윗과 바울과 베드로 같은 사람이다. 저들은 성격과 학식과 지위가 모두 다른 사람들이지만 공통적인 것이 하나 있다. 그들 모두가 다 죄에 대하여 아주 민감한 사람들이었다는 것이다. 그들도 역시 우리와 똑같이 유혹에 빠져 죄를 범하고 두려움과 공포 때문에 주(主)를 배반했던 사람들이다. 그런 면에서 우리와 크게 다를 바가 없는 사람들이다. 이처럼 훌륭한 사람들도 죄인이었다는 사실을 보며, 성경이 단정적으로 "의인은 없나니 하나도 없다"고 한 말씀이 옳다는 것을 다시 한번 확인할 수 있다.

그들은 우리와 똑같은 죄인들이었지만 우리와 달리 구별되는 것이 있는데, 그것이 바로 자신의 죄에 대하여 아주 뛰어나게 민감한 사람들이었다는 사실이다.

다윗은 왕의 자리에 있을 때 자신의 죄악을 고발하는 나단 선

하나님은 죄에 민감한 자를 크게 들어 쓰신다.

지자의 책망 앞에서 자신의 죄를 인정하고 자복하는 훌륭한 모습을 우리에게 보여준다. 그리고 그 자복 후에 자신의 죄를 참회하며 기도하는 진실된 모습을 그의 시에서 잘 보여주고 있다. 우리는 다윗의 이런 모습을 시편 51편에서 잘 찾아볼 수 있다. 특별히 시편 6편 6절에 "내가 탄식함으로 피곤하여 밤마다 눈물로 내 침상을 띄우며 내 요를 적시나이다"라는 다윗의 고백에서 그가 하나님 앞에 얼마나 철저히 회개했는가를 알 수 있다.

베드로는 예수님의 말씀에 순종하여 그물을 깊은 곳에 던짐으로 많은 고기를 잡았다. 그때 베드로가 예수님에게 한 말은 참으로 특별하다. 그냥 "예수님, 참 대단하십니다", "감사합니다",

"제가 점심 한번 잘 사겠습니다" 하는 정도로 말하면 자연스러운 것인데, 베드로는 그때 예수님에게 "주여 나를 떠나소서 나는 죄인이로소이다"라고 말했다. 여기서 우리는 베드로가 자신의 죄에 대하여 매우 민감한 사람이었다는 사실을 알 수 있다.

죄에 대하여 민감하다는 말은 다시 말해서 영적으로 민감하다는 말이다. 그는 고기가 많이 잡히는 단순한 사건에서도 예수님이 평범한 사람이 아니라 하나님이시라는 것을 알아차릴 수 있었다. 그래서 그 전까지는 예수님을 '선생님', 즉 '랍비'라고 불렀는데, 그 사건 이후 베드로는 예수님을 '주'(主)라고 부르게 되었다. 예수님을 주로 인식한 후 그가 또한 즉시 생각해낸 것은 자신은 감히 그분 앞에 설 수 없는 죄인이라는 사실이었다. 그래서 그는 "주여 나를 떠나소서 나는 죄인이로소이다"라고 예수께 말씀드렸던 것이다.

성경에서만 보면 바울은 예수님을 알지 못했을 때 스데반을 죽이는 일에 참여한 것 외에는 특별한 허물과 죄를 찾아내기가 쉽지 않은 사람이다. 그리고 사실 바울만큼 하나님께 헌신하여 순종하는 삶을 산 사람도 그다지 많지 않을 것이다. 그렇지만 그는 로마서 7장 24,25절에서 "오호라 나는 곤고한 사람이로다 이 사망의 몸에서 누가 나를 건져내랴 우리 주 예수 그리스도로 말미암아 하나님께 감사하리로다 그런즉 내 자신이 마음으로는 하나님의 법을 육신으로는 죄의 법을 섬기노라"라고 고백하고 있으며 더 나아가 디모데전서 1장 15절에서 자신을 죄인 중에 괴수라고까지 표현하고 있다. 이와 같은 사실을 통하여 우리는 바울이 얼마나 자신의 죄에 대하여 민감한 마음을 가지고 살았던 사람인가를 알 수 있다.

🔲 잎새에 떠는 바람, 잎새에 이는 바람

하나님은 자신의 죄에 대하여 민감한 사람을 좋아하신다. 우리는 그와 같은 사실을 바리새인과 세리의 기도를 통해서도 잘 알 수 있다. 그날 주님께 의롭다 함을 받은 사람은 자기를 의롭다고 생각한 바리새인이 아니라 자기를 죄인이라고 생각한 세리였다.

마이너스에 마이너스를 곱하면 플러스가 되고, 마이너스에 플러스를 곱하면 마이너스가 된다는 것을 우리는 알고 있다. 우리는 모두가 다 하나님 앞에 죄인이라는 점에서 마이너스적인 존재라고 할 수 있다. 그런데 사람은 자신을 어떤 존재로 인식하느냐에 따라 값이 달라진다. 자신을 플러스적인 존재라고 인식하면 답이 마이너스가 되고, 자신을 마이너스적인 존재라고 인식하면 답이 플러스가 된다. 세리가 하나님께 의롭다 함을 받은 이유가 바로 여기에 있다.

하나님은 인간의 어떠한 재능이나 능력보다도 믿음을 더욱 귀히 여기신다. 믿음으로 예수 그리스도를 자신의 주(Lord)와 구주

(Savior)로 고백하게 된다.

　그런데 그와 같은 믿음은 자신이 죄인임을 인식하는 것에서부터 시작된다. 자신이 죄인인 줄을 아는 만큼 예수님이 자신의 주와 구주이심을 알 수 있다. 자신이 죄인인 줄을 모르면 예수님이 자신의 주와 구주이신 것도 알 수가 없다.

　보통 사람들은 자신의 죄에 대하여 둔감하다. 그 대신 다른 사람의 죄에 대하여 민감하다. 보통 사람들은 자신의 죄에 대하여 관대하다. 그러나 다른 사람의 죄에 대해서는 아주 철저하다. 그러나 하나님이 귀히 쓰시는 사람들은 바로 이런 면이 다르다. 자신의 죄에 대해서는 민감하지만 다른 사람의 죄에 대해서는 아주 둔감하다. 그리고 자신의 죄에 대해서는 아주 철저하면서도 다른 사람의 죄에 대해서는 아주 관대하다. 하나님은 그러한 사람을 귀히 여기고 쓰신다.

　윤동주 시인은 그의 유명한 〈서시〉에서 "하늘을 우러러 한 점 부끄럼이 없기를 잎새에 이는 바람에도 나는 괴로워했다"라고 썼다. 이와 같은 표현에서 우리는 그가 얼마나 죄에 대하여 민감한 삶을 살았는가를 알 수 있다. 그는 죄를 짓기 전에 죄에 대하여 마음이 흔들리기만 해도 괴로워했다. 그것을 그는 "잎새에 이는 바람에도"라고 표현했는데, 그가 사용한 표현이 아주 예리하고 예민하다.

　그가 사용한 표현은 '잎새에 부는 바람'도 아니었고, '잎새에 떠는 바람'도 아니었다. '잎새에 이는 바람'이었다. 잎새에 부는 바람은 누구나 다 그 잎새의 흔들림을 볼 수 있는 바람이다. 잎 새에 떠는 바람은 멀리서는 잎새의 흔들림을 볼 수 없지만 가까이서 자세히 보면 볼 수 있는 그런 작은 바람이다. 그러나 잎새에 이는 바람은 눈으로는 볼 수 없는 바람이다. 그것은 예민한 감각으로만 느낄 수 있는 바람이다. 윤동주는 그와 같은 바람에도 괴로웠다고 고백한다. 하나님은 잎새에 이는 바람에도 괴로워할 줄 아는 사람을 좋아하신다. 아마 예수께서 산상수훈에서 말씀하신 '애통하는 자'가 바로 그와 같은 사람을 의미하는 표현일 것이다. 자신의 죄에 대하여 민감한 사람들이 될 수 있기를 바란다.

🧊 죄에 민감한 사람이 되려면

바울이 죄에 대하여 민감한 사람이 될 수 있었던 것은 늘 마음에 하나님의 법을 품고 그 법을 소원하며 살았기 때문이다. 로마서 7장 25절의 "마음으로는 하나님의 법을"이라는 말씀이 바로 그것이다.

윤동주 시인이 잎새에 이는 바람에도 괴로울 수 있었던 까닭은 하늘을 우러러 한 점 부끄럼 없는 삶을 소원하며 살았기 때문이다.

마음에 하나님의 법을 품지 않는 사람은 자신의 죄에 대하여 민감할 수 없다. 하늘을 우러러 한 점 부끄럼 없기를 소원하는 마음이 없는 사람은 자신의 죄를 괴로워할 수 없다. 그러므로 죄에 대하여 민감한 사람이 되려면 마음에 하나님의 법을 품고 살아야 하며, 하늘을 우러러 한 점 부끄럼 없는 삶을 소원하며 살아야 한다.

하나님과 그분의 법과 빛 아래서 자신의 삶을 살펴야 한다. 그럴 때 우리는 자신이 죄인임을 깨달을 수 있다. 우리가 우리 죄에 대하여 둔감한 삶을 살게 되는 가장 중요한 이유는 삶의 기준을 하나님께 두지 않고 세상과 사람에게 두기 때문이다. 죄로 말미암아 오염된 세상과 사람에게 기준을 두다 보니 상대적으로 자신이 그만하면 괜찮은 존재라는 착각에 빠지게 된다.

하늘과 하나님의 법을 늘 마음에 품고, 그와 같은 삶에 대해 주리고 목마른 심정이 있어야 한다. 산상수훈에 보면, 애통하는 자가 복이 있다는 말씀이 나온다. 자신의 죄에 대하여 안타까워하고 애통할 수 있다면 그것은 참으로 복이 아닐 수 없다. 애통할 수 있는 복은 의(義)에 대하여 주리고 목마른 마음, 그리고 의를 위하여 핍박을 받을 수 있는 마음과 상관이 있다.

하나님의 나라와 그분의 의에 대하여 늘 주리고 목말라 하는 사람만이 자신의 죄에 대하여 민감한 사람이 될 수 있다. 하늘과 하나님의 법을 늘 마음에 품고 살아야 한다. 하나님의 나라와 그분의 의에 대하여 늘 주리고 목마른 심정을 가지고 살아가

는 사람이 되어야만 한다. 그리하면 늘 죄에 대하여 민감한 사람
이 될 수 있을 것이며, 늘 영육 간에 건강한 사람이 될 수 있을 것
이다.

CHAPTER 10

더러우니까
싸워라

영적 전쟁론

죄에 대하여 우리에게 주시는 하나님의 분명한 말씀은 죄와 타협하지 말고 싸우라는 것이다. "너희가 죄와 싸우되 아직 피 흘리기까지는 대항하지 아니하고"(히 12:4)라는 말씀이나, "마귀를 대적하라 그리하면 너희를 피하리라"(약 4:7)라는 말씀을 통해서 우리는 그와 같은 하나님의 뜻을 깨달을 수 있다.

물론 우리는 약하기 때문에 죄와 싸우다가 패배하는 경우도 있다. 그렇기 때문에 죄를 짓게 되는 것이고, 그래서 우리는 모두다 죄인인 것이다. 그러나 죄와 싸우다가 패배하는 것은 부끄러운 일이 아니다. 정말 부끄럽고 죄스러운 것은 죄와 싸우다가 지는 것이 아니라 죄가 무서워서 싸우지도 않고 백기부터 들어 패배하는 것이다.

사울은 골리앗과의 싸움에서 패배했다. 싸우다가 패배한 것이 아니라 싸우지도 않고 싸우기도 전에 패배했다. 많은 사람이 사울과 같이 싸우지도 않고 싸우기 전에 미리 패배하곤 한다. 그중에 우리가 있다. 하나님은 우리가 사울과 같이 되는 것을 싫어하신다. 하나님은 우리가 죄와 더불어 싸우는 사람이 되기를 원하신다.

🧊 싸우지도 않고 패배하는 사람들

죄와는 싸워야만 한다. 싸우지 않고 이기는 방법은 세상에 없다. 이기려면 싸워야 한다. 세상의 죄와 먼저 싸워야 한다. 불의와 타협하지 말고, 어떠한 손해와 희생이 따른다고 하더라도 싸워야 한다. 나는 그런 면에서 운동권 학생들을 좋아했다. 물론 그들의 이데올로기나 그것을 쟁취하기 위해 사용하는 방법에는 동의하지 않았다. 그러나 옳지 않다고 생각하는 것에 대하여 용감하게 싸우는 저들의 정신을 좋아했다. 이런 측면에선 우리 크리스천들도 그와 같은 점을 배워야 한다고 생각한다.

물론 세상과의 싸움은 만만치 않다. 현재 우리는 크리스천과 넌크리스천의 비율이 3대 7 정도 되는 세상에서 살고 있다. 그러나 우리의 싸움은 3대 7의 싸움이 아니다. 불행히도 많은 크리스천이 세상에서 크리스천으로서의 정체성을 가지고 살아가지 못하기 때문이다. 이름은 크리스천이지만 세상에서의 삶은 불신자와 똑같은 사람들이 태반이다. 세상에서 크리스천으로서의 정체성을 가지고 당당하게 살아가는 사람은 백 명 중에 하나 또는 천 명 중에 하나일는지 모른다. 그러므로 세상과의 싸움은 3대 7의 싸움이 아니라 1대 100 또는 1대 1,000의 싸움이 된다. 그만큼 힘든 것이다.

다시 말해 이 세상에서 세상 방식대로 살지 않고 하나님의 방식을 고집하고 세상과 싸우며 살려면 보통 세상 사람들보다 100배 혹은 1,000배 힘든 삶을 살 것을 각오해야만 한다. 그럼에도 불구하고 우리는 싸워야 한다. 싸우면서 살아가야만 한다. 그것이 우리를 향하신 하나님의 뜻이요 명령이다.

세상과의 싸움보다 더 어려운 싸움이 있다. 그것은 자신과의 싸움이다. 남의 눈에 있는 티는 잘 보면서도 자기 눈에 있는 들보는 보지 못하는 것이 바로 우리이다. 세상의 죄와 싸우는 것도 중요하지만, 좀 더 중요한 것은 자기 자신 속에 있는 죄와 싸우는 것이다.

🔷 운동권의 딜레마

미션 계통의 대학교에서 기독교 과목을 강의해본 적이 있다. 사회 정의를 위하여 정말 생명을 걸고 데모하는 학생들을 많이 접

할 수 있었다. 저들의 정의감과 용기에 대하여 늘 부러움을 가지고 있었지만, 몇 가지 면에서 저들에게 실망한 점이 있었다. 그것은 시험 때 아무런 가책 없이 부정행위를 한다는 것과 담배꽁초를 아무 곳에나 함부로 버린다는 것이었다. 나는 그것을 이해하기가 힘들었다. 그래서 학생들에게 화를 내며 이렇게 꾸짖었다.

"야, 이 사람들아, 부정행위를 하든지 데모를 하든지 둘 중에 하나만 해라. 어떻게 둘 다 아무런 가책이나 갈등도 없이 한꺼번에 하냐? 담배꽁초 하나 쓰레기통에 버릴 줄 모르는 사람들이 어떻게 입만 열면 얼굴빛 하나 변하지 않고 노동자 타령이냐? 너희들이 아무 곳에나 버린 담배꽁초를 이 학교에서 가장 힘들게 고생하는 노동자들이 주워야만 하는데, 그리고도 너희들이 정말 마음으로 노동자를 위하고 생각하는 사람들이냐?"

학생들은 이런 꾸지람에 아무런 대꾸도 하지 못했다. 그러나 정말 나를 절망시킨 일은 그것이 아니었다. 중간고사를 감독하기 위해 교실로 들어갔을 때 운동권 학생 하나가 시험을 보이콧하자는 선동을 하고 있었다. 학생들의 의견을 물어 중간고사 보이콧 여부를 결정하겠다고 하길래 허락하고 앞자리에 앉아 저들의 토론 과정을 지켜보았다.

토의 분위기는 이미 운동권 학생들이 다 장악하고 있었다. 그런데 어떤 학생 하나가 그래도 시험을 보이콧해서는 안 된다는 의견을 용감하게 내어놓았다. 그러자 뒤에서 한 학생이 "저 매국

노 잡아라!”라고 소리를 질렀다. 그 소리를 듣는 순간 나도 모르게 흥분이 되어 자리를 박차고 일어나 저들에게 큰소리로 야단을 쳤다. 말도 거칠어져서 거의 욕에 가까운 말로 저들을 꾸짖었다.

“군부 독재를 타도하고 이 땅에 민주주의를 심어보겠다고 데모를 하는 놈들이 어떻게 그렇게 군부 독재를 하는 놈들과 닮았냐? 민주주의라는 것이 뭐냐? 자기하고 생각이 달라도 그것을 받아들여주고 정당한 방법과 절차를 통하여 결정한 후 그 결과를 따르는 것이 아니냐? 그런데 어떻게 너희들의 생각과 다른 의견을 내어놓는다고 그 사람을 매국노로 몰아붙일 수 있느냐? 그러고도 과연 너희가 군부 독재를 타도하고 이 땅에 민주주의를 심을 민주 투사가 될 수 있겠느냐?”

남이 독재하는 것은 옳지 않은 줄 알고 생명을 걸면서까지 싸울 줄 알면서도, 정작 자기 자신에게도 그와 같은 습성이 있다는 사실은 알지 못했던 것이다. 나는 개인적으로 4·19 혁명을 자랑스러운 역사로 보고 싶다. 그렇지만 그 자랑스러운 역사는 자랑스러운 끝맺음을 하지 못했다. 그 이유 역시 세상의 부정과 부패에 대해서는 민감하면서도 정작 자기 자신 속에 있는 불의에 대해서는 둔감한 데 있었다고 말하고 싶다. 피나는 투쟁을 통하여 잘못된 정권을 타도한 후에 저들이 똑같은 일들을 반복했기 때문이다.

🔲 세상에서 가장 강력한 무기

세상과 싸우는 일은 중요하다. 그러나 세상과 싸우는 사람은 늘 자기 자신과의 싸움을 더 철저히 해야만 한다는 사실을 우리는 한시도 잊어서는 안 된다. 그러면 어떻게 싸워야 할 것인가? 세 가지 자세를 갖추어야 한다.

첫째, 선으로 싸워야 한다.

로마서 12장 21절에서 하나님은 우리에게 "악에게 지지 말고 선으로 악을 이기라"고 말씀해주셨다. 우리가 저지르는 보편적인 실수 가운데 하나는 악과 싸우면서 악한 방법을 이용하려고 한다는 점이다. 그리고 불의한 방법과 수단도 악과 싸우는 데 사용하기만 하면 정당한 줄로 착각하고 있다는 점이다. 그것이 바로 운동권 학생들이 보편적으로 저질러온 실수 가운데 하나이다. 저들의 이념적 근거가 되고 있는 마르크시즘은 폭력을 정당화하고 있다. 불의한 세력을 응징하기 위하여 폭력이 정당한 것이라는 논리를 펴고 있다.

그러나 폭력은 어떠한 경우에도 정당화될 수 없다. 폭력은 의로운 방법이 아니다. 의로운 일은 의로운 방법을 통해서만 이루어질 수 있다. 선을 위하여 싸우는 사람은 선에 대한 믿음이 있어야 한다. 선을 위하여 싸우는 사람이 선을 답답하고 무능한 것으로 생각하고 악에 속한 폭력을 신뢰하여 사용하려고 한다면,

임마누엘 신앙만이 세상과의 1,000대 1 싸움을 이긴다.

그것은 어불성설이다. 선으로 악을 이기지 않고 악으로 악을 이기려고 하기 때문에 세상은 끊임없이 악이 통하게 된다. 악과 세상과 싸우려는 사람은 악한 방법은 그 어떤 경우에도 포기해야 한다.

정직과 진실은 선이다. 그것은 거짓된 세상을 이길 수 있는 강력한 무기가 될 수 있다. 성실은 선이다. 요령과 꾀가 난무하는 세상에서 우직한 성실은 세상을 이길 강력한 무기가 될 수 있다. 사랑도 선이다. 약육강식과 극단적인 이기심 속에 서로 물고 물리는 살벌한 세상에서 사랑은 어리석어 보일 수 있지만 세상의 그 어떤 것보다 강력한 무기가 될 수 있다. 악에게 지지 말고 선으로 악을 이기라! 아멘.

🔹 낮출 것은 실력이 아닌 자세

둘째, 실력으로 싸워야 한다.

세상과 싸우려고 하는 사람은 세상보다 뛰어나야 한다. 그래서 실제적으로 저들에게 도움이 될 수 있어야 한다. 그래야만 저들을 정복할 수 있다. 이 세상에는 아주 드물지만 악인의 꾀가 통하는 세상에서 하나님의 방식으로 성공을 거두는 사람들이 더러 있다. 우리 한국에도 있다. 저들의 공통점이 있는데, 그 가운데 하나가 실력이 월등하게 뛰어나다는 점이다. 마음도 중요하고 용기도 중요하다. 그리고 믿음도 중요하다. 특히 믿음은 그 무엇보다도 중요하다. 그러나 그에 못지않게 실력이 중요하다는 사실을 우리는 인정해야 한다. 보통 실력으로는 세상을 앞지를 수 없다. 세상보다 월등해야만 세상을 이길 수 있다.

세상과 싸워 이기려면 실력이 있어야 한다. 학생은 공부를 잘해야 하고 직장인들은 일을 잘해야 한다. 영어도 잘해야 하고 자기 전공 분야에 대하여 탁월한 전문지식도 있어야 한다. 세상적인 실력이 가장 중요한 무기라고는 할 수 없다. 그러나 많은 크리스천이 이 점을 등한히 하거나 무시하기 때문에 세상과의 싸움에서 승리하지 못하고 있다. 이 사실을 간과해서는 안 된다. 호랑이를 잡으려면 호랑이 굴에 들어가야 한다는 말이 있다. 세상에서 인정받는 실력을 갖추고 세상으로 용감하게 들어가 세상과 싸워야만 한다. 그래야만 진정한 승리를 얻을 수 있다.

　세상 사람들은 자신을 위하여 실력을 갖추지만 우리는 세상과 하나님을 위하여 갖춘다. 세상 사람들은 실력을 갖추어 세상을 지배하고 부리려고 하지만, 우리는 세상을 섬기고 축복하기 위하여 실력을 갖추려고 한다. 이 점이 분명히 다르다. 예수님은 우리에게 늘 낮아지라고 말씀하셨다. 그러나 예수님이 낮추라고 하신 것은 자세이지 실력이 아니다. 우리는 이 점을 잊어서는 안 된다. 많은 크리스천이 자세를 낮추지 않고 실력을 낮추면서 그것을 겸손이라고 속이고 있다. 그것은 겸손이 아니며, 예수님이 우리에게 요구하는 삶의 자세가 아니다. 그것은 무능이지 겸손이 아니기 때문이다.

🧊 1,000대 1의 열세 가운데서도

셋째, 믿음으로 싸워야 한다.

　다윗이 골리앗과 싸워 승리할 수 있었던 이유는 오직 믿음 때문이었다. 그는 체구가 작고 약했으며, 골리앗은 크고 강했다. 다윗도 그것을 알았다. 그러나 그럼에도 불구하고 두려워하지 않고 담대히 싸워 승리할 수 있었던 까닭은 믿음 때문이었다. 다윗은 골리앗과 비교조차 할 수 없는 하나님이 자신과 함께하신다는 사실을 믿었기 때문에 골리앗을 두려워하지 않을 수 있었다.

　이미 말한 것처럼, 세상과의 싸움은 100대 1 또는 1,000대 1 의 열세를 감안해야 하는 싸움이다. 세상과 싸우려고 할 때 가 장 중요한 것은 하나님이 언제나 나와 함께 계신다는 임마누엘 의 신앙이다. 다윗은 그와 같은 믿음으로 언제나 자신의 싸움을 싸웠던 사람이다. 다윗은 그 믿음을 시편 3편 1-6절에서 다음과 같이 고백하고 있다.

> 여호와여 나의 대적이 어찌 그리 많은지요 일어나 나를 치는 자가 많으니이다 많은 사람이 나를 대적하여 말하기를 그는 하나님께 구원을 받지 못한다 하나이다(셀라) 여호와여 주는 나의 방패시요 나의 영광이시요 나의 머리를 드시는 자이시니이다 내가 나의 목소 리로 여호와께 부르짖으니 그의 성산에서 응답하시는도다(셀라) 내 가 누워 자고 깨었으니 여호와께서 나를 붙드심이로다 천만 인이 나를 에워싸 진 친다 하여도 나는 두려워하지 아니하리이다
>
> 시 3:1-6

　다윗은 천만 인이 자기를 에워싸 진 치는 상황에서도 두려워 하지 않고 잠을 잘 수 있었다고 고백한다. 그 이유를 다윗은 아 주 간단히 설명하고 있는데, 여호와께서 자신을 붙드시기 때문이 라는 것이다.

100대 1 또는 1,000대 1의 확률을 뚫고 승리하는 사람들이 있다. 그들에게는 공통점이 있다. 실력이 뛰어나다는 것도 공통점이지만 그보다 더 중요한 것은 하나님을 믿는 믿음이 탁월하다는 것이다. 세상과의 싸움은 믿음으로 한다. 천지를 창조하신 하나님이 나와 함께 계시며 나를 붙들고 계신다는 믿음이 세상의 그 어떤 무기보다 더 강력한 무기가 된다.

종교개혁을 이끈 마틴 루터가 종교재판을 받게 되었을 때, 그는 극심한 두려움에 사로잡혔다고 한다. 그때 그의 부인이 까만 상복을 입고 촛불을 켜고 그의 앞에 나타났다. 누가 죽었느냐고 묻는 물음에 부인은 "하나님이 돌아가셨다"고 대답했다. 하나님이 어떻게 돌아가실 수가 있느냐고 꾸짖는 루터에게 그의 부인은 "당신이 그렇게 두려워하고 떨고 있는 것을 보니 하나님이 돌아가신 것이 분명하다"라고 대답했다. 그 부인의 말을 듣고 루터는 회개하고 새 힘을 얻었다. 그리고 담대하게 저들과 끝까지 싸울 수 있었다. 그때 그가 작사 작곡한 찬송이 바로 585장이다.

"내 주는 강한 성이요 방패와 병기 되시니 큰 환난에서 우리를 구하여 내시리로다 옛 원수 마귀는 이때도 힘을 써 모략과 권세로 무기를 삼으니 천하에 누가 당하랴.

내 힘만 의지할 때는 패할 수밖에 없도다 힘 있는 장수 나와서 날 대신하여 싸우네 이 장수 누군가 주 예수 그리스도 만군의 주로다 당할 자 누구랴 반드시 이기리로다.

이 땅에 마귀 들끓어 우리를 삼키려 하나 겁내지 말고 섰거라 진리로 이기리로다 친척과 재물과 명예와 생명을 다 빼앗긴대도 진리는 살아서 그 나라 영원하리라. 아멘.'

🔹 싸우는 자는 반드시 승리한다

세상과 싸우는 것, 죄와 싸우는 것은 절대로 쉬운 일이 아니다. 그러나 우리가 반드시 알아야 할 것이 있다. 그것은 하나님을 믿는 믿음으로 죽기를 각오하고 싸우면 반드시 승리한다는 사실이다. 죄와의 싸움에는 언제나 하나님께서 함께하시기 때문이다.

생명으로 인도하는 문은 좁다. 문이 좁기 때문에 힘들고 피곤하지만 그 결국은 생명이다. 승리이다. 사망으로 인도하는 문은 넓다. 문이 넓기 때문에 쉽다. 그러나 그 결국은 사망이다. 어려워도 승리하는 삶을 살 것인가, 아니면 쉽게 쉽게 살다가 패배하는 삶을 살 것인가를 우리는 선택해야 한다. 많은 사람이 어리석게 후자를 선택하면서 살아가고 있지만, 하나님은 우리가 전자의 삶을 살기를 원하고 계신다.

사람들은 승리와 패배에는 관심이 없고 그 문이 좁으냐 넓으냐에만 관심이 있다. 그것은 어리석은 일이다. 승리의 문은 좁다. 그러나 좁아도 반드시 그 길로 가면 승리한다. 죄와 싸우는 자는 좁은 문, 좁은 길을 걸어가야 하는 어려움이 있으나 반드시 승리한다. 그래서 하나님은 "마귀를 대적하라 그리하면 너희를 피하리라"(약 4:7)라고 말씀하셨다.

죄와 싸우는 자는 반드시 승리한다. 그러므로 죄를 회피하지 말고 죄와 싸우라!

CHRISTIAN BASIC

PART 3

예수가
대안이라고?

구원자 예수

CHAPTER 11

짝꿍을
조심하라

구원에 이르는 신앙

예수께서 오병이어의 기적을 행하신 후 많은 사람이 그분을 따르며 그분을 자신들의 왕으로 삼으려고 했다. 그러나 예수님은 그들을 피하셨고, 제자들에게도 그곳 벳세다를 떠나 가버나움으로 가라고 명령하셨다. 그들이 불쌍하여 먹이신 것은 사실이나 그것이 예수님이 이 땅에 오신 궁극적인 목적이 아니었기 때문이다. 그들이 예수님을 따르며 그분을 왕으로 삼으려고 했던 이유는, 그와 같은 분이 왕이 되면 먹고사는 경제생활에 어려움이 없으리라 생각했기 때문이다. 그들의 생각과 기대가 잘못된 것을 아시고 예수님은 그들을 피하여 숨으셨다.

🔷 신앙의 궁극적 목적

예수께서는 많은 병자를 고쳐주셨다. 문둥병자와 혈루병자, 그리고 앉은뱅이와 귀머거리 등등 모든 병자를 고쳐주셨을 뿐만 아니라 심지어는 죽은 사람까지 살리는 일을 실제로 행하셨다. 그런데 성경에 보면 예수님은 병자를 고쳐주신 후 그 병자에게 "아무에게도 내가 너의 병을 고쳐주었다고 이야기하지 말라"고 엄히 말씀하시곤 했다.

그것은 단순히 예수님이 겸손하셔서 자신의 일이 드러나는 것을 좋아하시지 않았기 때문만은 아니었다. 거기에는 좀 더 중요한 이유가 있다. 그와 같은 일들이 자꾸 세상에 알려지게 되면 예수님이 이 땅에 오신 근본적이고도 궁극적인 목적이 왜곡될 수 있었기 때문이다.

그럼에도 불구하고 예수님 당시에 그분을 따르던 사람들을 보면 신앙적으로 왜곡된 면들이 많았음을 알 수 있다. 어떤 사람들은 병을 고치기 위하여 그분을 따랐고, 어떤 사람들은 물질적인 안정을 바라고 그분을 따랐다. 또 어떤 사람들은 그분의 말씀이 세상 그 어떤 사람의 말과도 달랐기 때문에 인격적인 감화와 철학적인 교훈을 얻기 위해 예수님을 따르기도 했다. 제자들까지도 예수님이 왕이 되면 한자리 얻으려는 마음을 가지고 그분을 따르거나, 예수님이 이스라엘을 회복시켜주실 정치적인 메시아인 줄로 기대하고 그분을 따랐다.

그러나 예수님이 이 땅에 오신 목적은 우리를 죄에서 구원하여 다시금 하나님과의 관계를 회복케 하고, 이 세상과 저 세상에서 하나님나라의 삶을 살게 하기 위한 것이다. 한마디로 이야기한다면 바로 구원 때문이다.

오늘날도 많은 사람이 예수를 믿는데, 예수를 믿는 궁극적인 목적이 분명치 않은 사람이 많다.

요즘도 예수님 당시와 마찬가지로 구원보다는 병 고치고 부자 되고 출세하려고 예수를 믿는 사람들이 있다. 좋은 말씀을 통하여 그저 반듯하고 좋은 사람이 되기 위하여 예수를 믿는 사람들도 많고, 교회에서 중요한 직분을 맡아 그 직분을 감당하는 재미 때문에 교회생활을 하는 사람들도 얼마나 많은지 모른다. 그러나 그것은 잘못된 생각이요 잘못된 자세이다. 물론 예수를 믿어 병도 고칠 수 있고 예수를 믿고 축복 받아 사업도 형통할 수 있지만, 그것이 예수를 믿는 궁극적인 목적은 아니다. 예수를 믿는 궁극적인 목적은 구원이다. 예수는 구원을 얻기 위해 믿는다.

🔷 구원, 관계의 회복

우리는 이미 사망을 죄로 말미암은 하나님과의 관계 단절이라고 정의했다. 그리고 죄란 하나님을 자신과 세상의 주(主)로 인정하지 않고 자신이 자신과 세상의 주인이 되어 하나님의 말씀대로 살지 않고 욕심을 따라 제 마음대로 사는 것이라고 정의했다. 사망을 죄로 말미암은 하나님과의 관계 단절이라고 정의한다면, 구원은 죄사함을 통한 하나님과의 관계 회복이라고 정의할 수 있을 것이다.

하나님과의 관계 회복을 통하여 우리는 하나님과의 관계 단절로 잃어버린 것들을 다시 회복할 수 있게 되었다. 그것은 생명과 하나님나라이다.

우리는 하나님과 단절됨으로써 생명을 잃어버리게 되었다. 그러나 하나님과의 관계 회복을 통하여 우리는 다시 그 생명의 문제를 해결할 수 있게 된다. 한번 죽는 것은 피할 수 없으나 죽음으로 끝나지 않고 영원한 생명을 얻을 수 있게 된다. 우리는 그것을 영생(永生)이라고 한다.

하나님과의 단절을 통하여 우리는 생명과 함께 하나님나라를 잃어버렸다. 하나님은 범죄한 아담과 하와를 에덴에서 쫓아내셨던 것이다. 그런데 하나님과의 회복을 통하여 우리는 자연스럽게 하나님나라를 회복할 수 있게 된다.

구원에서 중요한 개념은 하나님나라이다. 그 하나님나라에서 영생한다. 우리는 여기서 구원을 하나님나라에서 영생하는 것이라고 정의할 수 있다.

앞에서 구원을 죄사함을 통한 하나님과의 관계 회복이라고 정의한 것과 연결하면, 우리는 나름대로 좀 더 온전한 구원의 정의를 얻을 수 있다. 구원이란 죄사함을 통하여 하나님과의 관계를 회복하고 하나님나라에 들어가 그곳에서 하나님과 함께 천국의 복락을 누리며 영원히 사는 것이다.

🟦 인간은 구원 필연적인 존재

아담과 하와가 범죄하여 하나님과의 관계가 단절되고 하나님의 동산 에덴에서 쫓겨난 후 인간은 에덴 밖에서 출생하게 되었다. 그러므로 우리의 출생지는 필연적으로 '에덴동산 안'이 아니라 '에덴동산 밖'이 될 수밖에 없다.

모든 사람은 자신의 의지와는 관계없이 출생한다. 출생의 장소도 스스로 선택할 수 없다. 부모가 나를 낳은 곳이 곧 나의 출생지가 된다. 우리는 모두 영적으로 볼 때 에덴 밖에서 출생했다. 우리의 부모인 아담과 하와가 에덴 밖으로 쫓겨나 우리를 출생하였기 때문이다.

그런데 '에덴동산 밖'의 의미는 하나님과의 단절을 의미하는 것이고, 하나님과의 관계 단절은 죽음을 의미한다. 그것은 곧 우리가 '영적인 생명'의 자리에서 출생한 것이 아니라 '영적인 죽음'의 자리에서 출생했다는 것을 의미한다. 그리고 이와 같은 운명은 모든 사람에게 예외가 없다. 그것을 우리는 원죄(原罪)라고 한다.

사람들은 인간이 생명에서 죽음으로 나아가는 존재인 줄로 알고 있지만, 사실은 그 반대이다. 영적으로 볼 때 사람은 죽음에서 생명으로 나아가는 존재이다. 우리는 처음부터 죽음에서 출생했다. 우리는 생명을 찾아 나아가야만 한다.

우리말에 "금강산도 식후경"이라는 말이 있다. 먹는 것은 생명이 왔다 갔다 하는 문제이다. 아무리 좋은 구경도 생명이 달려 있는 일보다 우선할 수는 없다는 뜻으로 해석할 수 있다. 인간은 원죄로 말미암아 하나님과의 관계가 단절된 상태, 즉 사망의 상태에서 출생했다. 그와 같은 인간에게서 가장 중요한 것은 구원, 즉 생명이다. 하나님과의 관계 회복을 통하여 구원을 얻는 일보다 중요한 것은 우리에게 있을 수가 없다. 생명의 문제를 먼저 해결하지 않고는 다른 어떤 일을 한다고 해도 다 허사가 되기 때문이다. 그래서 예수님은 우리에게 "너희는 먼저 그(하나님)의 나라와 의(義)를 구하라"라고 하신 것이다.

그런데 사탄은 끊임없이 무엇을 먹을까 무엇을 마실까 무엇을 입을까를 먼저 염려하게 한다. 그와 같은 염려를 통하여 하나님과의 관계를 잊어버리게 하고 소홀하게 하여 세상의 모든 삶과 일을 다 허사로 만들어버리려고 한다. 인간은 누구든 구원의 문제, 즉 생명의 문제를 먼저, 그리고 필연적으로 해결해야만 한다. 그런 면에서 우리는 구원 필연적인 존재라고 볼 수 있다.

"내가 곧 길이요 진리요 생명이니 나로 말미암지 않고는…."

🟦 다른 종교에도 죄사함이 있나

요즘 교회 안에 나돌고 있는 잘못된 신학 사조 중에 종교다
원주의라는 것이 있다. 한마디로 이야기해서 꼭 예수만을 믿어
야 구원을 얻는 것은 아니라는 주장이다. 산 정상에 올라가는 길
이 하나가 아니라 여러 개가 있을 수 있듯, 그리고 어느 길을 통
해서든 산 정상에 올라갈 수 있듯, 구원도 꼭 예수라는 길을 통
해서만 얻을 수 있는 것은 아니라는 이야기다. 다른 종교의 길을
통해서도 얼마든지 구원을 얻을 수 있다는 것이 종교다원주의의
생각이라고 할 수 있다.

이와 같은 생각은 이성적으로 판단할 때 상당히 합리적이고 포용력 있는 주장으로 느껴진다. 그에 반하여 오직 예수만이 구원에 이르는 유일한 길이라고 믿고 주장하는 것은 왠지 비합리적이고 독선적인 태도처럼 느껴지는 것이 사실이다. 그래서 서구와 유럽의 많은 교회가 그와 같은 사조에 동조하기 시작했으며, 천주교도 그와 같은 사조를 받아들이고 있는 것처럼 보인다. 그러나 성경은 이에 대하여 확고하고도 분명한 말씀을 우리에게 전해 주고 있다.

"다른 이로써는 구원을 받을 수 없나니 천하 사람 중에 구원을 받을 만한 다른 이름을 우리에게 주신 일이 없음이라 하였더라"(행 4:12).

"예수께서 이르시되 내가 곧 길이요 진리요 생명이니 나로 말미암지 않고는 아버지께로 올 자가 없느니라"(요 14:6).

우리의 이성과 성경이 충돌할 때 우리는 우리의 이성을 믿고 따라서는 안 된다. 우리는 성경을 따라야 한다. 사도행전 4장 12절의 말씀과 요한복음 14장 6절의 말씀은 해석에 따라 달리 풀이될 수 있는 말씀이 아니다. 그 말씀은 단순하고도 명확하다. 오직 예수를 통해서만 구원을 얻을 수 있다는 것이다.

히브리서 9장 22절에 보면 "피 흘림이 없은즉 사함이 없느니라"라는 말씀이 있다. 우리는 앞에서 구원을 '죄사함을 통한 하나님과의 관계 회복'이라고 정의했다. '죄사함'을 통하지 않고는 하나님과의 관계를 회복할 수 없다. 죄 때문에 하나님과의 관계가 단절되었기 때문이다. 그런데 성경은 죄사함은 피 흘림이 없이는 안 된다고 말씀하고 있다. 예수 그리스도 외에 누가 우리의 죄를 위하여 피 흘려주셨는가? 오직 예수 그리스도만이 우리의 죄를 사해주시기 위하여 십자가에서 피 흘려 돌아가시지 않았는가?

때때로 나의 이성도 종교다원주의가 더 합리적이라고 나에게 말한다. 그러나 나는 나를 믿지 않는다. 성경을 믿는다. 그래서 나는 오직 예수 그리스도를 통해서만 구원을 얻을 수 있다고 믿는다.

다른 종교를 믿어도 얼마든지 좋은 사람은 될 수 있다. 불교를 믿어도 좋은 사람이 될 수 있고, 유교를 믿어도 훌륭하고 반듯한 사람이 될 수 있다고 나는 믿는다. 그러나 구원은 오직 예수를 믿어야만 얻는다. 죄사함의 도(道)는 불교에도 없고 다른 어느 종교에도 없고 오직 예수 그리스도에게만 있다.

🔷 천당은 이 땅에서부터 시작된다

예수를 믿는 궁극적인 목적은 구원이다. 우리는 구원을 얻으려고 예수를 믿는다. 예전에 가난하고 어려운 삶을 살 때 우리 믿음의 선배들은 하나님의 나라를 바라보고 열심히 신앙생활을 했다.

그러나 소득이 높아지고 세상도 나름대로 편하고 재밌어지기 시작하면서 사람들은 하나님나라를 등한히 하기 시작했다. 그것은 아주 위험한 생각이 아닐 수 없다. 아무리 이 세상이 좋아 보여도 하나님나라와는 비교할 수 없다. 그리고 더 중요한 사실은 이 세상은 온전한 세상이 아니므로 결국은 없어지게 된다는 것이고, 이 세상이 없어지기 전에도 우리 각자는 죽음을 통해 이 세상을 떠날 수밖에 없다는 사실이다.

죽음 이후에 우리는 하나님의 심판을 받아야 하고, 천국에 들어가든지 아니면 지옥에 들어가든지 해야 한다. 그런데 이 세상에 눈이 어두워 구원의 문제를 해결하지 못한다면 그것은 얼마나 심각한 문제인지 모른다.

천국은 앞에서도 이야기했지만 꼭 죽어서만 가는 곳이 아니다. 물론 구원은 죽어서 천당 가는 것을 포함하고 있지만, 그것만이 구원의 전부는 아니다.

예수를 믿으면 물론 죽어서 천당을 가게 되고 또 그것은 참으로 중요한 것이지만, 천당은 꼭 죽어서만 가는 곳이 아니다. 이 땅에서 예수를 믿으면 죽어서 가게 될 천당, 즉 하나님의 나라가 이 땅에 임하게 된다. 그러므로 예수를 믿으면 이 땅에서도 하나님의 나라를 살게 되고, 죽어서도 하나님의 나라를 살게 된다.

이 세상에서의 삶도 구원받은 자와 구원받지 못한 자의 삶은 비교가 되지 않는다. 물론 예수를 믿지 않는 사람도 이 땅에서 나름대로 잘 살 수 있지만, 하나님나라의 삶을 사는 사람과는 비교조차 할 수 없다. 구원은 우스운 것이 아니다. 구원처럼 우리에게 중요한 것은 없다.

CHAPTER 12

착하면
구원받나요?

오직 믿음으로 얻는 구원

성경의 가르침은 구원은 행함으로 얻는 것이 아니라 믿음으로 얻는다는 것이다. 사람들은 구원을 행함이 아닌 믿음으로만 얻는다고 하면, 기독교를 비도덕적이고 수준이 낮은 종교가 아닌가 의심한다. 왜냐하면 사람들은 행함을 가치 있고 중요한 것으로 인식하고 있기 때문이다. 물론 우리 기독교에서도 행함을 중히 여긴다. 그럼에도 불구하고 하나님은 그 행함을 구원과 연결시키지는 않으셨다. 왜냐하면 하나님은 우리를 사랑하는 우리의 아버지이시기 때문이다.

부모는 자식에게 행함을 요구하고 또 가르친다. 그러나 행함으로 자식과의 관계를 유지하는 것은 아니다. 다시 말해서 행함이 어느 수준 이상이면 자식으로 인정하고, 행함이 어느 수준 이하로 내려가게 되면 자식으로 인정하지 않는 것이 아니라는 말이다. 부모와 자식 간에도 물론 행함은 중요하다. 그러나 그것이 자식과 부모 사이의 관계를 맺고 끊는 데까지 작용하는 것은 아니다. 만일 행함의 기준으로 부모와 자식의 관계를 결정하겠다는 사람이 있다면 그는 분명 참부모가 아닐 것이다.

● 행함이냐 믿음이냐?

어떤 아이가 물에 빠졌다고 하자. 아버지에게 건져달라고 소리치는데, 그와 같은 다급한 기회를 이용하여 아버지가 아이에게 중요한 조건 열 가지를 제시하면서 그 조건을 지키겠다고 약속하면 건져주고, 그렇지 않으면 건져주지 않겠다고 한다면 어떻게 될까? 그 아이가 지키겠다고 약속하고 건짐을 받은 후에라도 아이는 그 아버지를 진짜 자기 아버지로 인정하지 않을 것이다. 진짜 아버지는 그와 같은 상황에서 조건을 내걸고 아이의 구원을 흥정하지 않기 때문이다.

하나님은 이스라엘 백성들이 애굽에서 고통 중에 하나님께 부르짖을 때 그냥 그 부르짖음을 들으시고 저들을 구원해주셨다. 물론 하나님은 이스라엘 백성들에게 십계명이라는 율법을 주셨지만, 그것을 출애굽 한 후 시내산에서 주셨지 출애굽 전 애굽 땅

에베소서 2장 8, 9절

은혜를 인하여 믿음으로 구원을 얻는다.

에서 주시지는 않았다. 십계명을 출애굽 전에 애굽 땅에서 주셨
느냐, 아니면 출애굽 후 시내산에서 주셨느냐는 매우 중요한 문
제이다. 바로 그것이 하나님은 과연 우리에게 누구이신가를 알
아볼 수 있는 좋은 단서가 되기 때문이다.

　하나님은 계명과 율법을 지키면 구원시켜주고, 그렇지 않으면
구원시켜줄 수 없다고 이스라엘에게 말씀하시지 않았다. 하나님
은 그냥 저들을 구원해주시고, 구원하신 후 "이제 구원받았으니
이렇게 살아야 한다"라는 뜻에서 저들에게 율법을 주신 것이다.
우리는 이와 같은 사실을 통하여 하나님은 우리를 사랑하는 우
리 아버지시라는 사실을 깨달을 수 있다.

구원을 하나님과의 관계 회복이라고 정의했을 때, 행함으로는 그 하나님과의 관계를 회복할 수 없다. 하나님과의 관계는 믿음으로만 회복할 수 있다. 하나님과의 관계 회복의 조건으로 행함을 이야기한다면 그것만으로도 이미 부자 관계가 끊어지기 때문이다.

누가복음 15장의 탕자는 회개하고 아버지께로 돌아오는 것만으로 부자 관계를 회복할 수 있었다. 아버지는 그에게 그동안 탕진한 빚의 청산을 부자 관계 회복의 조건으로 내세우지 않았다. 아버지이기 때문이다. 하나님은 우리 아버지이시다. 그러므로 누구든지 자기 죄를 회개하고 다시 아버지께로 돌아가 하나님을 아버지라고 부르기만 하면, 값없이 모든 죄를 사함 받고 구원을 얻게 된다. 하나님은 구원을 우리에게 그냥 값없이 은혜로 주신다. 그것은 아주 당연한 일이다. 하나님은 우리의 아버지이시기 때문이다. 구원은 믿음으로 얻는 것이지 행함으로 얻는 것이 아니다.

"누구든지 주(主)의 이름을 부르는 자는 구원을 받으리라"(롬 10:13). 아멘!

💠 율법은 X-Ray다

그렇다면 구원에서 율법의 기능과 역할은 무엇인가? 율법은 구원에서 아무런 의미가 없는 것이란 말인가? 그렇지 않다. 율법

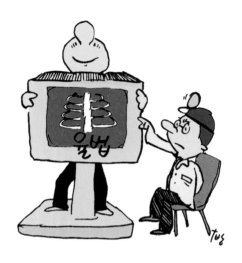

X–Ray만 찍고는 병을 고칠 수 없다.

도 우리의 구원에 매우 중요한 역할을 담당하고 있다. 성경은 율법의 기능을 '죄를 깨닫게 하는 것'이라고 말씀한다.

"그러므로 율법의 행위로 그(하나님)의 앞에 의롭다 하심을 얻을 육체가 없나니 율법으로는 죄를 깨달음이니라"(롬 3:20).

율법이 없다면 우리는 죄를 죄로 인식하거나 깨달을 수 없다. 죄를 죄로 인식하지 못한다면 그 죄를 해결할 수도 없고 그 죄에서 벗어날 수도 없게 될 것이다. 그러므로 죄의 문제를 해결하려면 먼저 죄를 죄로 깨닫는다는 것은 얼마나 중요한 일인지 모른다.

병을 치료하기 위하여 병원에 가면 병원에서는 치료부터 하지 않고 검사부터 한다. 여러 가지 검사를 통하여 어디에 무슨 병이 있는가를 먼저 알아낸 후 치료에 들어간다. 병원이 궁극적인 목적으로 삼는 것은 치료이지만, 그럼에도 불구하고 검사가 먼저이다. 검사를 통하여 병을 정확히 깨달아야만 정확한 치료가 가능하기 때문이다.

그것은 우리 죄를 치료하고 구원을 얻는 데서도 마찬가지다. 우리 죄를 해결하기 위하여 먼저 중요한 것은 자신의 죄를 깨닫고 그 깨달음으로 자신이 죄인인 것을 인정하는 것이다. 그와 같은 역할을 감당하게 하시기 위하여 하나님은 우리에게 율법을 주셨다. 그것이 바로 율법의 기능이다.

율법은 비유하자면 마치 X-Ray와 같다. 사고로 뼈가 부러졌을 때에도 우리는 먼저 X-Ray를 찍는다. 우리는 그것을 통하여 어느 뼈가 어떤 모양으로, 그리고 얼마나 부러졌는가를 알아낼 수 있다. 그러나 그것으로 X-Ray의 기능은 끝이다. X-Ray로 뼈를 붙일 수는 없다.

율법은 X-Ray와 같다. 율법으로 우리 죄를 발견하고 깨달을 수 있지만, 죄를 치료하고 해결할 수는 없다. 그러므로 율법으로 구원을 얻는다고 이야기하는 것은 마치 X-Ray로 뼈를 붙인다는 말과 같다. 구원을 얻으려면 예수 그리스도를 자신의 주와 구주로 인정하고 영접해야 한다. 예수 그리스도를 자신의 주와 구주로 인정하고 영접하려면, 먼저 자신이 스스로는 어떻게 할 수 없는 죄인이라는 사실을 알아야 한다. 만일 자신이 죄인이라는 것을 모르면 그는 예수 그리스도가 자신의 주와 구주라는 사실을 깨달을 수 없고, 예수 그리스도가 자신의 주와 구주라는 사실을 모르면 그는 구원을 얻을 수 없다.

그러므로 자신이 죄인임을 정확히 아는 것이 구원에서 얼마나 중요한 단계인지 모른다. 그런데 하나님은 바로 그 단계를 위하여 우리에게 율법을 주신 것이다. 율법이 없었다면 우리는 우리가 죄인인 줄 몰랐을 것이고, 우리가 죄인인 줄 몰랐다면 우리는 예수님이 우리의 주와 구주이신 줄도 몰랐을 것이다. 예수님이 우리의 주와 구주이신 것을 몰랐다면 우리는 구원을 얻지 못했을 것이다. 그래서 바울은 율법을 우리를 그리스도께로 인도하는 초등교사라고 했다.

"이같이 율법이 우리를 그리스도께로 인도하는 초등교사가 되어 우리로 하여금 믿음으로 말미암아 의롭다 함을 얻게 하려 함이라"(갈 3:24). 아멘.

🔷 오직 믿음, 오직 은혜

우리의 행함으로 말미암은 것이 아니기 때문에 구원은 오직 하나님의 은혜다. 만일 구원이 우리의 행함으로 말미암았다면 구원은 하나님의 은혜라고 하기보다는 우리의 자랑이 되었을 것이다. 그러나 구원은 율법으로 말미암아 된 것이 아니요 믿음으로 된 것이기 때문에 우리의 구원에 대하여 우리는 자랑할 것이 없다. 하나님의 은혜에 오직 감사할 것뿐이다.

예수님 당시 바리새인들과 같은 율법주의자들은 율법을 지킴으로 구원을 얻는다고 생각하고 가르쳤다. 그래서 자신의 행위를 드러내려 하였고 자연 그것을 자랑했다. 그 때문에 저들은 하나님의 은혜와는 전혀 관계없는 엉뚱한 종교인이 되었다. 죄를 짓고 죽게 된 사람이 하나님의 은혜로 구원을 받고서도 그 은혜를 모르고 자신의 보잘것없는 행위를 자랑한다는 것은 얼마나 우스꽝스러운 일인가? 그리고 얼마나 악한 일인가?

"그런즉 자랑할 데가 어디냐 있을 수가 없느니라 무슨 법으로냐 행위로냐 아니라 오직 믿음의 법으로니라"(롬 3:27).

종교개혁자들은 종교개혁을 하면서 "오직 믿음!"(Sola Fide!), "오직 은혜!"(Sola Gratia!)를 부르짖었다. '오직 믿음'에서만 '오직 은혜'가 나올 수 있다. 은혜 충만한 신앙생활을 위하여 우리는 믿음으로 구원을 얻는 도리를 먼저 분명히 해야 할 필요가 있다.

구원은 믿음으로 얻는 것이지 행함으로 얻는 것이 아니다. 구원을 행함으로 얻는다면 하나님은 우리의 아버지가 아니시다. 그러나 율법으로 구원을 얻는 것은 아니지만 율법을 지키지 않아도 되는 것은 아니다. 율법을 지키려고 힘쓰지 않으면 우리가 죄인인 것을 깨달을 수가 없다. 자신이 죄인인 것을 깨닫지 못하면 예수님이 우리의 주와 구주시라는 믿음에 이를 수 없다. 그러므로 율법은 우리를 그리스도에게로 인도하는 초등교사다. 율법으로 구원을 얻는 것은 아니나 율법이 있어서 궁극적으로 믿음에 이를 수 있게 된다.

율법은 우리가 죄인인 것을 가르쳐준다. 그러나 그것이 죄의 해결책이 될 수는 없다. 거기에 우리의 절망이 있다. 그런데 하나님께서 값없이 우리를 구해주셨다. 예수 그리스도의 십자가를 값으로 지불하시고 우리를 구원해주셨다. 오직 이것을 믿음으로 구원을 얻는다. 오직 믿음으로만 구원을 얻기 때문에 구원은 오직 은혜이다.

CHAPTER 13

다른 이름은?

유일한 구주

구원은 전적으로 하나님으로 말미암은 것인데, 하나님은 우리의
구원을 예수님을 통하여 완성해주셨다. 그래서 우리는 예수님을
그리스도라고 부른다. 예수님은 그리스도, 즉 우리의 구원자이
시라는 것이 우리 믿음의 고백이다. 베드로가 이와 같은 고백을
한 이후부터 모든 기독교인은 베드로와 똑같은 고백을 가지고
하나님을 믿는다. 예수는 그리스도이시다. 예수는 유일한 구주
(救主)이시다. 하나님은 구원받을 만한 다른 이름을 우리에게 주
신 일이 없다고 아주 단호하게 말씀하셨다.

"다른 이로써는 구원을 받을 수 없나니 천하 사람 중에 구

원을 받을 만한 다른 이름을 우리에게 주신 일이 없음이라"(행 4:12).

그러므로 하나님이 우리를 어떻게 구원하시는가를 정확히 이해하려면, 예수님이 누구이시며 예수님이 우리를 위하여 하신 일이 무엇인가를 먼저 이해해야 한다. 예수님과 그분의 사역을 이해하는 것이 곧 구원을 이해하는 데 매우 중요한 단서가 되기 때문이다.

🔹 구원(예수)은 임마누엘

죄로 말미암아 하나님과 우리 인간의 관계는 단절되었다. 그 하나님과의 관계 단절이 우리에게는 사망으로 역사하게 되어 그 죄로 말미암아 우리의 영과 육이 모두 사망에 사로잡히게 되었다. 이런 사망에 처한 우리를 구원하시기 위하여 하나님은 독생자 예수 그리스도를 이 땅에 인간의 몸을 입고 태어나게 하셨다. 인간과 함께하시기 위하여 직접 인간의 몸을 입고 찾아오신 것이다.

예수님이 탄생하실 때 주의 사자(使者)는 요셉에게 나타나 마리아가 잉태한 아이는 성령으로 잉태한 하나님의 아들이시라는 사실을 예고해주었다. 그러면서 그 아기의 이름을 '예수'라 해야 한다고 일러주었다. 예수라는 이름의 뜻은 '자기 백성을 죄에서 구원할 자'다. 한마디로 요약하면 '구원자'라는 뜻이다. 마태복음 기자는 이 사실을 기록하면서 이것은 구약에 예언된 말씀의 성취라고 해석했다. 예수님의 탄생 기사를 언급하는 가운데 마태복음 1장 23절에 이사야서 7장 14절의 말씀을 인용하여 옮겨 놓았다.

예수 그리스도의 나심은 이러하니라 그의 어머니 마리아가 요셉과 약혼하고 동거하기 전에 성령으로 잉태된 것이 나타났더니 그의 남편 요셉은 의로운 사람이라 그를 드러내지 아니하고 가만히 끊고자 하여 이 일을 생각할 때에 주의 사자가 현몽하여 이르되 다윗의 자손 요셉아 네 아내 마리아 데려오기를 무서워하지 말라 그에게 잉태된 자는 성령으로 된 것이라 아들을 낳으리니 이름을 예수라 하라 이는 그가 자기 백성을 그들의 죄에서 구원할 자이심이라 하니라 이 모든 일이 된 것은 주께서 선지자로 하신 말씀을 이루려 하심이니 이르시되 '보라 처녀가 잉태하여 아들을 낳을 것이요 그의 이름은 임마누엘이라 하리라'(사 7:14 인용) 하셨으니 이를 번역한즉 하나님이 우리와 함께 계시다 함이라 요셉이 잠에서 깨어 일어나 주의 사자의 분부대로 행하여 그의 아내를 데려왔으나 아들을 낳기까지 동침하지 아니하더니 낳으매 이름을 예수라 하니라

마 1:18-25

여기서 우리가 눈여겨보아야 할 것이 있다. 그것은 주의 사자

가 요셉에게 일러준 이름은 '예수'인데, 구약에 예언된 이름은 '임마누엘'이라는 사실이다. 마태는 '임마누엘'로 예언된 이사야서를 인용하면서, 주의 사자가 아기의 이름을 '예수'라 하라고 한 것이 그 예언의 응답이라고 말하고 있다. 여기서 우리는 마태가 '예수'와 '임마누엘'을 같은 의미로 이해하고 있다는 사실을 발견할 수 있다.

'예수'의 뜻은 앞에서 이야기한 바와 같이 '구원자', 즉 구주(救主)라는 뜻이다. '임마누엘'의 뜻은 우리가 잘 알고 있는 바와 같이 '하나님이 우리와 함께 계시다'라는 뜻이다. 마태가 '예수'와 '임마누엘'을 같은 뜻으로 이해했다고 하는 데서부터 다음과 같은 구원의 정의를 찾아낼 수 있다.

"구원(예수)이란 하나님이 우리와 함께 계시는 것이다(임마누엘)."

💎 '개아비'와 '개자식'의 차이

성경은 하나님과의 관계 단절을 죽음으로 이해하고 있다. 하나님과의 관계 단절이 죽음이라면, 하나님과의 관계 회복은 구원이 된다. 하나님이 우리와 함께 계시다는 것은 우리와 하나님의 관계가 회복되었다는 것을 의미하고, 그것은 우리의 구원이 이루어졌다는 것을 의미한다. 그러므로 '임마누엘'이 곧 구원이다. 그러므로 '예수'는 '임마누엘'이고 '임마누엘'은 '예수'이다.

예수님은 하늘 보좌를 버리고 인간의 몸을 입고 이 땅에 오셨다. 그 단 하나의 이유는 우리와 함께 계시기 위함이었다. 그리하여 예수님은 우리와 함께 계시는 하나님이 되셨다. 즉, 임마누엘이 되셨다. 하나님이 사람이 되신다는 것은 훗날 십자가를 지시는 것보다 더 큰 희생이며 고생이었다. 그러나 하나님은 우리의 구원을 위하여 그와 같은 일을 마다하지 않으셨다. 우리를 구원하시기 위하여 인간이 되는 일도 마다하지 않으시는 하나님을 세상의 그 어느 것도 막을 수 없다. 그만큼 하나님의 구원 의지는 분명한 것이고 강력하다.

　나는 개와 고양이 같은 애완동물을 아주 좋아한다. 그래서 우리 집에서 개와 고양이는 거의 사람과 같은 대접을 받는다. 우리 집에서 기르는 개의 이름은 곰돌이인데, 우리는 곰돌이를 '김곰돌'이라고 부르기도 한다. 개를 한 가족처럼 생각하는 마음이 그 이름 속에 담겨 있다. 그래서 나를 개인적으로 잘 아는 사람들은 나를 향하여 '개아비'라고 부른다. 그래도 나는 그것이 하나도 기분 나쁘지 않다. 그만큼 개를 좋아한다.

　그러나 그럼에도 불구하고 사람들이 나를 향하여 '개자식'이라고 부른다면 나는 화를 낼 것이다. 그리고 싸우려고 할 것이다. 개가 내 자식이 되는 것은 이해하나 내가 개자식이 되는 것은 용납할 수도, 참을 수도 없기 때문이다. 예수님이 사람이 되셨다는 것은 내가 개가 되었다는 것보다 더 낮아지신 것이다. 하나님이 사람의 아들이 되셨다는 것은 내가 개자식이 되었다는 것보다 훨씬 더 비참해지신 것이다.

그런데 예수님은 우리를 구원하기 위하여 그와 같은 일을 하셨다. 하나님은 우리를 구원하기 위해서라면 못 하는 일이 없으신 분이기 때문이다. 예수님의 성육신을 보면서 우리는 예수가 그리스도이심을 확신할 수 있다. 예수는 그리스도이심에 틀림없다. 아멘.

🟦 말씀이신 예수

기독교는 말씀의 종교이다. 하나님은 말씀으로 천지 만물을 창조하셨고, 예수님은 하나님의 말씀이 이루어지는 곳이 하나님의 나라 곧 천국이라 말씀하셨다. 그러므로 구원을 이야기할 때 하나님의 말씀을 빼놓고는 생각할 수 없다. 구원받은 삶은 하나님을 자신의 구주(救主)로 영접하고 그분의 말씀대로 순종하여 살 때 이루어지는 것이기 때문이다.

하나님은 우리의 구원받은 삶을 위하여 끊임없이 말씀하셨다. 그러나 하나님의 말씀은 사람을 통하여, 그리고 자연을 통하여 우리에게 전달됐기 때문에 사람들은 그 하나님의 말씀을 하나님의 말씀으로 잘 알아듣지 못했다. 그래서 하나님은 예수님을 사람이 되게 하사 우리에게 직접 말씀하시기로 한 것이다. 간접 계시가 아닌 직접 계시의 방법을 사용하시기로 한 것이다. 이 사실을 히브리서는 다음과 같이 기록하고 있다.

"옛적에 선지자들을 통하여 여러 부분과 여러 모양으로 우리 조상들에게 말씀하신 하나님이 이 모든 날 마지막에는 아들을 통하여 우리에게 말씀하셨으니 이 아들을 만유의 상속자로 세우시고 또 그로 말미암아 모든 세계를 지으셨느니라"(히 1:1,2).

요한복음도 예수님을 '말씀이 육신이 되어 우리 가운데 거하신 분'으로 이해하고 있다.

"말씀이 육신이 되어 우리 가운데 거하시매 우리가 그의 영광을 보니 아버지의 독생자의 영광이요 은혜와 진리가 충만하더라"(요 1:14).

예수님은 하나님의 말씀으로 이 땅에 오셨다. 성경 66권의 말씀이 다 하나님의 말씀이지만, 우리는 예수님의 33년 동안의 생(生)과 가르침을 통하여 더 분명하고 정확한 하나님의 뜻과 말씀을 들을 수 있다. 본시 모든 말씀이 예수님을 증거하는 것이기 때문에 예수님을 주의하여 살펴보면 예수님을 통하여 우리는 하나님의 모든 말씀을 들을 수 있다. 예수님을 통하여 우리는 하나님의 음성을 듣게 되며, 이를 통하여 구원받은 자의 축복된 삶을 이 땅에서부터 살 수 있게 된다. 예수님은 말씀으로 이 땅에 오셨다. 말씀이 곧 구원이요 천국이다. 그러므로 예수님은 우리의 구주이시다.

🧊 용서의 깊이가 사랑의 깊이

예수가 우리의 구주이심을 그분의 성육신과 말씀 되심을 통해서도 알 수 있지만, 가장 중요하고도 확실한 증거는 십자가이다. 우리는 예수님의 십자가를 통하여 예수가 그리스도이심을 알 수 있다. 사망이 죄로 말미암았기 때문에 구원은 죄의 문제를 해결하는 것으로만 이루어질 수 있다. 우리의 회개도 중요하지만, 회개로 죄의 문제가 해결되는 것이 아니다. 죄의 문제는 용서를 통해서만 해결된다. 죄의 문제를 해결하기 위해서 가장 중요한 개념이 바로 '용서'인데, 용서는 사랑을 통해서만 가능해진다.

베드로는 예수님께 형제의 죄를 일곱 번까지 용서해주겠다고 말했다. 그것은 인간으로서는 거의 불가능한 일이었다. 그럼에도 불구하고 예수님은 베드로를 칭찬해주시지 않고 일곱 번뿐 아니라 일곱 번을 일흔 번까지라도 용서하라고 말씀하셨다. 사람들은 일곱 번을 일흔 번까지 용서한다는 것은 전혀 불가능한 일이라고 생각한다. 그렇다. 그것은 불가능한 일이다. 그러나 꼭 한 가지 예외가 있다.

어느 누구도 일곱 번을 일흔 번까지 용서할 수 없지만, 부모는 자식의 죄를 그만큼, 아니 그 이상도 용서할 수 있다. 내가 여기서 말하려고 하는 것은 그것이 정말 가능한가 아닌가를 논쟁하려는 것이 아니다. 그것은 얼마만큼 사랑하느냐가 얼마만큼까지 용서할 수 있는가를 결정한다는 것이다. 사랑하지 않으면 용

하나님께서 우리를 '이처럼' 사랑하셨다!

서할 수 없고, 조금 사랑하면 조금밖에 용서할 수 없다. 그러나 많이 사랑하면 많이 용서할 수 있다.

예수께서 우리 죄를 사해주기 위하여 십자가를 선택하신 이유가 바로 여기에 있다. 십자가는 사랑이다. 그보다 더 큰 사랑이 있을 수 없는 위대하고도 완벽한 하나님의 사랑이다. 만일 십자가를 지시는 것보다 자신의 사랑을 더 잘 표현하는 길이 있었다면, 하나님은 십자가를 지는 대신에 그 일을 하셨을 것이다.

요한복음 3장 16절에서 예수님이 "하나님이 세상을 이처럼 사랑하사"라고 말씀하셨을 때, 여기서 '이처럼'은 십자가를 뜻한다. 즉 하나님께서 그보다 더 큰 사랑은 있을 수 없는 그런 사랑으로 우리를 사랑하셨다는 것이다. 그것이 십자가요 십자가의 의미이다.

하나님께서 우리를 '이처럼' 사랑하셨기 때문에 하나님께는 용서하지 못할 죄가 없다. 세상의 그 어떤 죄도 예수님의 십자가 사랑을 이겨낼 수는 없다. 예수님의 십자가 사랑을 넘어설 만큼 큰 죄는 세상에 없다. 그러므로 세상의 그 어떤 죄도 예수님의 십자가 앞에 나아가면 다 해결될 수 있다.

◈ "진홍같이 붉을지라도 양털같이 희게 되리라"

세상을 깜짝 놀라게 했던 지존파 사람들이 사형 집행을 받기 전에 극적으로 회개했다. 그러므로 저들은 틀림없이 다 구원을 얻었을 것이다. 사람들은 어떻게 그와 같이 극악무도한 사람들이 구원을 얻을 수 있을까 생각하는지 모르지만, 예수님의 십자가 사랑은 그만큼 크고 위대하다. 사탄도 저들의 구원에 대하여 하나님께 송사하지 못한다. 사탄도 십자가에 나타난 하나님의 사랑이 지존파의 그 흉악한 모든 죄를 다 깨끗이 씻어주고도 남는다는 것을 알기 때문이다.

지존파뿐만이 아니다. 세상의 모든 사람이 다 그 십자가에 나타난 하나님의 사랑으로 죄사함을 받았고 구원을 얻었다. 나도 그랬고 너도 그랬고, 과거의 사람들도 그랬고 현재의 사람들도 그렇고, 미래의 모든 사람도 다 그럴 것이다. 온 인류가 예수 그리스도의 십자가로 말미암아, 그 십자가에 나타난 하나님의 사랑으로 말미암아 죄사함을 얻고 구원을 얻게 된 것이다.

"하나님이 세상을 이처럼 사랑하사 독생자를 주셨으니 이는 그를 믿는 자마다 멸망하지 않고 영생을 얻게 하려 하심이라"(요 3:16).

"여호와께서 말씀하시되 오라 우리가 서로 변론하자 너희의 죄가 주홍 같을지라도 눈과 같이 희어질 것이요 진홍같이 붉을지라도 양털같이 희게 되리라"(사 1:18).

"만일 우리가 우리 죄를 자백하면 그는 미쁘시고 의로우사 우리 죄를 사하시며 우리를 모든 불의에서 깨끗하게 하실 것이요"(요일 1:9).

이 모든 완벽한 속죄가 예수님의 십자가를 통하여 이루어졌다. 예수님은 유일하신 우리의 구세주이시다.

우리는 지금까지 예수님이 어떻게 우리의 죄를 사하여주시며 우리의 구주가 되시는지에 대하여 생각했다. 우리는 예수님의 성육신 사건과 말씀 사건과 십자가 사건을 통하여 예수님이 우리의 죄를 사하여주는 구세주가 되심을 알았다. 하나님은 우리에게 예수 그리스도 외에 구원받을 만한 다른 이름을 주신 일이 없다고 분명히 말씀해주셨다. 예수님은 우리의 구주이시다. 우리의 유일한 구세주이시다. 이것이 바로 기독교 신앙의 기초이며 핵심이다.

예수가 우리의 구주이심을 믿으면 구원을 얻을 수 있다. "누구든지 주(主)의 이름을 부르는 자는 구원을 받으리라"(롬 10:13)라고 성경은 우리에게 말씀해주고 있다. 예수께서 우리를 구원하시기 위하여 인간의 몸을 입고 오셔서 십자가를 지신 것을 마음으로 믿으면 누구나 다 구원을 받을 수 있다.

"주 예수를 믿으라 그리하면 너와 네 집이 구원을 받으리라"(행 16:31). 아멘.

CHAPTER 14

믿은 다음 지은 죄도

완전한 속죄

우리의 구원과 속죄는 사람으로 말미암은 것이 아니요 하나님으로 말미암은 것이기 때문에 완전하고 완벽하다. 구원이 우리 인간의 결심과 노력으로 말미암는 것이라면 절대로 완전할 수 없을 것이다.

그러나 구원은 사람으로 말미암은 것이 아니요 하나님으로 말미암은 것이기 때문에 정말 흠도 티도 없이 완전하고 완벽하다. 비록 우리 죄가 주홍 같을지라도 눈과 같이 희어질 것이요 진홍같이 붉을지라도 양털같이 희게 될 것이 틀림없다.

🔷 예수님의 성스러운 족보

마태복음 1장에 보면 예수님의 족보가 나온다. 예수님의 족보도 당시의 유대 전통을 따라 원칙적으로 여자의 이름이 기록되지 않았는데, 예외적으로 몇 여인의 이름이 기록되어 있다. 다말, 라합, 룻, 밧세바와 같은 여인의 이름들이다. 이 여인들의 공통점은 평범한 여인들이 아니었다는 것이다. 다말은 시아버지와 성관계를 가져 자식을 낳은 여인이요, 라합은 기생이었으며, 룻은 당시에 사람 취급을 받지 못하던 이방 여인이었고, 밧세바는 본시 우리야의 아내였던 사람으로, 한마디로 간통한 여자였다.

그와 같은 여인들이 다른 사람의 족보도 아니요 예수 그리스도의 성스러운 족보에, 그것도 예수님의 조상으로 기록되었다는 것은 쉽게 이해되지 않는다. 그러나 이 예수님의 족보가 우리에게 전해주는 놀라운 하나님의 메시지가 있다. 그것은 완벽한 하나님의 속죄이다. 그가 과거에 어떤 사람이었든지 하나님 앞에서 죄사함을 받고 구원을 얻으면, 그 모든 죄가 완벽하게 사하여져서 예수님의 족보에 들어가도 문제가 없을 만큼 깨끗하게 된다는 놀라운 메시지를 담고 있다.

다른 사람들의 이름도 중요하지만 그 여인들의 이름처럼 우리에게 중요한 것은 없다. 다말과 라합과 룻과 밧세바가 예수님의 족보에 기록되었다는 것처럼 우리에게 희망적인 메시지는 없다. 하나님의 속죄는 그처럼 완벽하다. 그러므로 우리는 우리의 모든 죄도 예수 그리스도의 십자가의 보혈로 완벽하게 속죄되었다는 사실을 알아야 한다.

"여호와께서 말씀하시되 오라 우리가 서로 변론하자 너희의 죄가 주홍 같을지라도 눈과 같이 희어질 것이요 진홍같이 붉을지라도 양털같이 희게 되리라"(사 1:18). 아멘.

🔲 사탄의 양심

1980년에 목사 안수를 받기 전 나는 심한 양심의 가책을 느꼈다. 어떻게 나와 같은 사람이 목사가 될 수 있을까 하는 번민 때문에 참으로 많이 고통스러웠다. 결국 목사 안수를 받지 말아야 한다는 데까지 생각이 미치게 되었다. 그러나 마지막 순간에 그것은 사탄의 시험이라는 것을 알게 되었다. 사탄은 처음에는 우리의 양심을 버리게 하는 것으로 유혹해온다. 그리고 일단 그 시험에 빠지게 되면 그다음에는 그렇게 버리게 했던 양심을 통해 우리를 시험한다. 나는 그것을 '사탄의 양심'이라고 부른다. 양심을 통하여 시험하는 그 시험이 사탄의 가장 고차원적인 시험 가운데 하나이다.

나는 사탄이 양심을 통하여 나를 괴롭히던 그때, 그리하여 나 같은 사람이 어떻게 목사가 될 수 있을까 깊이 고민하던 그때, 하나님께서 내가 목사가 되는 것을 기뻐하신다는 것을 알게 되었다. 사탄이 양심의 가책을 느끼게 했던 죄는 이미 하나님께서

"저도 자백만 하면 씻어주실 거예요?"

용서하여주신 죄라는 사실을 알게 되었다. 하나님께서는 십자가 보혈로 이미 그 죄를 완벽하게 속죄하셨다는 사실을 깨닫게 되었다. 그리고 그와 같은 죄인이 회개하고 용서함을 받아서 하나님이 귀히 쓰시는 목회자가 되었다는 사실을 통하여 영광 받으신다는 것을 알게 되었다.

사탄이 노린 것은 바로 이것이었다. 하나님의 완벽한 속죄를 의심케 하려던 것이다. 나는 당당히 안수를 받았다. 그것은 양심 없는 뻔뻔함이 아니었다. 바로 믿음이었다. 그 순간 나는 사도 바울의 "내가 나 된 것은 하나님의 은혜로 된 것이니"(고전 15:10)라는 말씀과 "우리 주 예수 그리스도의 십자가 외에 결코 자랑할 것이 없으니"(갈 6:14)라는 말씀을 이해할 수 있게 되었다. 그 말로 다할 수 없는 하나님의 은혜를 비로소 깨달을 수 있었다.

선량하고 양심적인 사람들 가운데 뜻밖에 사탄의 이와 같은 시험에 빠져 실수하는 사람들이 얼마나 많은지 모른다. 그것은 양심적인 것이 아니다. 오히려 믿음 없는 행위로서 하나님의 마음을 아프게 하고 속상하시게 하는 행동이다.

아이들이 잘못을 하면 혼을 내준다. 그리고 아이들이 잘못을 빌면 용서해준다. 아이들이 좋은 것은 혼이 나고도 용서만 받으면 조금 있다가 다 풀어져서 놀기도 하고 다시 와서 매달리기도 한다는 것이다. 어른 같으면 그 마음이 풀어지는 데 상당한 시간이 필요할 것이다. 그래서 애들이 좋은 것이다.

그런데 어느 날 내 아이가 잘못해서 혼을 내주고, 잘못을 빌어와 용서해주었는데, 그 아이가 스스로를 용서하지 않고 자기 방에 들어앉아 자기 머리통을 쥐어박으며 "아버지는 나를 용서해주셨지만 나는 나를 용서할 수 없어" 하며 괴로워하고 있다면 그것은 얼마나 어리석은 일인가? 그리고 얼마나 부모의 마음을 상하게 하는 일인가?

하나님도 우리가 잘못하면 우리를 혼내주신다. 그러나 우리가 우리 죄를 자백하면 하나님은 우리의 모든 죄를 다 사하여주시고 용서해주신다. 하나님이 용서해주셨으면 그 죄로부터 자유해야만 한다. 그것이 믿음이다. 그것이 자녀 된 도리이다. 그것은 절대로 뻔뻔한 것이 아니다.

🧊 십자가를 자랑하라

전에 나이 40이 넘도록 결혼을 하지 않고 혼자 사는 여자 성도 한 분을 알았다. 그처럼 교회에 열심일 수 없고 헌신적일 수가 없는 삶을 사는 분이었다. 그리고 말씀대로 살려고 참으로 힘쓰고 애쓰는 사람이었다.

그럼에도 불구하고 그의 얼굴은 늘 어둡고, 그의 삶에는 왠지 자유함이 없는 것처럼 느껴졌다. 나중에야 그 이유를 알게 되었는데, 그것은 대학생 시절 한 번의 실수로 순결을 잃은 적이 있었는데, 그 때문에 평생을 결혼도 하지 않고 그와 같이 어둡고 무거운 삶을 살고 있었던 것이다.

그러나 그것은 복음적인 삶의 자세가 아니다. 그는 틀림없이 하나님께 자신의 죄를 회개했을 것이고, 하나님은 틀림없이 그의 죄를 용서해주셨을 것이다. 그러면 그는 그 죄에서 자유함을 얻어야만 한다. 그러나 그는 하나님이 용서하여주신 죄를 스스로 용서하지 않고 평생 그 죄의 노예가 되어 살아가고 있었다. 하나님은 이와 같이 잘못된 생각을 가지고 살아가고 있는 우리를 향하여 다음과 같이 말씀하신다.

"그리스도께서 우리를 자유롭게 하려고 자유를 주셨으니 그러므로 굳건하게 서서 다시는 종의 멍에를 메지 말라"(갈 5:1).

아멘.

　하나님의 완벽한 속죄를 믿을 수 있기를 바란다. 사탄의 양심에 현혹되지 말라. 사탄이 그와 같은 시험으로 속일 때마다 하나님께서 그 모든 죄악을 사하여주셨음을 당당하게 선포하라. 그리고 그 놀라우신 하나님의 은혜를 찬송하라. 십자가를 자랑하라.

　"만일 우리가 우리 죄를 자백하면 그는 미쁘시고 의로우사 우리 죄를 사하시며 우리를 모든 불의에서 깨끗하게 하실 것이요"(요일 1:9). 아멘.

　"그런즉 누구든지 그리스도 안에 있으면 새로운 피조물이라 이전 것은 지나갔으니 보라 새것이 되었도다"(고후 5:17). 아멘.

CHRISTIAN BASIC

PART 4

천상의 네트워커
성경님

성령님은 누구신가?

CHAPTER 15

그분은
인격이셔요

성령님과 그분의 활동

예수님은 이 땅에 계실 때 제자들을 통하여 우리에게 자신이 승천하신 후 보혜사 성령을 우리에게 보내주겠다고 말씀하셨다.

"내가 아버지께 구하겠으니 그가 또 다른 보혜사를 너희에게 주사 영원토록 너희와 함께 있게 하리니"(요 14:16).

"보혜사 곧 아버지께서 내 이름으로 보내실 성령 그가 너희에게 모든 것을 가르치고 내가 너희에게 말한 모든 것을 생각나게 하리라"(요 14:26).

"내가 아버지께로부터 너희에게 보낼 보혜사 곧 아버지께로부터 나오시는 진리의 성령이 오실 때에 그가 나를 증언하실 것이요"(요 15:26).

성령이란 삼위일체 하나님 가운데 한 분으로서 하나님의 한 부분이 아니라 하나님 자신이시다. 삼위일체란 우리가 이미 잘 알고 있는 바와 같이 하나님에게는 삼위(三位), 즉 성부, 성자, 성령이 계신데, 그 삼위가 세 하나님이 아니고 한 하나님이시라는 교리이다. 그러므로 성령은 하나님께 속한 영이 아니라 하나님 그 자신이시다. 예수께서 승천한 다음 성령 하나님께서 우리에게 오셨는데, 예수님은 인간의 육체를 입고 우리와 함께 계셨던 하나님이시라면 성령님은 영으로 세상 끝 날까지 우리와 함께 계시는 하나님이시라고 할 수 있다.

🔷 세상 끝 날까지 함께하시는 성령

신앙생활을 올바로 하기 위해서는 창조주 하나님에 대한 바른 이해와 십자가에서 피 흘리심으로 우리의 모든 죄를 사하여 주신 예수님에 대한 바른 이해도 중요하지만, 예수님이 승천하신 이후 세상 끝 날까지 우리와 함께 계셔서 항상 역사하시는 성령님에 대한 바른 이해도 그 못지않게 중요하다.

하나님의 창조로부터 시작하여 그리스도의 화해를 거쳐 종말의 완성에 이르는 신학의 구원사적 구성에서 성령은 대단히 중요한 위치를 차지한다. 이는 성령의 사역이 창세기 1장부터 요한계시록 22장에 이르기까지 구원사 전체에 걸쳐 나타나기 때문이

아버지의 약속하신것 성령을 기다려라 …

우리는 무엇을 기다리며 사는가?

다. 그러나 성령의 가장 중요한 사역은 예수 그리스도께서 완성하신 구원 사건이 예수님의 재림과 종말 때까지 모든 세대에 연속적으로 이어져가게 하는 것이다.

2천 년 전 예수께서 십자가에 달려 돌아가심으로 완성하신 구원의 역사가 오늘 나에게 구체화되어야만 한다. 그렇지 않으면 그것은 단순한 역사의 사건에 불과할 뿐 나와는 아무 상관없는 일이 되고 말 것이다. 예수님의 십자가 사건은 우리 안에서 오늘 다시 현실화되어야만 한다. 그런데 그것을 실현하는 분이 바로 성령님이시다.

예수님이 승천하신 후에 우리에게 오셔서 우리와 함께하시는 하나님이 바로 성령 하나님이시다. 예수님은 이 땅에 오셔서 33년 동안 계셨지만, 성령님은 예수께서 승천하신 후 우리에게 오셔서 세상 끝 날까지 우리와 함께하실 것이다. 그리고 예수께서 완성하신 구원의 역사가 우리 개개인의 삶 속에서 다시 구체화되어 모든 사람이 하나님의 구원을 얻을 수 있도록 도와주시고 역사한다.

성령은 우리 개개인의 구원을 이루시기 위하여 다음 네 가지 일을 하신다.

첫째, 죄를 깨닫게 하신다.

요한복음 16장 8절에 보면, "그가 와서 죄에 대하여, 의(義)에 대하여, 심판에 대하여 세상을 책망하시리라"라는 말씀이 있다. 이 말씀은 성령께서 우리로 하여금 죄가 무엇인지, 의가 무엇인지, 심판이 무엇인지에 대하여 깨닫게 하실 것이라는 말씀이다. 성령으로 말미암지 않고는 우리는 우리 죄를 깨닫지 못할 것이다. 성령의 밝은 빛으로 우리 삶이 조명될 때 우리는 비로소 우리가 감히 하나님 앞에 설 수 없는 죄인이라는 사실을 깨달을 수 있다. 성령으로 말미암지 않으면 우리는 상대적인 의에 사로잡혀 자신은 죄인이 아니며 다른 사람들보다 나은 사람이요 더 나아가 의인이라고 착각하며 살아가게 될 것이다.

자신을 의인이라고 착각하는 한, 구원은 시작도 되지 않는다.

자신이 죄인임을 깨달을 때 우리는 비로소 구주이신 예수님을 생각할 수 있게 되고, 그분께 나아가게 되고, 그분을 붙잡음으로 구원을 이룰 수 있게 된다. 그러므로 자신이 죄인임을 깨닫고 인정하는 것처럼 구원에 중요한 일이 없는데, 바로 그 일을 성령께서 감당하신다.

🧊 기적을 낳는 사역

둘째, 그리스도를 알게 해주신다.

우리가 죄인이라는 사실을 아는 것만으로는 구원을 얻을 수 없다. 자신이 죄인임을 아는 것과 더불어 구원에서 중요한 것이 있는데, 예수님이 우리의 주님이심을 아는 것이다. 예수님이 우리의 주님이시라는 사실은 증명이 불가능하고 설명이 불가능하다. 그러므로 이 사실을 믿고 안다는 것 또한 불가능에 가까운 일이다. 그런데 그 불가능한 일을 성령께서 하신다.

고린도전서 12장 3절에는 "그러므로 내가 너희에게 알리노니 하나님의 영으로 말하는 자는 누구든지 예수를 저주할 자라 하지 아니하고 또 성령으로 아니하고는 누구든지 예수를 주(主)시라 할 수 없느니라"라는 말씀이 있다. 나는 내가 예수님을 나의 주님으로 인정하고 믿는 것이 얼마나 놀라운지 모른다. 나뿐만 아니라 세상에 수많은 사람이 예수 그리스도를 자신의 주님으로 고백하고 따른다는 것이 얼마나 신기한지 모른다.

그리고 이러한 기적들이 수천 년 동안 계속되어 왔고 앞으로도 계속될 것이라는 사실이 얼마나 놀라운지 모른다. 사람으로서 불가능한 그 일을 바로 성령께서 하고 계신다. 성령으로 말미암지 않고는 어느 누구도 예수를 주(主)시라 할 수 없다고 하셨다. 그것은 세상 모든 사람이 예수를 주(主)시라 시인하며 믿고 사는 일 모두를 성령께서 하셨다는 것을 의미한다.

셋째, 우리를 거듭나게 하시고 풍성한 그리스도인의 삶을 살 수 있는 힘을 주신다.

원죄를 지니고 태어나는 우리 인간이 죄에서 벗어나 온전한 그리스도인이 된다는 것은 불가능한 일이 아닐 수 없다. 온전한 그리스도인은 고사하고, 작은 성격이나 습관 하나를 고치는 것도 얼마나 어려운 일인지 모른다. 그러나 우리가 성령님을 의지하고 그분의 힘을 덧입으면, 성격과 습관을 고치는 것은 물론이요 온전히 거듭나 훌륭하고도 아름다운 그리스도인의 생활을 풍성히 누릴 수 있게 된다. 그것이 바로 성령이 하시는 매우 중요한 사역 가운데 하나이다.

성령은 우리를 거듭난 새사람이 되게 하신다. 요한복음 3장 5절에는 "진실로 진실로 네게 이르노니 사람이 물과 성령으로 나지 아니하면 하나님의 나라에 들어갈 수 없느니라"라는 우리가 아주 잘 아는 말씀이 있다. 성령은 우리를 거듭나게 하셔서 하나님나라에 들어가 살기에 부족함이 없는 존재가 되게 하신다.

성령은 우리로 하여금 풍성한 그리스도인의 생활을 하게 하신다. 갈라디아서 5장 16절 이하에는 다음과 같은 말씀이 있다.

내가 이르노니 너희는 성령을 따라 행하라 그리하면 육체의 욕심을 이루지 아니하리라 육체의 소욕은 성령을 거스르고 성령은 육체를 거스르나니 이 둘이 서로 대적함으로 너희가 원하는 것을 하지 못하게 하려 함이니라 너희가 만일 성령의 인도하시는 바가 되면 율법 아래에 있지 아니하리라 육체의 일은 분명하니 곧 음행과 더러운 것과 호색과 우상숭배와 주술과 원수 맺는 것과 분쟁과 시기와 분냄과 당 짓는 것과 분열함과 이단과 투기와 술 취함과 방탕함과 또 그와 같은 것들이라 전에 너희에게 경계한 것같이 경계하노니 이런 일을 하는 자들은 하나님의 나라를 유업으로 받지 못할 것이요 오직 성령의 열매는 사랑과 희락과 화평과 오래 참음과 자비와 양선과 충성과 온유와 절제니 이 같은 것을 금지할 법이 없느니라 갈 5:16-23

성령은 우리로 하여금 죄를 깨닫게 하실 뿐만 아니라 죄를 거스르게 하시고, 한 걸음 더 나아가 사랑과 희락과 화평과 오래 참음과 자비와 양선과 충성과 온유와 절제와 같은 그리스도인으로서의 성품을 갖게 하셔서 우리로 하여금 풍성한 그리스도인의 생활, 즉 천국생활을 영위하게 하신다.

🪨 성령으로 말미암지 않고는

넷째, 다른 사람에게 전도할 수 있는 능력을 주신다.

내가 믿는 것도 신비한 일이지만, 내가 남을 믿게 한다는 것은 더 신비한 일이 아닐 수 없다. 그것 또한 불가능한 일이라고 할 수 있다. 그런데 성령은 우리에게 다른 사람에게 복음을 전할 수 있는 능력을 주신다. 용기도 주고 지혜도 주신다. 그리고 놀랍게도 성령께서 역사하시면 우리의 전도를 통해서도 사람들이 예수를 믿고 영접하는 놀라운 역사가 일어난다.

우리가 잘 아는 사도행전 1장 8절에서 예수님은 "오직 성령이 너희에게 임하시면 너희가 권능을 받고 예루살렘과 온 유대와 사마리아와 땅끝까지 이르러 내 증인이 되리라"라고 말씀하셨다. 땅끝까지 예수의 증인이 되는 놀라운 능력을 성령이 우리에게 주신다는 말씀이다. 내가 시무했던 당시 동안교회의 청년들은 매년 1월에 아프리카의 에티오피아를 다녀왔는데, 말도 잘 통하지 않고 모든 면에서 서툴기 짝이 없는 청년들이 단지 열심 하나만 가지고 다녀오는데, 다녀올 때마다 놀라운 선교의 역사가 나타나는 것을 보았다.

사람들이 눈물을 철철 흘리며 회개하고 예수를 영접하는가 하면, 곳곳에 교회가 세워지는 역사가 일어나기도 했다. 그것이 바로 성령의 역사이다. 성령이 역사할 때 사람으로서는 도저히 불가능한 전도의 역사가 일어나게 된다. 성령은 그와 같은 사역을 통하여 지금까지 복음과 구원의 역사를 이어왔으며 앞으로도 계속해서 이어나가실 것이다.

성령은 하나님의 속성 중의 한 부분이 아니라 하나님 자체이시다. 성령 하나님은 특별히 예수님이 승천하신 후 우리에게 오셔서(물론 그 전에도 계셨지만) 우리와 함께 계시며 예수님을 통하여 이루신 구원의 사역을 개인화하는 일을 담당하신다. 또한 우리로 하여금 예수를 믿고 풍성한 그리스도인의 삶을 살며, 더 나아가 전도하는 삶을 살도록 구체적인 능력을 공급하는 하나님이시다.

성령으로 말미암지 않고는 우리가 죄인이라는 사실도 깨달을 수 없으며, 예수님이 나의 구주(救主)라는 사실도 믿을 수 없다. 또한 죄를 멀리하고 하나님을 가까이하는 그리스도인의 삶도 살 수 없으며, 땅끝까지 복음을 전해야 하는 우리의 소명을 완수할 수도 없다. 신앙생활에서 가장 중요한 것 가운데 하나는 성령 하나님을 인격적으로 만나는 것이다. 성령 하나님을 만나야 한다. 그리고 그 성령 하나님과 함께하는 성령 충만한 삶을 사모해야만 한다.

성령 하나님과의 인격적인 만남이 없이는 진정한 의미의 신앙생활이 이루어질 수 없다. 성령 하나님과의 인격적인 만남을 성경은 중생 또는 거듭남이라고 말씀한다. 예수님은 니고데모와의 대화에서 사람이 물과 성령으로 거듭나지 아니하면 하나님나라를 볼 수 없다고 단정적으로 말씀하셨다(요 3:3). 그뿐만 아니라 승천하시면서 마지막으로 제자들에게 당부하신 말씀도 바로 성령을 기다리라는 것이었다.

"그들에게 분부하여 이르시되 예루살렘을 떠나지 말고 내게서 들은 바 아버지께서 약속하신 것(성령)을 기다리라"(행 1:4).

성령 하나님과의 만남이 얼마나 중요했으면 승천하실 때 예수님이 당부하신 말씀이 성령을 기다리라는 것이었겠는가? 성령 하나님과의 인격적 만남을 사모하라. 기도하라. 그리하여 성령의 충만함을 받으라.

CHAPTER 16

기프티드

성령님이 주시는 은사

성령께서는 우리로 하여금 죄를 깨닫게 하시고, 예수를 구주(救主)로 믿게 하시며, 죄를 멀리하게 하셔서 우리로 풍성한 그리스도인의 생활을 하게 하신다. 그리고 한 걸음 더 나아가 우리로 하여금 전도인의 사명을 감당할 수 있는 능력을 주신다는 사실을 함께 살펴보았다.

그런데 성령께서는 우리가 그와 같은 일들을 감당할 수 있도록 우리에게 특별한 은사를 주신다. 성령의 은사에는 방언의 은사, 신유의 은사, 말씀의 은사, 봉사의 은사 등등 여러 가지가 있는데, 그 모든 것이 올바른 그리스도인의 삶을 가능하게 하기 위하여 우리에게 주시는 특별한 능력들이다. 은사를 받으면 은사를 받지 않은 사람은 도저히 해낼 수 없는 일을 쉽게 할 수 있게 된다. 성령은 능력이기 때문이다. 힘으로도 안 되고 능으로도 안 되는 일이 하나님의 영, 즉 성령으로는 가능하다.

성령의 능력은 은사를 통하여 나타난다. 그러므로 우리는 성령의 은사를 사모해야만 한다. 성령의 은사를 소홀히 여기거나 경홀히 여기는 것은 옳은 생각이 아니다. 예수를 믿고 예수 믿는 사람답게 살려면 반드시 성령의 은사를 받아야만 한다. 그 모든 삶이 성령의 은사를 통하여 가능하기 때문이다.

🧊 다양하나 동등한 은사들

성령은 하나이나 성령의 은사는 하나가 아니다. 성령의 은사는 아주 다양하다. 어떤 사람에게는 이런 은사를, 또 어떤 사람에게는 저런 은사를 주신다. 성령의 은사는 다양하나 서로 동등하다. 그러므로 구별은 할 수 있으나, 그것을 가지고 성도를 차별할 수는 없다. 은사는 크고 작은 것이 있을 수 없으며, 좀 더 귀하고 그렇지 못한 은사가 따로 있을 수 없다는 말이다. 그러므로 고린도교회가 서로 누구의 은사가 더 큰 은사인가를 놓고 다투었던 것은 잘못이다. 하나님은 그와 같은 잘못된 생각에 대하여 바울을 통하여 다음과 같은 말씀을 우리에게 주셨다.

은사는 여러 가지나 성령은 같고 직분은 여러 가지나 주(主)는 같으며 또 사역은 여러 가지나 모든 것을 모든 사람 가운데서 이루시는 하나님은 같으니 각 사람에게 성령을 나타내심은 유익하게 하려 하심이라 어떤 사람에게는 성령으로 말미암아 지혜의 말씀을, 어떤 사람에게는 같은 성령을 따라 지식의 말씀을, 다른 사람에게는 같은 성령으로 믿음을, 어떤 사람에게는 한 성령으로 병 고치는 은사를, 어떤 사람에게는 능력 행함을, 어떤 사람에게는 예언함을, 어떤 사람에게는 영들 분별함을, 다른 사람에게는 각종 방언 말함을, 어떤 사람에게는 방언들 통역함을 주시나니 이 모든 일은 같은 한 성령이 행하사 그의 뜻대로 각 사람에게 나누어주시는 것이니라

고전 12:4-11

성령의 은사는 다양하다. 그러므로 다른 누군가가 받은 은사를 내가 받지 못했다고 해서 그것이 곧 성령을 받지 못한 것은 아니다. 그리고 성령의 은사는 동등하다. 우월한 은사가 있고 열등한 은사가 있는 것이 아니다. 하나님께서 주시는 대로 받으면 된다. 어떤 은사이든 하나님이 주시는 대로 받으면 된다. 그리고 하나님이 주신 대로 그 은사를 활용하여 하나님이 원하시는 삶을 살고, 맡겨진 사역을 감당하려고 해야 한다.

은사에 맞는 삶을 사는 것이 가장 좋다. 괜히 인간적인 생각에 자기 은사대로 사는 삶을 비천하고 못난 것으로 오해하여 인간

적인 욕심을 가지고 엉뚱한 일을 하면서 사는 사람도 우리 주위에 얼마든지 많다. 그러나 그것은 어리석은 일이다. 성령의 은사는 다양하다는 것과 그것은 서로 동등하다는 사실은 바른 신앙생활을 위하여 반드시 알아두어야 할 중요한 내용이다.

🔲 은사라야 일이 즐겁다

은사에 맞지 않는 일을 하고 살면 일도 잘 안 되고 힘만 든다. 그러나 은사에 맞추어 하나님께 순종하는 마음으로 살면 사는 것이 얼마나 쉽고 즐거운지 모른다. 성령의 능력이 그 삶과 생활에 역사하기 때문이다. 성령 충만함과 은사를 사모해야 한다. 그리고 성령 충만함과 은사를 받아야만 한다. 하나님이 주신 은사를 따라 은사에 맞는 일을 하면서 살아야 한다. 그렇게 될 때 우리의 삶은 쉽고 즐거울 것이며, 한 걸음 더 나아가 능력 있는 삶을 살 수 있게 될 것이다.

나는 방언의 은사를 받지 못했다. 나는 하나님께로부터 다른 은사를 받았다. 그러므로 방언을 못 하지만 목회를 하는 데 별로 큰 문제가 없다. 내가 방언을 못 하기 때문에 자연히 방언에 대한 이해도 적다. 그래도 방언은 성경에 있는 은사이기 때문에 믿고 인정한다. 나는 방언의 은사가 왜 필요한지 정확히 잘 알지 못한다. 그러나 내가 아는 것 하나가 있다. 방언이 분명한 성령의 은사라는 것이다.

방언이 분명한 성령의 은사이기 때문에 방언의 은사를 받은 사람에게도 당연히 성령의 능력이 나타난다. 방언의 은사를 받은 사람들은 예수 믿는 일을 힘들어하지 않는다. 기도생활, 헌금생활, 봉사생활 등등 성령을 받지 않고 감당하려고 하면 다 십자가를 지는 것처럼 힘들고 어려운 일들을 그냥 기본으로 감당한다. 그것이 바로 성령의 능력이다.

힘들고 어려운 세상을 우리의 힘과 능력만으로 살아간다는 것은 불가능한 일이다. 그렇게 하면 우리는 백전백패의 삶을 살아갈 수밖에 없다. 그러나 아무리 힘들고 어려운 세상을 살아간다고 하여도 하나님의 능력을 덧입고 살아간다면, 우리는 어린 다윗이 골리앗을 이기고 승리하였듯이 험한 세상을 이기고 능히 승리하는 삶을 살아가게 될 것이다.

성령은 우리와 함께 계시는 하나님이시다. 천지를 창조하신 하나님과 함께하는 삶을 살 때 우리는 하나님의 능력을 덧입게 된다. 그래서 예수님은 "성령이 임하시면 너희가 권능을 받는다"고 말씀하셨다. 성령은 능력이다. 성령을 받으면 우리 자신에게 없는 능력이 생겨난다.

앞에서도 살펴보았지만, 성령은 우리가 상상할 수도 없는 큰 능력을 가지고 계신다. 우리가 흔히 쓰는 '영'(靈)이라는 말의 영어 단어인 'spirit'은 히브리어 'ruach'(루아흐)에서 번역된 말이다. 이 '루아흐'의 원래 뜻은 '숨'(breath), '바람'(wind), '영'(spirit)을 의미하는데, 그중 '바람'(wind)의 의미가 바로 능력이다.

이 바람은 태풍을 나타내는 말이다. 태풍은 배를 뒤엎고 나무를 송두리째 뽑아버린다. 바람은 불가항력적인 힘이다. 그런 의미에서 성령은 바람이다. 성령은 능력이다. 성령의 능력에 대해서는 여러 방면에서 이야기할 수 있지만, 가장 위대한 능력 가운데 하나는 우리로 하여금 욕심을 버리고 죄를 멀리하게 하는 능력이라고 할 수 있다.

🧊 욕심이냐 의욕이냐

성경은 죄의 삯을 사망이라고 말씀한다. 모든 사망의 원인이 죄에 있다는 말이다. 그런데 그 모든 사망의 원인이 되는 죄의 뿌리는 바로 욕심이다. 성경은 "욕심이 잉태한즉 죄를 낳고 죄가 장성한즉 사망을 낳느니라"(약 1:15)라고 말씀한다. 결국 우리 삶에서 가장 중요한 것은 우리 속에 있는 욕심을 버리는 것이라고 할 수 있다. 욕심만 버릴 수 있다면 죄를 멀리하며 정말 아름답고 근사한 삶을 살 수 있을 터인데, 그 욕심을 버린다고 하는 것이 말처럼 쉬운 일이 아니다. 어떻게 하면 욕심을 버리고 죄에 대하여 자유한 삶을 살 수 있는가?

우리로 하여금 욕심을 버리고 죄를 멀리하게 하여 성결한 삶을 살아가게 하는 힘과 능력은 바로 성령에게 있다. 그것이 바로 위대한 성령의 능력이다. 죄의 문제를 해결하려면 먼저 욕심의 문제를 해결해야만 한다. 왜냐하면 죄의 뿌리가 바로 욕심이기 때문이다. 욕심이 잉태해서 죄를 낳고, 죄가 장성해서 사망을 낳기 때문이다. 욕심의 문제를 해결하려면 먼저 가치관이 바뀌어야 한다. 왜냐하면 좀 더 나은 가치를 발견하게 되면 그보다 못한 가치에 대한 욕심은 자연히 없어지기 때문이다. 좀 더 나은 가치를 발견하는 것이 욕심을 버릴 수 있는 가장 확실한 방법이다.

100원밖에 모를 때는 100원에 대한 욕심을 버리기가 어렵다. 그러나 500원의 가치를 발견하게 되면 100원에 대한 욕심을 버릴 수 있다. 밭에 감추인 보화를 발견한 사람은 그동안 생명처럼 소중히 여겨오던 것을 다 팔아 그 밭을 살 수 있었다. 그는 그동안 소중히 여기던 것에 대한 욕심을 단번에 버릴 수 있었다. 좀 더 나은 가치를 발견했기 때문이다. 사도 바울은 예수 그리스도를 아는 지식이 가장 고상함을 깨달은 후 세상의 모든 자랑을 배설물과 같이 여겼다. 좀 더 나은 가치를 발견했기 때문이다.

그와 같은 이치에서 이 세상 것에 대한 욕심은 하나님나라 것을 보게 되는 발견을 통하여 버릴 수 있다. 하나님나라의 가치를 깨닫고 발견한 사람은 세상 것에 대한 욕심을 쉽게 버릴 수 있기 때문이다. 그에게 세상 것은 마치 배설물과 같기 때문이다. 500원에 대한 욕심 때문에 100원의 욕심을 버린다면, 그것은 욕심을 버린 것이 아니라 욕심이 더 커진 것이다. 그러나 하나님나라 것 때문에 세상 것에 대한 욕심을 버렸다면 그것은 정말로 욕심을 버린 것이다. 하나님나라에 대한 욕심은 단순한 욕심이 아니라 의욕이 되기 때문이다.

문제는 하나님나라를 보는 것이다. 땅에 살면서도 하나님나라를 볼 수만 있다면, 우리는 세상 욕심을 버리고 세상과 죄에 대하여 자유하는 근사한 삶을 살 수 있을 것이다. 그렇다면 어떻게 하나님나라를 볼 수 있는가? 물과 성령으로 거듭나면 볼 수 있다. 예수님은 사람이 물과 성령으로 거듭나지 아니하면 하나님나라를 볼 수 없다고 말씀하셨다(요 3:3). 물과 성령으로 거듭나면 하나님나라를 볼 수 있다는 말씀이다.

성령을 받으면 천국이 보인다. 천국이 보이면 세상에 대한 헛된 욕심이 사라진다. 욕심이 제어되면 죄에 대하여 자유로운 삶이 시작된다. 그것은 참으로 근사한 일이 아닐 수 없다. 놀라운 일이 아닐 수 없다. 그 일을 성령이 하신다. 그것이 바로 성령의 위대한 능력이다.

성령을 받아야만 한다. 그래야만 죄로부터 자유할 수 있다. 그래야만 하나님나라를 볼 수 있고, 하나님나라에 들어갈 수 있기 때문이다. 그래서 예수님은 우리에게 성령을 약속하신 것이고, 그래서 예수님은 우리에게 그 성령을 기다리라고 말씀하신 것이다.

🔷 성령은 어떻게 받는가

이미 살펴본 것처럼, 성령을 받지 않고는 신앙생활 자체가 불가능하다는 것을 알 수 있다. 예수님은 아예 사람이 물과 성령으로 거듭나지 아니하면 하나님나라에 들어갈 수조차 없다고 말씀하셨으며, 승천하실 때에도 예루살렘을 떠나지 말고 아버지의 약속하신 성령을 기다리라고 말씀하셨다. 온전한 그리스도인이 되려면 성령을 받아야만 한다. 그렇지 않으면 교회라는 집단과 사회의 한 멤버십을 가진 회원은 될 수 있을는지 모르나 진정한 의미의 크리스천은 될 수 없다. 예수를 믿는 신앙인에게 성령을 받는 것, 그리고 그 성령이 충만하여 살아가는 것만큼 중요한 것은 없다. 그러면 어떻게 성령을 받을 수 있는가? 여러 가지 방법이 있을 수 있겠지만, 가장 확실하고 분명한 방법 두 가지를 말하려고 한다.

첫째, 하나님의 말씀을 통하여 은혜를 받아야 한다.

성경은 하나님의 감동으로 기록되었다. 모든 글과 그림과 음악 속에 그 작가의 감동이 들어 있듯이, 하나님의 말씀인 성경에는 하나님의 감동이 있다. 성령의 감동이 있다. 그러므로 성령을 받으려면 먼저 성경을 읽어야 하고, 설교를 잘 들어야 한다. 성경을 읽거나 설교를 들을 때 은혜가 되면 그것이 바로 성령을 받은 증거이다.

그것이 가장 정확히 성령을 받는 방법이다. 말씀을 떠나 성령을 받기를 원한다면, 그것은 매우 위험한 일이 될 것이다. 하나님의 말씀을 떠나서도 얼마든지 감동할 수 있고, 마음과 삶이 뜨거워질 수 있다. 신비하고 이상한 일들을 일으킬 수도 있다. 그러나 신비한 능력이 있다고 해서 다 성령은 아니다. 악한 영에도 나름대로의 감동이 있고 우리가 상상할 수 없는 놀라운 능력이 있을 수 있기 때문이다.

그러므로 말씀을 통하여 성령 받기를 힘써야 한다. 성경을 읽고 묵상할 때나 설교를 들을 때, 은혜를 사모하는 마음으로 들어야 한다. 그렇게 들은 말씀을 삶에 실천하여 그 말씀의 열매를 거두며 기뻐하고 감동하며 은혜 받을 때, 우리의 삶 속에는 성령의 충만함이 임하게 된다.

🔲 성령 충만한 삶을 사모하라

둘째, 사모하는 마음으로 간절히 기도하는 것이다.

우리는 마태복음 7장 7,8절 말씀, 곧 "구하라 그리하면 너희에게 주실 것이요 찾으라 그리하면 찾아낼 것이요 문을 두드리라 그리하면 너희에게 열릴 것이니 구하는 이마다 받을 것이요 찾는 이는 찾아낼 것이요 두드리는 이에게는 열릴 것이니라"라는 말씀을 잘 알고 있다. 이 말씀은 모든 경우에 다 해당하는 말씀이라

우리는 무엇을 달라고 떼쓰며 사는가?

고 할 수 있다. 사업이 어려울 때나 건강이 나빠졌을 때 등등 어느 때나 하나님께 구하고 매달리면 하나님은 응답해주실 것이다. 그렇게 하라고 이 말씀을 우리에게 주셨다.

그러나 이 말씀을 통하여 우리가 하나님께 매달려 구하기를 가장 크게 원하시는 분은 성령이다. 성령 받기를 위하여 간절히 기도하기를 원하셔서 하나님은 "구하라, 찾으라, 두드리라" 말씀하셨다. 누가복음 11장 13절에도 똑같은 말씀이 기록되어 있다.

"너희가 악할지라도 좋은 것을 자식에게 줄 줄 알거든 하물며 너희 하늘 아버지께서 구하는 자에게 성령을 주시지 않겠느냐."

이 말씀을 보면 "구하라, 찾으라, 두드리라"는 말씀이 그 무엇보다도 성령을 받기 위하여 구하고 찾고 두드리라는 말씀이었다는 사실을 깨달을 수 있다.

하나님은 우리에게 그 무엇보다도 성령 주기를 원하신다. 그럼에도 불구하고 꼭 구해야만 주신다. 구하지 않는 자에게 주어진 성령은 마치 개에게 던져진 거룩한 것, 돼지에게 던져진 진주와 같기 때문이다. 그 대신 누구나 간절히 사모하는 마음으로 구하면 반드시 하나님은 성령의 충만함을 주실 것이다.

나는 아직 방언의 은사를 받지 못했다. 특별한 일이 없는 한 아마 나는 앞으로도 방언의 은사는 받지 못할 가능성이 많다. 하나님은 나에게 다른 은사를 주셨기 때문이다. 그러나 나의 큰아들은 방언의 은사를 받았다. 큰아들이 방언의 은사를 받은 까닭은 그 아이가 그 은사를 사모했기 때문이다.

큰아이가 고등학교 1학년일 때 교회 기도원에서 겨울 수련회가 열렸다. 그런데 하나님께서 그 집회에 크게 역사하셔서 그 집회에 참석한 아이 중 한 명만 제외하고 모든 아이에게 방언이 터지는 역사가 일어났다. 그런데 그때 방언을 받지 못한 아이가 바로 나의 큰아이였다. 신앙적으로 열심이 부족하여 그렇게 된 것이 아니라 하나님께서 우리 아이에게 다른 은사를 주기 위하여 그러셨다고 믿는다.

그러나 큰아이는 자기만 방언의 은사를 받지 못한 것이 못내

서운했던 모양이다. 다른 친구들이 다 잠이 든 틈에 기도원 옥상으로 올라가 울고 뒹굴면서 방언을 달라고 기도했다고 한다. 결국 하나님은 큰아이에게 방언의 은사를 주시고 말았다. 그렇게 떼를 쓰고 달라는데 안 주실 이유가 없으셨기 때문이다.

나는 이 사건을 통하여 성령을 받는 것이 참으로 쉽다는 것을 알게 되었다. 누구든지 한 바퀴만 울고 뒹굴면 받을 수 있다는 것을 알게 되었다. 농담 같지만 사실이다. 그렇게 간절한 마음으로 사모하면 하나님은 반드시 누구에게나 성령을 주실 것이 분명하다. 우리가 성령을 받지 못하는 이유는 하나밖에 없다. 간절히 사모하지 않기 때문이다. 병 낫기를 위해서는 울면서 기도하고, 사업의 성공을 위해서는 금식하며 기도했지만, 성령 충만함을 위해서는 별로 간절한 마음으로 하나님께 매달린 일이 없기 때문에 성령 충만함을 받지 못하게 된 것이다.

예수님은 승천하시면서 제자를 포함하여 자신을 따르던 무리에게 예루살렘을 떠나지 말고 아버지의 약속하신 것, 즉 성령을 기다리라고 말씀하셨다. 저들은 그 예수님의 말씀에 순종하여 예루살렘에 머물러 있는 것이 위험했음에도 불구하고 모여서 열심히 기도했다. 그러다가 몇 날이 못 가서 오순절 날이 되자 저들은 모두 성령의 충만함을 받았다.

오순절이란 유월절이 지나고 50일째 되는 날이다. 예수께서 마지막 유월절 잔치를 한 후 잡히시고, 십자가에 못 박혀 돌아가시고, 사흘 만에 부활하시고, 부활하신 후 40일 동안 세상에 계시다가 승천하신 것을 생각하면, 저들이 오순절 날 성령의 충만함을 받았다는 것은 열심히 기도한 지 일주일이 채 되지 않아 성령을 받았다는 계산이 나온다. 여기서 우리는 성령은 누구나 사모하는 마음으로 간절히 기도하면 몇 날이 못 가서 다 받을 수 있다는 사실을 깨달을 수 있다.

성령을 사모하라. 성령의 은사를 사모하라. 성령 충만한 생활을 사모하라. 그러기 위하여 성경을 보고 말씀을 사모하며 간절히 기도하라. 하나님께서 반드시 성령을 선물로 주실 줄로 믿는다. 성령 충만한 생활! 상상만 해도 얼마나 근사한 일인가? 이와 같은 삶이 가능하다. 성령으로 말미암아 우리 힘으로는 도저히 감당할 수 없는 일들을 감당해내는 놀라운 삶, 이 땅에 살면서도 천국을 살아가는 그 기막힌 삶이 가능하다.

CHAPTER 17

슬퍼하시는
성령님

성령 충만과 소멸

예수께서 베드로와 야고보와 요한과 함께 변화산에 올라가셨을 때, 산 아래 있던 제자들에게 귀신 들린 아이의 아버지가 아이에게서 귀신을 쫓아달라고 부탁했다.

이에 제자들은 예수께로부터 귀신을 쫓아내며 병을 고치는 능력과 권세를 받았으므로 쉽게 생각하고 아이에게서 귀신을 쫓아 내려고 힘써 시도해보았으나 실패하고 말았다. 제자들은 그것을 이해할 수 없었다.

저들은 전에 예수께로부터 받았던 그 능력과 은사가 아직도 자신들에게 있을 것이라고 생각했지만 그렇지 않았던 것이다. 제자들 스스로도 모르는 사이에 그와 같은 능력과 은사가 소멸되었다. 예수님은 그 이유를 묻는 제자들에게 "기도 외에 다른 것으로는 이런 종류가 나갈 수 없느니라"라고 말씀해주셨다. 그 말씀 속에는 그동안 제자들이 기도생활을 게을리하여 그와 같은 은사와 능력이 소멸되었다는 뜻이 담겨 있다.

🔷 성령은 언제 소멸되는가

성령은 소멸되기도 한다는 것을 알아야 한다. 많은 사람이 이 사실을 잘 알지 못하여 성령이 다 소멸하였는데도 과거에 받았던 성령과 그 은사와 능력이 아직도 남아 있는 줄로 착각하여 실수하는 경우가 얼마나 많은지 모른다. 그렇다면 성령은 언제 소멸되는가? 성령은 다음 세 가지 경우에 소멸된다.

첫째, 죄를 지으면 소멸된다.

성령은 우리가 죄를 지을 때 소멸된다. 예수님은 산상수훈에서 마음이 청결한 자가 하나님을 본다고 말씀하셨다. 하나님은 마음과 삶이 깨끗할 때 보이고 느껴진다. 마음과 삶이 깨끗하지 못하고 더러워질 때, 우리의 마음은 둔하여져서 하나님이 잘 보이지 않고 느껴지지도 않게 된다.

디모데전서 4장 2절에 보면 '화인(火印) 맞은 양심'이라는 말씀이 나온다. 죄를 반복하여 짓다 보면 양심이 화인을 맞아서 하나님께 대하여 둔감해지게 된다는 뜻인데, 그렇게 될 때 자연히 전에 받았던 성령도 소멸하게 된다.

그러므로 성령 충만한 생활을 하려면 죄를 멀리해야만 한다. 빛과 어두움이 함께할 수 없듯이 죄와 성령이 공존할 수는 없기 때문이다. 성령의 소멸에 대하여 우리가 정말 두려워하고 조심해야 할 죄는 크고 무서운 죄가 아니다. 오히려 그것은 아주 사소한 작은 죄이다.

성령이 소멸한다는 말은 이미 전에 받은 성령이 있다는 것을 의미하는 말인데, 성령을 받은 사람이 크고 무서운 죄로 인하여 단번에 무너지는 경우는 그리 흔치 않기 때문이다. 물론 사탄은 그러한 방법도 사용하지만, 사탄이 주로 성령을 받은 사람으로부터 성령을 소멸케 하기 위하여 짓게 하는 죄는 아주 시시하고 보잘것없는 하찮은 죄이다.

'이 정도쯤이야 죄라고도 할 수 없다'라고 느껴지는 것을 가지고 사탄은 성령 받은 사람을 공격한다. 그 정도는 다른 세상 사람들이 짓고 사는 죄에 비하면 정말 아무것도 아니기 때문이다. 그러나 그렇다고 해서 안심하고 방치하면 자기도 모르는 사이에 성령이 소멸되어버리고 만다. 성령의 충만을 늘 사모하고 성령의 소멸을 두려워하는 사람은 작고 사소한 죄를 경계해야 한다.

둘째, 영적으로 게으르고 나태하면 소멸된다.

성령과 성령의 은사는 죄를 지으면 소멸한다. 그런데 죄를 짓지 않고 그냥 가만히 있어도 성령은 역시 소멸한다. 귀신 들린 아이를 고치지 못한 제자들의 문제는 무엇인가? 제자들에게서 귀신을 쫓아내는 성령의 은사와 능력이 소멸된 것은 저들이 무슨 특별한 죄를 지어서가 아니었다. 저들에게서 성령이 소멸된 것은 그냥 가만히 있었기 때문이다. 저들은 그냥 가만히 있었기 때문에 성령의 은사도 그냥 가만히 있을 줄 알았지만 그렇지 않았다. 예수님은 저들이 기도생활을 게을리했기 때문에 성령이 소멸되었다고 말씀해주셨다.

매일매일 성경을 읽고 기도하는 생활을 게을리하면 성령은 자연스럽게 소멸된다. 두발자전거를 탈 때, 계속해서 앞으로 나아가지 않으면 넘어지게 되어 있다. 그러므로 넘어지지 않으려면 계속 앞으로 나아가야만 한다.

신앙생활도 마찬가지다. 앞으로 나아가지 않으면 넘어지게 되어 있다. 자전거를 타는 경우 특별한 사람들은 두발자전거를 타고 뒤로도 가고 제자리에 서 있기도 한다. 그러나 신앙생활에서는 그와 같은 특별한 경우가 없다. 누구든 조금씩이라도 꾸준히 앞으로 나아갈 때에만 성령 충만한 생활을 견지할 수 있다.

신앙생활에서 '왕년의 전력'으로 버티려 하지 말래!

그래서 사도 바울은 상당한 신앙의 경지에 이르렀음에도 불구하고 뒤돌아보지 않고 푯대를 향하여 예수께 붙잡힌 바 된 것을 잡으려고 좇아간다고 고백했던 것이다.

🔹 가만히 있어도 없어지는 은사

셋째, 쓰지 않으면 소멸된다.

본시 은사는 쓰라고 주신 것이다. 그러므로 은사를 하나님의 뜻대로 쓰지 않으면 은사는 자연히 소멸된다. 물질은 축복이 아니고 은사이다. 사람들은 흔히 물질을 축복이라고 이야기하지만, 엄밀히 말하면 물질은 축복이 아니라 은사이다. 물질은 누리라고 주신 것이 아니라 하나님의 뜻대로 쓰라고 주신 것이다. 그런데 사람들은 물질을 하나님의 뜻대로 바로 쓰지 않고 자신의 욕심을 따라 사용하며, 그것을 축복으로 누리려고 한다. 그러면 하나님은 그에게서 물질을 빼앗아가 버리신다. 그에게 물질을 주신 목적은 그것이 아니기 때문이다.

성경에 나오는 어리석은 부자가 그 대표적인 사람이라고 할 수 있다. 그는 물질뿐만 아니라 생명까지 빼앗기고 말았다. 은사와 재능은 쓰면 늘고, 안 쓰면 줄고 소멸한다. 그것이 하나님의 법칙이다. 성령 충만한 생활을 하려면 하나님이 주신 은사를 잘 활용하여 다섯 달란트 맡은 종과 같이 충성스러운 하나님의 종이 되어야 할 것이다.

하나님은 데살로니가전서 5장 19절에서 "성령을 소멸하지 말라"고 말씀하셨다. 또한 에베소서 5장 18절에서 "오직 성령으로 충만함을 받으라"고 말씀하셨다. 한 번 받은 은혜에 만족하지 말고 늘 은혜에 주리고 목마른 자들이 되어야 한다. 늘 성령의 충만함을 사모하면서 신앙생활을 해야 한다. 그러기 위하여 늘 성경을 읽고 기도하여 경건한 생활에 힘쓰며, 하나님께서 주신 은사를 잘 활용해야 한다.

세상 유혹에 빠져 범죄하고 나태하고 게을러서, 또는 욕심 때문에 하나님이 주신 은사들을 사용하지 않고 그대로 두면 받았던 성령도 소멸되어 없어지고 말 것이다. 늘 주(主) 안에서 경건에 이르기를 연습하며 반듯하고 깨끗한 삶을 살고, 하나님이 주신 은사를 잘 쓰고 활용하여 하나님이 주신 성령을 소멸치 않고 성령 충만한 삶을 살아갈 수 있기를 바란다.

CHRISTIAN BASIC

PART 5

건물이냐
공동체냐?

교회론

CHAPTER 18

에클레시아
투 데우

교회란 무엇인가?

교회란 예수 그리스도를 주(主)로 믿는 사람들의 공동체이다. 신약 시대에는 이를 '에클레시아'(ekklesia)라고 불렀다. 대중 속에서 불러냄을 받은 사람들이라는 뜻이었다. 교회는 예배당, 즉 건물을 의미하는 것이 아니다. 물론 하나님께 예배드리는 예배당도 중요하지만 예배당이 곧 교회가 되는 것은 아니다. 교회란 건물을 의미하는 것이 아니라, 예수를 주(主)로 믿고 고백하며 그에게 충성할 것을 다짐하는 사람들의 공동체이기 때문이다.

이와 같은 정의는 바른 신앙생활을 하는 데 매우 중요하다. 큰 예배당을 건축한다고 좋은 교회가 되는 것이 아니라 좋은 믿음의 공동체를 형성할 때 좋은 교회가 된다는 사실을 우리에게 가르쳐주기 때문이다.

🧊 교회 건축은 계속된다

때때로 우리는 이 중요한 사실을 잊어버리고, 훌륭한 예배당을 건축하는 일에는 생명을 걸면서도, 정작 더 중요한 사명인 교회를 세워나가는 일에는 등한히 하는 우를 범하곤 한다.

훌륭한 예배당을 건축하는 일도 중요하다. 좋은 교회가 되기 위해 필요한 좋은 건물을 갖는 일도 중요한 일 중 하나이기 때문이다. 그러므로 무조건 예배당 건축을 부정적으로만 보는 것도 성경적인 것은 아니다. 다윗과 솔로몬이 하나님의 성전을 짓기 위해 어떻게 최선을 다했는지 우리는 알고 있다. 그와 같은 모습에서 우리는 저들의 하나님 사랑하는 마음을 읽을 수 있다. 그러므로 예배당 건축을 무조건 부정적으로 생각하는 것은 옳지 않다.

그러나 그럼에도 불구하고 예배당 건축이 교회의 가장 중요한 일이 되어서는 안 된다. 때때로 예배당을 건축하면서 교회의 좀 더 중요한 사명을 뒤로하고 소홀히 여기는 경우가 있는데, 그것은 잘못된 일이다. 그렇게 되면 예배당을 건축하다가 교회를 무너트리는 엉뚱한 결과를 초래할 수 있다.

설마 그렇겠는가 하겠지만 그렇지 않다. 실제로 그런 교회들

설교자는 교인들의 반응이 썰렁할지라도 하나님의 말씀이면 전한다.

이 주위에 얼마나 많은지 모른다. 큰 예배당을 건축하다가 교회가 약해지는 경우를 우리는 얼마든지 찾아볼 수 있다.

우리는 교회에 대한 정의를 분명히 해야 할 필요가 있다. 그것이 정확하지 않을 때는 커다란 예배당에 속아 건강하고 아름다운 교회를 놓치게 되기 때문이다. 교회는 건물이 아니라는 사실을 잊지 말자. 교회는 예수 그리스도를 주(主)로 믿고 고백하는 믿음의 공동체라는 사실을 한시도 잊어서는 안 된다.

내가 섬기던 당시, 동안교회도 큰 예배당을 건축했다. 건평 3,300평 규모로 약 100억 원의 예산이 투입된 큰 공사였다. 교회 건축을 앞두고 나는 몇 번에 걸쳐서 교회 건축에 관한 설교를 했다. 그 첫 번째 설교가 교회 건축은 교회의 제일가는 사명이 아니라는 내용의 설교였다.

설교를 들은 교인들이 웃으면서 "교회를 짓자는 겁니까, 말자는 겁니까?" 하고 물었다. 나는 짓자는 것이라고 대답했다. 교회 건축이 교회의 제일가는 사명이 아니라는 사실을 먼저 알아야만 제대로 된 교회를 건축할 수 있다고 대답해주었다. 교회를 건축하는 동안에도 교육과 선교와 구제를 등한히 하지 않으려고 나름대로 애를 많이 썼다. 교회 건축 중에 교회 밖에서 시행된 예산을 계산해보니 약 20억 원 정도 되었던 것 같다. 물론 많이 힘들었다. 그러나 그래야만 단순히 예배당 건축에서 끝나지 않고 진정한 교회의 건축이 이루어진다고 생각했기 때문에 일부러 사서 한 고생이나 마찬가지였다. 힘은 들었지만 그것 때문에 결과적으로 건강한 교회로 성장할 수 있었다고 확신한다. 아름다운 예배당을 건축했다는 것도 감사하지만, 그 예배당을 건축하는 동안 아름다운 교회를 잊지 않았다는 것이 나로서는 더 감사하고 자랑스러운 일이다.

교회 청년들이 세배를 와서, 목회하면서 가장 기뻤던 때가 언제였느냐고 물었던 적이 있다. 내가 쉽게 대답하지 못하자 한 청년이 예배당을 완공했을 때가 아니냐고 되물었다. 나는 그 청년에게 "물론 예배당을 완공했을 때도 말로 다할 수 없이 기뻤지만 나는 아직 '교회 건축'이 끝나지 않았다고 생각한다"고 대답해주었다. 눈에 보이는 예배당 건축은 끝났지만 좀 더 중요한 교회는 아직도 건축 중이라고 생각했다. 예배당 건축 때보다 더 많은 정성과 기도로 정말 좋은 교회를 건축해가기 위해 나는 평생을 수고하고자 했다. 교회란 무엇인가를 제대로 이해하는 것은 바른 신앙생활과 목회생활을 위해 매우 중요하다. 예배당(건물)을 교회로 이해해서는 안 된다.

CHAPTER 19

머릿돌

교회의 기초

공부를 하든지 운동을 하든지, 그것을 끝까지 잘하려고 하면 무엇보다 기초를 튼튼히 해야만 한다. 기초가 튼튼하지 못하면 공부도 끝까지 잘할 수 없고 운동도 끝까지 잘할 수 없다. 집을 지을 때도 마찬가지다. 집을 아름답고 튼튼하게 지으려면 보이지 않는 기초를 튼튼히 해야만 한다. 기초가 튼튼해야 단단하고 아름다운 집을 마음껏 지을 수 있다.

반석 위에 세운 교회

교회도 마찬가지다. 훌륭하고 아름다운 교회, 건강한 교회를 이루려면 무엇보다 교회의 기초가 튼튼해야만 한다. 그 교회의 기초가 무엇이냐에 따라, 다시 말해서 교회를 무엇 위에 세우느냐에 따라서 교회 성숙의 성패가 좌우된다고 할 수 있다. 예수님도 지혜로운 사람은 반석 위에 집을 짓지만, 어리석은 사람은 모래 위에 집을 짓는다고 말씀하셨다. 반석 위에 세운 집과 모래 위에 세운 집이 있듯이 교회도 반석 위에 세운 교회와 모래 위에 세운 교회가 있다. 반석 위에 세운 교회는 세태의 영향을 받지 않는다. 그러나 모래 위에 세운 교회는 그렇지 않다. 세월이 좋을 때는 부흥하고 성장하는 듯하다가 세월이 조금만 어려워지면 금세 그 영향을 받아 무너지고 쓰러지고 만다.

한국교회는 1970, 1980년대에 들어서면서 급성장했다. 그러다가 1990년대에 들어오면서 갑자기 정체기를 맞았고, 짧은 시간의 침체기를 거쳐 쇠퇴기에 들어서는 것이 아닌가 우려할 만큼 교회가 약해지기 시작했다. 많은 사람은 그 이유를 세상과 시류의 변화에서 찾으려고 한다. 예를 들어 국민소득이 높아지면 교회는 자연히 성장을 멈춘다는 식이다. 그들은 구체적으로 교회가 성장을 멈추는 시점이 국민소득 7천 불에서 만 불 사이라고 제시하기도 했다.

물론 어느 정도 근거가 있는 말이라고 할 수 있다. 그러나 그것이 교회가 성장을 멈추고 정체와 침체를 거듭하는 근본적인 이유는 아니다. 가장 중요한 이유는 교회의 기초가 약하다는 것이다. 기초가 약하기 때문에 조금만 바람이 불고 비가 와도 곧 어려움을 당하게 된다. 세월을 탓하기 전에 교회는 그 기초를 튼튼히 해야 한다. 지금이라도 교회가 정신을 차리고 기초를 튼튼히 하기 위해 노력하고 기도한다면, 부흥하고 성장하는 훌륭하고 튼튼한 교회를 이룰 수 있으리라 믿는다.

힘들고 어려울 때 한국교회는 우리 교회가 모래 위에 세운 교회가 아닌가 반성해보고, 주(主)의 몸된 교회를 반석 위에 세우기 위해 수고하고 노력하며 기도해야 할 것이다.

🟦 대어와 그랜저

어느 교회 남선교회가 주최하는 전도집회의 강사로 간 적이 있었다. 사흘 동안 저녁 집회만 있는 집회였는데, 둘째 날 집회를 마치고 교인들과 인사를 나누는 자리에서였다. 40대 후반쯤으로 보이는 어떤 남자 집사님 한 분이 그 교회 담임목사님과 악수하면서 "목사님, 제가 오늘 대어(大魚) 하나를 낚았습니다"라고 씩씩하게 이야기했다.

대어를 낚았다고 하면 어쨌든 큰 사람을 전도했다는 의미인데, 도대체 누구에게 전도하고는 대어라고 하는지 한참 궁금하여 그 집사님에게 물었다.

"집사님, 누구를 전도하셨는데요?"

그러자 그는 아주 자랑스럽게 이렇게 대답했다.

"네, 제가 오늘 그랜저 타고 다니는 사람 하나를 전도했습니다."

당시엔 그랜저가 최고급 승용차였다. 그 말을 듣는 순간 좀 우습기도 했지만 마음이 아주 씁쓸했다. 그 집사님이 무안해할까봐 대놓고 이야기하지는 못했지만, 속으로 나는 '그럼 버스 타고 다니는 사람들은 죄다 피라미란 말인가?!'라고 되묻고 있었으니 말이다. 벌써 오래전 일이다. 하지만 나는 아직 그 일을 잊지 않고 있다. 별것 아닌 것 같지만 오늘날 한국교회의 문제가 바로 거기에 있다고 생각하기 때문이다.

기독교는 고급 자동차를 타고 다닌다고 해서 그것을 죄악시하는 금욕적인 종교가 아니다. 그랜저를 타고 다닌다고 대단하게 여길 필요도 없지만, 반대로 그랜저를 타고 다니는 사람이라고 해서 그것을 죄악시하거나 정죄한다면 그것도 옳지 않다. 형편이 된다면 그랜저도 탈 수 있고 벤츠도 탈 수 있다. 그러나 그것을 타고 다니는 사람이라고 해서 그를 대어라고 부르면 안 된다. 적어도 교회에서는 안 된다. 왜냐하면 그것은 하나님의 뜻과 너무나 동떨어지기 때문이다. 그런데도 많은 한국교회에 이런 생각이 퍼져 있다. 고급 승용차를 타고 다니는 교인은 알게 모르게 대어 대접을 받고, 버스나 전철을 타고 다니는 교인들은 피라미 취급을 받는다. 이런 것이 아주 보편적인 양상이 되어버리고 말았다.

교회의 중직인 장로와 집사, 그리고 권사를 뽑을 때, 보통 사람들이 가장 주된 기준으로 삼는 것은 무엇인가? 학력과 경제력, 그리고 저들의 세상적인 지위다. 그것은 교회가 그와 같이 세상적인 것들을 중히 여겨 그것으로 교회의 기초를 삼고 있음을 의미한다.

앞에서도 이야기했지만, 기독교는 돈이나 지위, 명예 등을 죄악시하는 종교가 아니다. 그와 같은 것들도 중요하다. 바울의 로마 시민권과 같이 교회와 주님을 위해 쓰면 좋은 것들이다. 그러므로 얼마든지 교회의 중직을 선거할 때 참고할 수 있다. 그렇지만 교회에서는 그것을 가장 중요한 것으로 여겨서는 안 된다. 그것으로 교회의 기초를 삼아서는 안 된다.

오늘날 한국교회가 바로 이런 경향 때문에 기초부터 흔들리고 있다는 사실을 바로 알아야 한다. 물론 이런 것들도 교회에서는 중요하다. 그렇더라도 교회의 가장 중요한 기초가 될 수는 없는 것들이라는 말이다.

🪨 교회의 기초

예수님은 제자들에게 "사람들이 나를 누구라 하느냐?"라고 질문하셨다. 제자들은 더러는 세례 요한, 더러는 엘리야, 어떤 이는 예레미야나 선지자 중의 하나라고 말한다고 대답했다. 비슷한 대답이기는 했지만 정답은 아니었다. 그러자 예수님은 제자

우리 교회의 기초는 시류에 흔들리지 않는 반석 위에 서 있는가?

들에게, "그러면 너희는 나를 누구라 하느냐?"라고 물으셨다. 그
때 베드로가 "주는 그리스도시요 살아 계신 하나님의 아들이시
니이다"라고 대답했다. 정답이었다. 예수님은 베드로의 그 신앙
고백을 칭찬하시며 "내가 이 반석 위에 내 교회를 세우리라"라고
말씀하셨다.

베드로란 이름의 뜻은 우리가 잘 아는 바와 같이 '반석'이다.
예수님은 베드로의 이름을 생각하시면서 그와 같이 말씀하셨다.
그러나 그것은 베드로라는 사람 위에 교회를 세우시겠다는 뜻이
아니었다. 베드로의 베드로다운 신앙고백 위에 교회를 세우시겠

다는 것으로, 예수님이 말씀하신 '이 반석'이란 베드로가 아니라 베드로의 신앙고백을 말한다.

교회의 기초는 이 베드로의 신앙고백처럼 철저하고도 정확한 신앙고백 위에 세워져야만 한다. 교회의 구성원인 교인들 한 사람 한 사람이 예수 그리스도를 자신과 교회의 주(主)로 인정하고 살아 계신 하나님으로 고백할 때, 그 교회는 반석 위에 세운 교회가 된다.

오늘날 많은 교인에게 이러한 분명한 신앙고백이 부족하다. 대부분의 교인에게 하나님은 실제로 저들의 주(主)가 아니시다. 입으로는 하나님을 주라고 고백하지만, 실제 저들의 삶에서 그 주인은 하나님이 아니라 자기 자신이다. 오늘날 많은 교회가 있지만, 하나님은 실제로 저들 교회의 주인이 아니시다. 입으로는 하나님이 교회의 주인이라고 하지만, 실제로 목사와 장로 같은 사람들이 사사롭게 교회의 주인 노릇을 하는 교회가 얼마나 많은가!

교회가 가난하고 어려웠던 예전에는 교회의 주인 노릇을 하려고 드는 사람들이 많지 않았다. 가난하고 어려운 교회의 주인이 된다는 것은 교회의 십자가를 진다는 의미이기 때문에 사람들은 좀처럼 교회의 주인이 되려고 하지 않았다. 교회의 주인 노릇을 한다는 것은 그만한 책임을 져야 한다는 의미다. 그러나 요즘 교회가 성장하고 부유해지면서부터 부쩍 교회의 주인이 되려고 하는 사람들이 많아졌다. 크고 부유한 교회의 주인이 된다는 것은 십자가를 지겠다는 뜻이 아니라 면류관을 쓰겠다는 뜻이다.

교회가 성장하면서부터 오히려 교회는 약해지고 있다. 왜냐하면 교회가 성장하면서 하나님이 교회의 주인이 되지 못하고 사람이 교회의 주인이 되는 일이 빈번해졌기 때문이다. 사람이 주인이 되고, 돈과 명예와 세상적인 권력과 지위가 교회의 실제적인 기초가 되면서, 인간적인 방법과 정치적인 수단으로 교회를 좌지우지하는 풍조가 생겼고, 세상에는 이런 교회가 꽤 많아졌다. 그러나 이런 교회는 모래 위에 지은 집과 같아서 잠시 부흥하고 성장하는 것 같다가도 외우(外憂)와 내환(內患)을 이겨내지 못하고 결국은 약해져서 무너질 수밖에 없다.

● 바른 신앙고백으로

교회가 가난하고 약할 때는 오히려 교회의 기초가 튼튼할 수 있어서 별 문제가 없다. 그래서 교회는 성장하고 발전할 여지를 갖게 된다. 그러나 교회가 성장하고 발전할 때는 오히려 교회의 기초, 즉 하나님이 교회의 주인이시라는 신앙고백이 약해지기 쉽다. 그렇기 때문에 교회는 발전하고 성장할 때 오히려 위험하다. 오늘날 우리 한국교회가 바로 그와 같은 상황에 처했다고 할 수 있다.

기초가 튼튼한 교회가 좋은 교회다. 그런 교회는 계속 부흥

할 수 있으며 외우와 내환에도 끄떡없이 발전할 수 있다. 교회의 기초는 "주(主)는 그리스도시요 살아 계신 하나님의 아들이시니이다"라는 신앙고백이어야 한다. 교회의 기초는 돈이 될 수 없고 사람이 될 수도 없다. 인간적인 수단이나 방법도 교회의 기초가 되어서는 안 된다. 돈과 사람과 인간적인 지혜는 믿음의 기초 위에 세워질 때만 가치가 있고 소용이 있다. 그렇지 않으면 위험하다. 믿음의 기초가 없는 돈과 사람과 지혜는 약한 데서 끝나지 않으며 악한 것으로 발전하기 때문이다.

하나님을 자신과 교회의 주(主)로 고백하는 바른 신앙고백으로 교회의 기초를 삼고, 세상적인 수단과 방법이 아닌 하나님의 방식과 법도로 바른 교회 정치를 하는 교회가 좋은 교회이고 건강한 교회이자 아름다운 교회다.

CHAPTER 20

사교클럽과는 달라야지

교회의 목적

푯대가 없는 사람은 경주할 수 없다. 목적지가 없는 사람의 삶은 결국 방황과 방랑으로 귀결될 수밖에 없다. 사람이 무엇을 하든지 그 일을 끝까지 훌륭하고 아름답게 완수하려면 무엇보다 그 일을 하는 목적이 무엇인지 분명히 알고 그것을 놓치지 않는 것이 중요하다. 그것은 교회도 마찬가지다. 사탄이 주(主)의 몸된 교회를 변질시켜 약하게 만들려고 할 때 주로 쓰는 수단이 바로 교회의 목적을 잊어버리게 하는 것이다. 목적을 잃어버린 교회, 목적이 변질된 교회는 더 이상 훌륭한 교회가 될 수 없고 힘 있는 교회가 될 수 없기 때문이다. 오늘날 어떤 교회는 이와 같은 사탄의 전략에 휘말려 교회답지 못한 교회로 전락해가기도 한다. 우리는 교회가 늘 하나님 앞에 반듯하고 아름답게 서도록, 교회의 목적이 무엇인지를 분명히 하고 그것을 지켜가기 위해 힘써야 한다. 목적이 분명한 교회가 좋은 교회이기 때문이다.

◉ 제일가는 목적은 예배

교회의 제일가는 목적은 하나님께 드리는 예배에 있다. 신학적 편의상 교회를 유형의 교회와 무형의 교회로 나눈다. 유형의 교회는 눈에 보이는 교회당을 의미하는 것이라 할 수 있고, 무형의 교회는 그 교회당을 중심으로 모인 교인들의 모임(시공을 초월한 우주적인 모임)이라고 할 수 있다. 유형의 교회를 건축하는 목적은 하나님께 예배하기 위함이다. 그래서 우리는 유형의 교회를 쉽게 예배당(禮拜堂)이라고 부른다. '예배하는 집'이라는 뜻이다. 물론 무형의 교회의 목적도 하나님께 예배드리는 것이다. 예배당을 중심으로 교인들이 모이는 가장 중요한 이유와 목적도 하나님께 신령과 진정으로 예배를 드리기 위함이다.

건강한 신앙생활을 위해 우리가 가장 신경 써야 할 것은 당연히 예배다. 우리가 드리는 예배가 습관적이거나 형식적인 것이 되지 않도록 언제나 마음을 써야 한다. 마음을 다하고 뜻을 다하고 정성을 다하여 하나님이 기뻐 받으실 예배를 드려야 한다. 그렇게 할 때 우리의 예배는 진정 살아 있는 예배가 된다. 우리의 예배가 살아 있는 예배가 될 때 우리는 살아 계신 하나님의 임재를 느낄 수 있으며, 그와 같은 예배를 통해 하나님의 은혜와 능력을 체험할 수 있게 된다.

건강하고 아름다운 교회가 되기 위해 단연 힘써야 할 부분도 바로 우리가 드리는 예배다. 교회는 예배가 살아 있어야 한다. 예배가 타성에 젖어 있거나 경직된 교회는 절대로 좋은 교회가 될 수 없다. 힘 있는 교회가 될 수 없다. 부흥하고 성장하는 교회가 될 수 없다. 세상의 모든 아름답고 능력 있는 교회를 보라. 그 교회에는 공통적으로 예배가 살아 있다.

어느 교인 한 사람이 하나님께 감사헌금을 드리면서 봉투에 '예배의 기쁨을 회복시켜주셔서 감사합니다'라고 표기한 것을 보았다. 한 청년은 편지에서 "최근 예배를 드릴 때 울든 웃든, 늘 은혜를 받습니다. 울지도 않고 웃지도 않고 예배를 드린 적이 없습니다"라고 이야기해주었다. 예배에는 기쁨이 있다. 예배에는 은혜가 있다. 예배에는 감동과 감격이 있다. 그것을 모르고 영적 불감증에 걸린 채 평생 교회 뜰만 밟고 다니는 사람들도 많다. 평생 은혜의 깊은 물을 체험하지 못하고 얕은 물가에서만 첨벙거리며 사는 사람들이 얼마나 많은지 모른다. 하나님은 오늘도 신령과 진정으로 하나님께 예배할 자를 찾고 계신다. 요즘 당신의 예배는 어떤가? 요즘 교회의 예배는 어떤가?

예배라고 할 때 우리는 교회에서 드리는 예배만 생각하기 쉽

WORSHIP? OR FRIENDSHIP ·····?

교회는 사교 모임이 아니라 예배 공동체이다.

다. 그러나 그것만이 예배는 아니다. 예배를 영어로는 'service'
라고 한다. 그야말로 예배란 하나님께 'service' 하는 것이기 때
문이다. 하나님께 서비스한다는 것을 나는 다른 말로 '주를 기쁘
시게 함'이라고 풀이하고 싶다. 그러므로 교회에서 드려지는 정
규적인 예배뿐만 아니라 일상적인 사회생활과 가정생활, 그리고
교회생활에서 주를 기쁘시게 하려는 모든 일이 다 하나님께 드리
는 예배가 된다고 할 수 있다.

🧊 주를 기쁘시게 하려면
경기도 지방에서 여러 교회가 연합하여 제직수련회를 가진 적

이 있었다. 사흘 동안 저녁에만 모이는 집회였는데, 집회 전에 여러 교회에서 모인 목사님들과 함께 식사할 기회가 있었다. 그런데 그들은 나에게 한번 물어보지도 않고 나를 보신탕 집으로 데려갔다. 보신탕을 아주 잘하는 집이라고 했다. 아마도 목사님들 대부분이 보신탕을 좋아하기 때문에 나도 으레 보신탕을 좋아하겠거니 생각한 모양이다.

그러나 공교롭게도 나는 보신탕을 먹을 줄 모르는 사람이다. 왜냐하면 나는 지독한 애견가 중 한 사람이기 때문이다. 본래 형제 없이 외롭게 자라서 개나 고양이라면 어려서부터 형제처럼 가까이하며 살았다. 남이 보신탕을 먹는다고 그것까지 허물하지는 않지만, 나 자신은 체면으로라도 먹을 수 없는 것이 바로 이 보신탕이다. 눈앞이 캄캄했다. 저녁을 굶게 되어서가 아니라 내가 보신탕을 먹지 못하는 줄 알면 그들이 얼마나 난처해할까 하는 그 점이 염려되어서였다. 그러나 다행히 큰 어려움 없이 난처한 상황을 모면할 수 있었다. 왜냐하면 그들이 보신탕을 너무나 좋아한 나머지 허겁지겁 보신탕을 먹느라 강사가 보신탕을 먹는지 못 먹는지 신경 쓰는 사람이 없었기 때문이다. 참으로 다행스러운 일이 아닐 수 없었다.

그날 저녁, 나는 집으로 돌아오면서 아주 재미있는 생각을 하나 떠올리게 되었다. 그것은 그날의 저녁 식비가 어떻게 처리됐을까 하는 것이다. 그날 저녁 식대는 공금으로 처리됐을 것이고 또 분명히 강사 접대비라는 명목으로 장부 처리했을 것이다. 나는 그 생각을 하며 혼자 웃었다. '난 안 먹었는데….'

장난스레 그런 생각을 하다가, 문득 잘못하면 목회를 그런 식으로 할 수도 있겠다는 생각이 들었다. 하나님을 빙자하여 저 좋아하는 일을 하면서 그것을 목회라고 하기가 얼마나 쉬운가? 혹 나도 그런 일을 하고 있지는 않은지 생각해보았다.

영락교회 부목사로 있을 때의 일이다. 대심방에 맞춰 점심 식사를 준비한다는 어느 집사님이 우리 집으로 전화를 하여 아내에게 내가 어떤 음식을 좋아하느냐고 물었단다. 이왕이면 내가 좋아하는 음식을 장만하여 대접하고 싶기 때문이라고 했다. 그러나 내 아내는 그 대답을 끝내 해주지 않았다. 일단 어느 목사님이 무슨 음식을 좋아한다는 소문이 한번 나면 평생 먹는 일로 고생하는 일이 생긴다는 것을 알고 있었기 때문이다. 만일 칼국수를 좋아한다는 말이 나게 되면 평생 칼국수만 먹으며 심방을 다니게 되는 불상사(?)가 생길 수도 있기 때문이다. 오늘도 칼국수, 내일도 칼국수, 이 집도 칼국수, 저 집도 칼국수…. 그래서 목사는 함부로 무엇을 좋아한다고 말해서는 안 된다.

대답을 듣지 못한 집사님은 하는 수 없이 그냥 자신이 생각해서 점심상을 준비했다. 그래도 그런 정성 때문인지 그 집사님이 준비하신 음식 중에 특별히 내 입에 맞아 아주 맛있게 먹은 음식이 있었다. 그런데 놀라운 것은 다음 날 다른 구역에 심방을 갔을 때도 그와 똑같은 음식이 나왔다는 사실이다. 그래서 어떻게 이런 일이 있을 수 있느냐고 물었더니, 그 음식을 장만한 집사님이 이렇게 대답했다.

"저도 사모님에게 전화를 했는데 안 가르쳐줍디다. 그래서 전날에 점심을 대접했다는 집에 전화를 했지요. 그리고 물었지요. 목사님 젓가락이 어디로 많이 가시더냐구요…."

그날 나는 그 이야기를 들으면서 목회를 저런 마음으로 하면 틀림없겠다는 생각을 했다. 그래서 생각해낸 것이 '하나님의 젓가락'이라는 말이다. 즉, 하나님의 젓가락이 어디로 많이 가는지 살펴보고 음식을 장만하듯 목회를 하면 되겠다는 말이다. 나는 그 이후로 고린도후서 5장 9절의 "그런즉 우리는 몸으로 있든지 떠나든지 주(主)를 기쁘시게 하는 자가 되기를 힘쓰노라"라는 말씀을 중심으로 '주를 기쁘시게 하는 교회'라는 표어를 마음에 새기게 되었고 평생 그것을 목회 철학과 표어로 삼고자 했다.

오늘날 우리 교회의 문제는 무엇인가? 하나님을 빙자하여 사람들이 교회의 주인이 되고, 하나님을 기쁘시게 하는 일보다 자신들이 좋아하는 일들을 하려고 한다는 데 있다. 그러나 교회와 교인들의 삶의 목적은 주를 기쁘시게 하는 데 있어야 한다. 이 중요하고도 분명한 목적을 잊지 않을 때 교회는 늘 건강하고 아름답고 능력 있는 교회가 된다.

교회의 가장 중요한 목적은 예배다. 우리는 교회에서 드리는 모든 예배가 형식적이지 않고 신령과 진정으로 드려지도록 늘 최선을 다해야만 한다. 교회에서 드리는 예배뿐만 아니라 생활하면서 주를 기쁘게 해드리려는 마음으로 행하는 모든 행위를 통해 하나님께 예배드리는 교회와 교인이 되도록 애써야 한다.

🔷 선교해서 미숙해지는 교회

1977년 가을 신학교 졸업반 때 친구 몇 명과 함께 수유리에 있는 영락 기도원에 간 일이 있다. 거기서 우리는 한경직 목사님이 친필로 쓰신 '5천만을 그리스도에게로'라는 글귀를 보게 되었다. 기도원 입구에 있는 커다란 돌에 새겨져 있었다. 그것을 읽으면서 우리는 하나같이 "그 할아버지, 꿈도 크시네" 하며 웃었다. 5천만이라는 숫자가 황당하게 여겨지기도 했지만, 당시 우리의 관심은 교회 성장에 있었던 게 아니라 교회 성숙에 있었기 때문에 그렇게 숫자를 언급하는 것을 조금은 경시하는 생각이 있었던 것 같다. 그러나 훗날 직접 목회를 하면서 한 목사님의 심정을 알게 되었다. 그 분의 진정한 관심은 교회의 성숙보다는 한 영혼의 구원에 먼저 있었다는 것을 알게 되었기 때문이다.

어떤 의미에서 보면 성숙한 교회는 건강한 교회가 아니다. 교회는 언제나 미숙해야만 한다. 미숙한 교회가 건강한 교회다. 미숙한 교회에는 두 종류의 교회가 있을 수 있다. 오래 예수를 믿은 교인들임에도 불구하고 평생 얕은 물가에서만 첨벙거리기 때문에 미숙해진 교회가 있다. 또 하나는 교회 안에 이미 성숙한 교인들이 포진해 있음에도 불구하고 계속 전도해서 아직 신앙적으로 미숙한 교인들을 끊임없이 교회에 새로 영입함으로써 전체적으로 교회 수준이 떨어져 미숙해지는 경우다.

이렇게 본다면 성숙한 교회란 역설적으로 선교를 하지 않는 교회라고 말할 수도 있겠다. 교회는 교회를 위해 존재하는 곳이 아니다. 교회는 첫째로 하나님을 위해 존재하는 곳이어야 하고, 둘째로 사람을 위해 존재하는 곳이어야 한다. 교회가 사람들의 구원을 위하여 존재하는 곳이라면 교회는 끊임없이 선교해야만 한다. 교회의 목적은 선교에 있다. 그러므로 그 교회가 선교하지 않는다면 제아무리 그 교회가 성숙하고 알찬 교회라 할지라도 엄밀한 의미에서는 교회라고 할 수 없다.

성숙한 교회를 목표로 삼는 것은 또 다른 의미에서 자칫 사탄의 시험이 되기 쉽다. 성숙한 교회를 목표로 삼지 말고 선교함으로써 늘 미숙한 교회를 목표로 삼아야 한다. 그러므로 교회는 끊임없이 선교해야만 한다. 때를 얻든지 못 얻든지 전도해야만 한다. 여러 수단과 방법을 통해 선교에 힘써야 한다.

🔲 뿌려야만 거둔다

1991년에 중국을 방문한 적이 있었다. 그때 중국에 있는 많은 교회의 지도자들이 한국교회가 그토록 놀라운 부흥을 이룩한 까닭이 무엇이냐고 물었다. 나는 그들에게, 한국교회가 교회학교 교육에 열성을 쏟았기 때문이라고 대답해주었다. 그리고 나는 지금도 그것이 정답이라고 생각한다. 물론 그것만이 유일한 이유인 것은 아니다. 그렇지만 나는 그것이 주효한 이유였다고 확신한다.

한국교회는 그 어떤 일보다 교회학교를 통해 어린아이들에게 말씀과 신앙을 교육하는 일에 열심이었다. 지금 장년층 성도라면 거의 모두가 어렸을 때 한두 번쯤 교회에 나가본 경험이 있을 것이다. 크리스마스 때 빵을 얻어먹으러 갔든지, 아니면 부활절에 삶은 계란을 받으러 갔든지, 또 여름성경학교 때 인형극을 보러 갔든지 간에 한두 번쯤은 교회 간 적이 다들 있다.

그런데 어렸을 때의 그 경험이 훗날 예수를 믿게 되는 가장 중요한 요인이 된다는 것을 우리는 잘 모르는 것 같다. 동물에게 있는 귀소본능이 모양은 좀 다르지만 인간에게도 있다. 나이가 들수록 고향을 생각하게 되고 어렸을 때로 돌아가고 싶어 하는 본능이 바로 그런 것이라고 할 수 있다. 나이가 들어갈수록 어렸을 때의 일을 그리워하고 그것을 아름답게 생각한다. 그런 측면에서 본다면, 많은 한국 사람에게 교회는 어렸을 적 고향의 기억과 함께 아름다운 추억으로 무의식 속에 잠재해 있다고 할 수 있다. 그와 같은 무의식이 살다가 어려운 일을 만났을 때라든지, 나이가 들어가면서 점점 외로워질 때, 자기도 모르는 사이에 자신을 교회와 하나님께로 이끌게 된다. 그런 이유로 나는 당당히 중국교회 지도자들에게 한국교회가 부흥하게 된 원인은 교회학교를 열심히 했기 때문이라고 대답했던 것이다.

그때 많은 중국교회 지도자들이 교회당을 지어달라고 부탁했다. 만 불이나 이만 불 정도면 예배당을 지을 수 있으니 도와달라고 요청해왔다. 하지만 나는 그들에게 그보다는 돈이 더 들더라도 교인 중 한 사람을 미국이나 한국에 유학 보내라고 권했다. 기독교교육을 전공하고, 특별히 미국과 한국의 교회학교를 집중적으로 연구한 후 여건을 갖추어서 중국교회에 맞게 도입할 사람이 있다면 그 사람을 지원하겠다고 제안했다. 그것이 예배당을 지어주는 것보다 더 중요한 일이라고 생각했기 때문이다. 그러나 그들은 그 말을 쉽게 이해하는 것 같지 않았다. 잠언 22장 6절에 보면 우리가 잘 아는 말씀이 나온다. "마땅히 행할 길을 아이에게 가르치라 그리하면 늙어도 그것을 떠나지 아니하리라"라는 말씀이다. '마땅히 행할 길을 아이에게 가르치는 것'이야말로 매우 중요한 교회의 사명이자 목적이다.

목회에는 뿌리는 목회와 거두는 목회가 있다. 물론 거두는 목회도 중요하다. 하지만 뿌리는 목회도 그에 못지않게 중요하다. 하나님의 법칙은 뿌려야만 거둔다는 데 있다. 만일 뿌리지 않는다면 아무것도 거둘 수 없게 된다. 그런데 목회는 뿌리는 것보다 거두는 것이 재미있다. 그래서 많은 교인과 목회자가 뿌리는 것보다는 거두는 데에 더 많은 관심이 있는 것 같다. 그러나 교회가 뿌리는 데 관심을 가지고 투자하지 않는다면 언젠가는 아무것도 거둘 것이 없게 된다는 사실을 명심해야 한다. 오늘날 우리가 이렇게 풍성한 열매를 거둘 수 있는 것도 우리의 선배가 일찍이 교육을 통하여 많은 씨앗을 뿌려놓았기 때문이라는 사실을 기억해야 한다.

◈ 향후 5년 후가 더 좋은 교회

주일 장년 출석이 천 명 정도 된다는 교회에서 교사 헌신예배 설교를 한 적이 있었다. 설교 중에 나는 교인들에게 다음과 같이 질문해보았다.

"여러분의 교회는 지금이 좋은 교회 같아 보입니까, 아니면 앞으로 5년 후에 더 좋은 교회가 될 것 같습니까?"

갑작스러운 질문이었는지 대답을 못 하기에 내가 대신 이렇게 대답해주었다.

"제가 보기에는 지금이 좋은 교회 같아 보입니다."

하지만 그것은 욕이었다. 욕 한마디 하지 않은 것 같지만 그것은 무서운 욕이다. 예배가 끝난 후 교회의 담임목사님께서 내게 오시더니 내 손을 꼭 잡으시며 "김 목사, 고맙소. 김 목사 말이 맞소. 정신이 번쩍 드는구먼" 하고 말씀해주셨다. 그 목사님은 은퇴를 얼마 남겨두지 않은 교단의 어른 목사님이셨다. 많은 교회가 향후 5년 앞도 내다보지 않고 그저 지금 좋은 교회로 만족하는 근시안적인 목회를 하고 있는데, 그것이 얼마나 어리석은 일인지, 얼마나 그릇된 일인지 절감한다는 말씀이신 것 같았다.

교회는 가정 같은 교회가 좋은 교회이고, 가정은 교회 같은 가정이 좋은 가정이라고 할 수 있다. 그러므로 목회와 살림은 그 원칙과 정신이 같아야 한다. 가정에서 살림을 할 때 가장 많은 관심을 가지고 투자하는 부분이 어디인지 생각해보라. 바로 자녀들의 교육비다. 부모들은 밥만 먹고살다시피 하고 돈은 거의 다 아이들에게 들어간다.

그런데 교회만 오면 이 원칙이 무시된다. 돈은 거의 어른들이 다 쓰고 아이들은 그저 밥만 먹고사는 정도에 머무르고 있으니 말이다. 그래서일까? 가정은 어느 정도 발전적이고 희망이 있는데, 교회는 점점 정체하고 퇴보하고 있다는 인상이다. 교회는 교회학교에 좀 더 관심을 가지고 아이들에게 투자해야 한다. 그래야만 지금보다 5년 후, 그리고 10년 후에 더 희망이 있고 건강한 교회를 만들어갈 수 있다.

교육은 비단 어린아이들과 청년들에게만 해당되는 것이 아니다. 교회교육은 평생교육의 개념으로 장년교육까지 다 포괄해야만 한다. 예배만으로 성숙한 교인들을 양성할 수 없다. 훈련받지 않은 군인이 훌륭한 군인이 될 수 없듯이, 교육받지 않고 훈련받지 않은 교인은 훌륭한 교인이 될 수 없다. 교회는 하나님께 신령과 진정으로 예배하는 곳이어야 하는 동시에 하나님의 사람들을 교육하고 훈련하는 장소가 되어야 한다. 교육은 교회의 빼놓을 수 없는 사명이자 중요한 목적 중 하나라는 사실을 한시도 잊어서는 안 된다.

🧊 세상을 향한 섬김과 봉사

신학자 하비 콕스(Harvey Cox)는 "하나님은 교회를 사랑하는 것이 아니라 세상을 사랑하신다"고 말했다. 나는 그 말에 동의한다. 물론 하나님은 세상과 교회를 모두 다 사랑하신다. 그렇지만 하나님의 관심은 교회에 있다기보다 세상에 있다고 할 수 있다. 왜냐하면 교회는 우리 안의 양과 같고 세상은 우리 바깥의 양과 같기 때문이다. 세상은 교회를 위해 존재하는 것이 아니다. 교회가 세상을 위해 존재해야 한다. 하나님께서 이 세상에 교회를 세우신 중요한 목적 중에 하나는 세상을 섬기기 위함이다. 그 섬김을 통하여 저들을 영적으로나 육적으로 구원하시기 위함이다.

그런데 오늘날 많은 교회에서 이 중요한 교회의 목적과 사명을 잊어버렸다. 교회는 세상을 위해 존재하지 않고 교회 자신을 위해 존재하기 시작했다. 교회 자신을 위해 존재하는 교회는 건강한 교회가 아니다. 교회는 세상을 위해 존재해야만 한다. 끊임없이 세상을 섬겨야 한다. 오늘날 많은 교회가 교회 건축을 하려고 하면 지역사회의 반대에 부딪히게 되는데 그 이유는 뭘까? 심지어 반대가 지나쳐서 공사를 방해하는 경우까지 있다. 그러면 교회의 대응은 어떠한가? 교회의 관심은 그들의 반대가 합법적이냐 불법적이냐에 있다. 대부분의 반대는 불법적이다. 하지만 그들의 행동이 불법적이라 할지라도 일부 책임은 교회에도 있다.

지역 주민이 교회 건축을 반대하는 이유는 분명하다. 교회가 지역사회에 불필요한 존재이기 때문이다. 교회가 들어서면 괜히 땅값만 떨어진다고 생각하기 때문에 그들은 자연히 교회 건축을 반대하게 된다. 그런 반대에도 불구하고 교회를 건축할 수는 있다. 그러나 그렇게 세우는 교회라면 지어봐야 헛일이다. 지역 주민들에게 외면당하는 교회가 어떻게 부흥하고 성장할 수 있겠는가? 어떻게 건강한 교회로 자라날 수 있겠는가?

교회는 세상을 위해 존재해야 한다. 지역사회를 연구하고 철저히 섬겨야 한다. 저들이 교회를 유익한 기관으로 인식하기까지 철저한 섬김과 봉사로 일관해야 한다. 교회가 들어서면 오히려 땅값이 오를 정도가 되어야 한다. 그래야만 하나님이 좋아하고 기뻐하시는 좋은 교회가 될 수 있다. 건강한 교회, 아름다운 교회가 될 수 있다. 부흥하고 성장하는 교회가 될 수 있다.

🔲 형제처럼 연합하고 동거하라

교회의 중요한 목적 가운데 하나가 '성도의 교제'이다. 자식을 기르는 부모가 가장 기쁠 때는 자녀들이 서로 사랑하며 사이 좋게 지낼 때라고 한다. 형제들이 서로 사랑하고 화목하는 것보다 부모의 마음을 더 기쁘게 하는 것은 없다. 하나님도 그러하시다. 하나님이 기뻐하는 일 중에 하나가 바로 하나님의 자녀 된 우리가 한 형제처럼 연합하고 동거하는 것이다. 우리가 그와 같은 삶을 살 때 하나님은 우리를 축복해주신다. 하나님은 시편 133편 1-3절에서 다음과 같이 말씀하신다.

"보라 형제가 연합하여 동거함이 어찌 그리 선하고 아름다운고 머리에 있는 보배로운 기름이 수염 곧 아론의 수염에 흘러서 그의 옷깃까지 내림 같고 헐몬의 이슬이 시온의 산들에 내림 같도다 거기서 여호와께서 복을 명령하셨나니 곧 영생이로다."

가장 건강하고 아름다웠던 교회라고 할 수 있는 초대교회에 바로 이 아름다운 성도의 교제가 있었다. 이런 점이 교회의 부흥과 성장에 매우 중요한 모티브가 되었다는 사실도 우리는 익히 알고 있다.

성도의 교제는 교회의 매우 중요한 목적 가운데 하나다. 그러므로 교회는 예배와 선교, 교육과 구제 및 봉사와 함께 건전한 성도의 교제에도 깊은 관심을 가져야 한다. 아름다운 성도의 교제가 있는 교회가 좋은 교회이다. 지금과 같이 교회의 부흥과 성장이 힘들고 어려운 때에도 성도 간의 교제가 아름다운 교회는 성장하고 있다는 사실에 주목하기 바란다.

지금까지 교회의 목적에 대해 살펴보았다. 예배와 선교, 교육과 봉사, 그리고 성도의 교제와 같은 교회의 중요한 목적을 얼마나 잘 수행하고 있는가에 따라 교회는 좋은 교회와 그렇지 못한 교회로 분류될 수 있다. 목적지가 분명하지 않은 여행은 방랑이 될 수밖에 없다. 교회도 마찬가지다. 분명한 목적을 세우고 그것을 달성하기 위해 힘쓰고 노력한다면 건강하고 아름다운 교회, 훌륭한 교회를 만들어갈 수 있을 것으로 확신한다.

CHAPTER 21

세속화를
경계한다

교회의 정치원리

교회도 사람들이 모인 곳이기 때문에 제 나름의 정치와 조직이 있어야 한다. 그렇지 않으면 교회의 권위와 질서가 무너지고 교회 본연의 사명을 감당할 수 없는 무질서한 상태에 빠진다. 교인들끼리 흔히 잘 쓰는 말로 "은혜롭게 합시다"라는 말이 있다. 그런데 이 말은 종종 "적당히, 대충대충 합시다"라는 말로 교인들 사이에 통용되고 있는 것 같다. 그러나 그것은 옳지 않은 생각이다. 은혜는 대충대충 하는 게 아니다. 법이나 규칙을 무시하고 적당히 하는 게 아니다.

교회가 교회 되게 하기 위하여, 하나님의 은혜가 진정한 은혜가 되도록 하기 위하여 법이 있어야 하고 정치가 있어야 한다. 정당한 제도와 조직이 있어야 한다. 법과 정치, 제도와 조직을 무조건 은혜에 반(反)하는 것으로 치부하는 편견에서 우리는 하루빨리 벗어나야만 한다. 법과 정치, 제도와 조직이 없다면 교회는 무법천지가 되고 무질서하고 무기력하게 될 수밖에 없다는 사실을 우리는 알아야 한다.

교회에는 바른 정치가 있어야만 한다. 바른 정치를 위해서는 정치의 원리와 철학이 분명해야 한다. 이 장에서는 특별히 교회 정치의 원리와 철학에 대해 크게 세 가지로 나누어 생각해보려고 한다. 간단히 말하면 '신앙화', '전문화', '민주화'로 요약할 수 있겠다.

◾ 교회의 제1 정치원리 – 신앙화

사탄은 선악과나무 아래서 "네가 하나님이 되라"고 인간을 유혹했다. 그것은 참으로 매혹적인 말이 아닐 수 없었다. 결국 아담과 하와는 사탄의 유혹에 넘어가 범죄하고 말았으며 그 죄악은 원죄(原罪)가 되어 자자손손 우리 인간들 속에 심기게 되었다. 아담과 하와의 후손인 우리 인간들에게는, 누구에게나 다 스스로 하나님이 되고자 하는 죄된 욕망이 원죄로 자리 잡고 있다. 교회도 의인이 모이는 집단이 아니라 죄인이 모이는 집단이기 때문에 입으로는 언제나 "하나님이 교회의 주인이시다"라고 고백하면서도 자기도 모르는 사이에 자신들이 스스로 교회의 주인이 되고자 하는 우를 범하고 있다.

교회의 정치 제도를 만들려고 할 때 가장 먼저 고려해야 할 것이, 그와 같은 인간들의 생각을 가급적 효과적으로 차단할 수 있도록 정치 제도를 만들어야 한다는 점이다. 불행한 일이 아닐 수 없지만, 오늘날 많은 교회에서 하나님은 교회의 주인이 아니시다. 다들 하나님이 주인이신 것처럼 말들 하지만 실제로 사람이 주인 노릇 하는 교회가 우리 주위에는 얼마나 많은지 모른다. 대체로 목사가 주인 노릇 하는 교회, 장로가 주인 노릇 하는 교회가 많다.

많은 목사가 영적인 카리스마를 가지고 감독정치, 혹은 교황정치와 같은 구조로 교회를 끌어가기 위해 진력하고 있으며, 교회의 장로들 역시 장로교를 'Presbyterian Church'로 이해하지 않고 'Elder's Church'로 이해하는 듯 교회를 장악하려 하고 있다. 또 목사와 장로 사이에는 보이지 않는 권력다툼이 일어나고 있어서 교회에서는 언제나 분쟁이 그치지 않는다.

그러므로 교회의 정치 제도는 목사와 장로가 함부로 교회를 사유화하지 못하게 하는 방향으로 세워져야 한다. 목사와 장로가 교회를 사유화하는 것을 음으로 양으로 도와주는 교회의 정치 제도라면 과감히 개혁해야만 한다. 목사와 장로가 교회를 사유화하는 데 도움을 주는 제도로는 다음과 같은 것들이 있다.

우리 교회는 세속의 물결에 안전한가?

첫째, 위임제도다.

대부분 한국교회에서 목사와 장로는 한번 위임을 받거나 임직을 하게 되면 70세 정년이 될 때까지 그 자리를 보장받는다. 이런 위임제도는 교회에 안정을 가져다준다는 장점에도 불구하고 위임받은 사람들의 권한이 너무 커져서 필요 이상의 권력을 갖게 하여 오히려 당사자와 교회를 부패하게 만드는 단점이 있다.

그러므로 위임제도를 없애고 재신임과 평가제를 도입할 필요가 있다. 6년 정도를 한 텀(term)으로 보고, 6년을 시무한 후에는 교인들의 평가를 통해 재신임을 묻도록 한다. 그렇다면 목사와 장로가 함부로 교회의 주인 노릇을 하려 들지는 못하게 된다.

하지만 일단 재신임을 받은 후 시무하는 6년 동안은 소신껏 일할 수 있도록 보장해줌으로써 좀 더 효율적으로 시무할 수 있도록 해주어야 한다. 소신껏 일하되 6년 후에는 다시 교인들의 평가를 받게 해서 독재나 독주를 하지 못하게 한다면 지금보다 더 좋고 건강한 교회를 이룰 수 있을 것으로 생각한다.

둘째, 원로제도이다.

한국교회의 경우 목사와 장로의 은퇴가 정확지 않아 교회가 사유화되어가는 경향이 있다. 교회의 인간화와 사유화를 막기 위해 가장 신경 써야 할 부분 중의 하나가 바로 원로제도의 폐지다. 열심히 일하다가도 시무 연한이 끝나면 깨끗이 손을 뗄 줄 알아야 한다. 시무 연한이 끝난 목사와 장로의 손길이 아직도 교회에 미치고 있는 한, 교회는 계속 사유화되어가고 있다는 점을 우리는 분명히 알아야 한다. 어떤 면에서 시무가 끝난 후에도 교회의 원로가 되어 교회 일을 돕는 것이 오히려 유익한 경우도 적지 않다. 그러나 전체적으로 볼 때 유익보다는 폐해가 더 크다는 사실을 알아야 한다.

그러나 목사의 경우, 원로목사제를 폐지하려고 하면, 교회에서는 은퇴하는 목사를 위해 그의 노후 대책을 마련해주어야 한다. 연금을 적립한다든지 하는 대책을 세운 후에 원로목사제를 폐지해야지, 사전에 아무런 대책도 마련하지 않고 무작정 원로목사제만 폐지하려 한다면 그것은 옳지 않은 일이다. 그러나 연금과 같은 노후 보장이 되어 있는데도, 굳이 원로목사가 되어 계속 교회와 연관을 맺으려 한다면 목사 자신을 위해서는 좋을지 모르나 교회 전체적으로 볼 때는 그리 유익한 일이 아니라는 사실을 분명히 알자.

🔷 교회의 제2 정치원리 - 전문화

많은 사람이 차별과 구별을 잘 구분할 줄 모른다. 차별이 수직적인 개념이라면 구별은 수평적인 개념이다. 결론부터 말하자면, 하나님은 인간을 차별하지 않으신다. 그러나 하나님은 인간을 철저히 구별하신다. 많은 사람은 사람을 차별하려고 한다. 그래서 사회에는 보이게, 안 보이게 많은 계급이 존재하고 있다. 안타깝게도 그런 차별은 교회 안에도 존재하고 있으며 따라서 교회 안에도 많은 계급이 상존하고 있다. 그러나 그것은 본래 하나님의 뜻이 아니다.

의식 있는 사람이라면, 교회 안에서 차별을 없애려고 노력한다. 이는 매우 고무적인 일이다. 그런데 차별을 없애려고 하는 사람들이 범하기 쉬운 보편적인 오류가 있다. 그것은 사람마다 은사가 다르기 때문에 그 은사에 따라 구별될 필요가 있다는 사실을 인정하지 못하고 있다는 점이다. 저들은 구별까지도 차별이라고 생각하여 반대한다. 그러나 그것도 하나님의 뜻은 아니다.

한국의 경우 많은 사람이 역할과 지위를 구분하지 못한다. 우리는 그동안 역할이 지위를 결정하는 사회 속에서 살아왔다. 옛날 우리 사회는 사농공상(士農工商)의 분명한 서열이 존재했다. 사농공상이란 분명히 역할에 대한 구별임에도 불구하고 우리는 그것을 사회적인 신분과 지위를 결정하는 차별로 인식했다. 그러므로 신분과 지위를 바꾸기 위해서는 자신의 역할을 바꾸지 않으면 안 되는 삶을 살아왔고, 그것이 우리의 무의식 속에 자리 잡아 차별과 구별을 잘 분별할 줄 모르는 사람들이 되어왔다. 차별만 있고 구별이 없는 사회는 전문성이 없는 사회가 될 수밖에 없다. 사농공상과 같이 직업이 신분을 결정하는 세상이라면, 할 수만 있다면 누구나 다 선비가 되려고 할 것이다. 그렇게 되면 자연히 그 아래 있는 역할의 전문성은 떨어질 수밖에 없다.

미국, 독일과 같은 선진국과 우리나라의 가장 중요한 차이점이 바로 여기에 있다. 저들에게는 차별의식이 거의 없다. 어떤 직업을 가졌든 그 분야의 전문가가 되면 얼마든지 성공한 사람으로서의 삶을 누릴 수 있다. 그러므로 저들은 공부에 은사가 없으면 굳이 대학에 가려고 하지 않는다. 자기 적성에 맞는 직업 훈련원에 들어가 기술을 연마하여 그 분야에서 탁월한 전문가가 되면 되기 때문이다.

한국이 저들을 따라잡으려면 먼저 차별과 구별을 구분하는 것부터 배워야 한다. 구별이 곧 차별은 아니라는 것을 배워야 한다. 그리고 구별 속에 숨어 있는 모든 차별을 없애, 차별 없는 구별을 이루어내야만 한다. 그렇게 될 때 이 사회는 좀 더 전문화될 테고, 그렇게 될 때 선진국을 따라잡는 나라가 될 것이다.

이와 같은 일들이 교회 안에서도 일어나야 한다. 교회 안에 차별은 사라지고 구별은 더 늘어나야 한다. 정확한 역할의 구별로 교회는 더욱 전문화되어야 한다. 그래야만 부흥하고 성장하는 교회, 아름답고 건강한 교회를 만들어갈 수 있다. 그러므로 교회의 정치, 제도, 조직에는 이 전문성이 반드시 고려되어야만 한다. 그러기 위해 한국교회는 먼저 다음과 같은 면을 깊이 고려해야만 한다.

⬡ 전문성을 인정하는 교회에 바란다

첫째, 목회자에 대한 바른 인식이 있어야겠다.

사람들은 목회자를 가리켜 성직자라고 한다. 목회자는 성직자다. 그러나 목회자만 성직자는 아니다. 예수 믿는 사람들이 가지고 있는 건전하고 건강한 모든 직업은 다 '성직'(聖職)이며 따라서 그들 모두가 다 성직자라고 할 수 있다. 목회자만 성직자라고 생각하고 일반 교인들은 평신도(平信徒)라고 낮춰 부르는 것은 차별이다. 그와 같은 차별은 교회 안에서 없어져야 한다.

베드로전서 2장 9절에 "그러나 너희는 택하신 족속이요 왕 같은 제사장들이요 거룩한 나라요 그의 소유가 된 백성이니 이는 너희를 어두운 데서 불러내어 그의 기이한 빛에 들어가게 하신 이의 아름다운 덕을 선포하게 하려 하심이라"라는 말씀이 있다. 이 말씀에 따르면 우리 모두는 다 왕 같은 제사장이다. 이 말씀에서 만인 제사장설이 나왔다.

목사만이 유일한 하나님의 종이요, 성직자는 아니다. 그동안 한국교회가 목사만 유일한 성직자인 것처럼, 그리고 유일한 하나님의 종인 것처럼 가르쳐온 것은 분명 잘못이다. 목사와 교인들 사이에 존재하는 어떠한 차별에 대해서도, 성경은 말씀하지 않는다. 그러므로 어떤 의미에서는 교인들을 평신도라고 부르는 것은 옳지 않다.

요즘 들어 한국교회에서는 흔히 평신도라고 부르는 교인들에 대한 인식을 한층 새롭게 하고 있다. 이것은 매우 바람직한 일이다. 평신도에 대한 인식을 새롭게 하는 것은 좋은데, 여기에도 문제는 있다. 그것은 목회자에 대한 전문성을 구별하지 못하고 있다는 점이다.

목회자를 유일한 성직자로 이해하기보다 목회의 전문가로 이해하는 것이 더 정확한 이해다. 그런데 사람들은 이것을 잘 구별해주려고 하지 않는다. 그것을 구별한다고 하면 이를 차별이라고 생각한다. 차별 없이 하는 것은 좋은데, 차별 없이 하려다가 구별까지 없애는 것은 옳은 일이 아니다. 목회자란 목회를 전문적으로 하기 위해 그 직(職)에 헌신한 사람, 전문적인 공부를 하고 평생 그 직에만 종사하며 일하는 전문가다. 그런데 교인들은 그것을 잘 구별할 줄 모른다. 신앙생활과 교회생활에 열심이 있다는 분들이 섣불리 전문적인 목회 영역을 침범하는 경우가 있다. 그리고 목회자가 목회의 전문성을 강조하면 그것을 차별이라고 성토한다.

사람들은 만인 제사장설을 아무나 다 목회할 수 있다는 의미로 이해하는 경우가 있는데, 그렇지 않다. 목회만 성직이고 목회자만 성직자라면, 만인 제사장설을 누구나 다 목회할 수 있다는 것으로 이해해도 무방하다. 그러나 목회만 성직이 아니고 목회자만 성직자가 아니라 자기 직업이 곧 성직이요, 자신이 그 직업 세계의 성직자라는 점을 바로 알아야 한다. 하나님이 부르신 그곳에서, 하나님의 뜻과 정의를 실현하고 이를 통해 하나님의 나라를 이 땅에 건설해가는 성직자로 각자를 이해할 때라야 만인 제사장설을 바르게 이해하는 것이 된다. 누구나 다 교회에서 목회하라는 것이 아니다. 자기의 직업 세계에서 제사장 역할을 올바로 감당하라는 것으로 이해해야 한다.

🔹 약국과 약방의 차이
요즘 한국교회 교인들이 인식하고 있는 만인 제사장설은 만인 목사설에 가깝다. 그러나 성경은 우리에게 그렇게 가르치지 않는다. 만일 만인 목사설이 맞다면 만인 약사설, 만인 의사설도 나와야 한다. 그렇게 되면 세상은 전문성이 없는, 아주 우스운 곳으로 전락하고 말 것이다. 교회의 문제도 바로 여기에 있다. 만인 제사장설을 잘못 인식하게 될 경우, 목회의 전문성도 인정하지 않고 자신의 전문성도 인정하지 않게 되는 우를 범하게 된다. 바로 그것이 오늘날 한국교회의 가장 큰 문제점이라고 할 수 있다.

지금도 아주 깊은 산골에는 약방이 있다. 많은 사람은 약국과 약방을 잘 구별하지 못하는데, 약국과 약방은 아주 큰 차이가 있다. 약국은 약사가 있어서 환자의 증상에 따라 약을 조제할 수 있는 곳이지만, 약방은 약사가 없다. 약을 조제할 수는 없고 제약회사에서 만든 약품을 그냥 판매만 할 수 있는 곳이 약방이다. 그렇다면 우리 한국교회는 약방 수준의 교회라고 할 수 있다. 그저 열심만 있으면 다 되는 양, 교인들이 교회 안에서 목사처럼 목회하려고 하기 때문이다. 자기의 전문성(직업)도 무시하고 목회자의 전문성도 인정하지 않고서 교회를 그저 약방 수준으로 만드는 데 전력(?)을 다하고 있지는 않은지 생각해볼 일이다. 한국교회가 덩치는 커졌지만 영적인 진료 수준은 계속 떨어지고 있는 것은 아닌지 진단해볼 때다.

이제 한국교회는 목회자와 교인들의 전문성을 살리는 데 관심을 가져야 한다. 모든 직업을 성직으로 인식하고 차별을 두지 말아야 한다. 성직자와 평신도라는 차별의식부터 먼저 없애야 한다. 자기의 전공과 은사에 따라 목사는 교회에서, 교인들은 세상에서 성직자의 삶을 살아야 한다. 교회의 정치와 조직 역시 이와 같은 전문성을 최대한 살리는 데 이바지할 수 있어야 한다. 특별히 교회에서는 목회자의 목회적 전문성을 살리는 데 주안점을 두어야만 건강한 교회를 이룰 수 있다.

🔲 전문목사가 필요하다

둘째, 목회직 자체를 더욱 전문화하고 세분화해야 한다.

우리는 보건소와 종합병원의 차이를 알고 있다. 보건소는 의과대학을 졸업하고 의사고시에 합격한 일반의사가 진료하는 기초 진료기관이다. 그러나 종합병원은 대개가 전문의로 구성되어 있다. 전문의(專門醫)란 병원에서 인턴과 레지던트라는 수련 과정을 거쳐 전문의 시험에 합격한 후 특별한 전문과목만을 전문적으로 진료하는 의사를 말한다.

이런 점에서 한국교회의 진료 수준은 보건소 수준이라고 할 수 있다. 왜냐하면 당회장 한 사람이 교회의 모든 일을 다 책임져야 하는 시스템이기 때문이다. 한국교회에는 전문목사가 없다. 그냥 부목사 아니면 담임목사다. 종합병원의 전문의와 같이 전문적인 목회를 위해 평생을 헌신하는 전문목사가 없다. 하지만 교회도 병원과 같이 목회를 전문화해야 한다. 당회장은 병원장의 역할을 맡고, 목회는 전문목사들이 자기 전공과 은사에 따라 전문적으로 해야 한다. 교회의 목회 수준을 종합병원 수준으로 끌어올릴 수 있어야 한다.

지금 담임목사와 부목사로 되어 있는 제도를, 담임목사와 전문목사, 그리고 부목사로 좀 더 세분화해야 한다. 그리고 전문목사 과정을 신설하여 전문의 수준의 목사를 양성할 필요가 있다. 일단 그런 자리를 만들어서 목사를 초빙했다면 그에 상응하는 대우가 필요하다. 평생 담임목사가 되지 않고 전문목사로만 목회를 마친대도 후회가 없도록 해주어야 한다. 그래서 교회의 목회는 지금보다 더 전문화되어야 한다.

목회가 전문화되지 않으면 교회는 자연히 담임목사 한 사람에게 집중하여 의존하게 된다. 그러면 자연히 교회는 담임목사 한 개인의 소유인 것처럼 사유화될 가능성이 크다. 교회가 어떤 한 사람의 교회가 되지 않고 하나님이 주인이신 교회가 되기 위해서도 목회의 전문화는 반드시 필요하다.

🔹 교회의 제3 정치원리 - 민주화

세상 정치든 교회 정치든, 정치는 민주적이어야 한다. 절대권력은 절대 부패한다는 말이 있다. 이 말은 교회에서도 예외가 아니다. 절대권력을 가지고 있으면서 순수한 신앙을 끝까지 지킬 수 있는 사람은 한 사람도 없다고 보는 것이 맞다. 그런데 오늘날 한국교회는 목사가 독재를 하든, 아니면 당회가 전횡을 일삼으며 독재를 하든 둘 중의 하나인 경우가 대부분이다. 그러므로 한국교회는 목사의 독재와 당회의 독재를 막아야만 한다. 그렇지 않으면 교회는 반드시 부패하고 타락할 것이다. 그것은 그리 먼 장래의 일이 아니다. 당장 우리 눈앞에 나타나고 있는 현상이다.

대부분의 경우 한국교회는 당회가 절대권력을 가지고 교회를 치리하고 있다. 당회에서 삼권(三權)을 다 장악한 것이다. 당회에서는 정책과 예산을 세운다. 또 예산과 정책에 따라 집행하고 시행하는 곳도 역시 당회다. 마지막으로 그것을 감사하는 곳도 당회다. 그렇다면 이것은 상식에 어긋나는 일이다. 세상 사람들이 듣는다면 뭐라 하겠는가? 미개한 사람들이라고 흉볼 일이다.

당회와 당회원들이 정책과 예산을 세운다면 그 정책과 예산에 따라 집행하고 시행하는 것은 마땅히 다른 부서와 부서 사람들이 맡아야 한다. 제직회가 그 일을 맡는 것이 합당하다. 그런데 많은 경우 교회 제직회 부장을 당회원들이 맡고 있어서 이것이 또 문제가 된다. 원칙적으로 당회원들은 제직회 부장이 되어서는 안 된다. 제직회 부장은 안수집사나 권사 선에서 맡는 것이 합당하다.

당회와 당회원들은 예산의 집행과 시행을 제직회와 제직회 부장에게 일임해야 한다. 제직회와 제직회 부장은 당회의 정책과 책정된 예산의 범위 안에서 소신껏 그 일을 집행하고 시행해야 한다. 또한 일정 기간을 두고 당회의 감독을 받아야 한다. 이런 방법으로 당회와 제직회의 기능이 구별되고 또 서로 조화를 이룰 때 교회는 좀 더 민주적인 기관이 될 수 있다. 목사는 목회를 전문화하여 교회를 민주화하고, 당회는 예산과 사업의 집행을 제직회에 넘겨주어 교회를 민주화해야 한다. 그래야만 건강하고 아름다운 교회로 계속 발전하고 성장할 수 있다.

건강한 교회가 되려면 무엇보다 먼저 정치와 조직, 그리고 제도가 반듯한 교회가 되어야 한다. 그러려면 교회의 '신앙화', '전문화', '민주화'가 이루어져야만 한다. 하나님만이 교회의 주인이 되신다. 사람들은 모두 하나님의 종과 자녀가 되어 하나님이 주신 은사에 따라 전문화되고 민주화될 때 우리의 교회는 좀 더 성숙하고 아름다운 교회가 될 것이다.

CHAPTER 22

세상을 위한 공동체

모이는 교회, 흩어지는 교회

"교회 밖에도 구원이 있는가?"라고 누군가 질문한다면 대답은 "그렇다"이다. 왜냐하면 교회를 다니기 때문에 구원을 얻는 것이 아니라 예수를 믿기 때문에 구원을 얻기 때문이다. 교회 밖에서도, 즉 교회를 다니지 않아도 예수만 믿는다면 얼마든지 구원을 얻을 수 있다. 그러므로 전도를 할 때 "교회 다니세요"라고 말하기보다 "예수 믿으세요"라고 말하는 것이 더 정확하다고 할 수 있다.

🧊 모이는 교회

교회생활을 하다 보면 교회의 부정적인 면들을 먼저 경험하게 되기 쉽다. 교회도 죄인들이 모이는 곳이다. 그래서 그들이 가진 인간적인 면모가 드러나 교회생활 중에 오히려 시험에 드는 경우도 있다. 이런 이유로 교회 다니지 않는 것이 신앙생활에 더 유익하다고 주장하는 무교회주의자들도 있다. 일리가 있는 듯하지만 그 같은 주장에는 문제가 있다. 무교회주의에 잘못 빠지면 신앙을 아주 잃어버릴 가능성이 높다. 물론 교회에 부정적인 면이 전혀 없는 것은 아니다. 그러나 교회에는 부정적인 면만 있는 것이 아니라 오히려 긍정적인 면이 더 많다.

사람은 누구를 막론하고 다 게으르다. 얽매이지 않고서 혼자 스스로 무언가를 한다는 것은 참으로 쉽지 않은 일이다. 학교에 다니지 않아도 물론 공부할 수 있다. 그러나 공부를 제대로 하려면 힘들어도 학교에 얽매이는 것이 유리하다. 자기보다 먼저, 그리고 많이 공부한 선생님의 강의를 듣는 것이 혼자 책 보면서 독학하는 것보다 유익하고, 여러 학생 사이에서 선의의 경쟁을 벌이는 것이 유익하고, 같은 상황에 있는 동료들에게서 이런저런 정보를 얻는 것이 유익하기 때문이다.

신앙생활도 마찬가지다. 혼자서도 잘할 수 있을 것 같지만 사람은 혼자 있으면 여럿이 있을 때보다 훨씬 게을러지기 쉽다. 하나님의 말씀을 전문적으로 공부하고 연구하는 목회자의 설교와 강의를 듣는 것은 바른 신앙생활에 매우 유익하고 중요한 일이다. 왜냐하면 믿음은 들음에서 나고 들음은 그리스도의 말씀에서 나기 때문이다. 혼자서 하나님의 말씀을 읽고 공부하려고 하다 보면 첫째는 게을러지기 쉽고, 둘째는 잘못된 해석을 내리기 쉽다. 여러 사람과 함께 교회생활을 하면 이런저런 유익한 정보를 얻을 수 있을 뿐만 아니라 믿음에 대해 도전을 줄 수 있는 선한 경쟁도 할 수 있어서 혼자 예수를 믿는 것보다 신앙생활을 더 잘해나갈 수 있다.

사탄은 우리를 영적으로 게으르고 안일하게 만들기 위해 무교회주의에 빠지게 하고 교회를 멀리하게 한다. 혼자서도 잘할 수 있다고 스스로를 합리화하게 하고, 교회의 부정적인 면을 더 확대시켜 비판적으로 생각하게 한다. 우리는 이러한 사탄의 속임수에 빠져서는 안 된다. 하나님은 히브리서 10장 25절에서 분명히 우리에게 말씀하신다.

"모이기를 폐하는 어떤 사람들의 습관과 같이 하지 말고 오직 권하여 그날이 가까움을 볼수록 더욱 그리하자."

모이는 교회가 중요하다. 함께 주일을 거룩하게 지키는 것이 무엇보다 중요하다.

● 흩어지는 교회 이곳저곳에서
모이는 교회가 중요하다. 모이는 교회라는 측면에서 한국교회는 어느 정도 성공을 거둔 교회라고 할 수 있다. 세계 50대 교회(물론 출석으로만 볼 때) 중 절반 가까운 수의 교회가 한국에 모여 있다는 사실만 보아도 그것을 알 수 있다. 그러나 모이는 교회만큼 중요한 것이 흩어지는 교회다. 우리는 교회와 예배당을 구별할 줄 알아야 한다. 그런데 우리는 예배당과 교회를 잘 구별할 줄 모른다. 그러고는 예배당만 교회라고 착각한다.

예배당에서 드리는 예배는 중요하다. 모이는 교회란 예배당 교회를 의미한다고 할 수 있다. 그러나 예배당에서의 예배만 예배는 아니다. 그에 못지않게 중요한 예배가 있고 교회가 있다. 가정에서의 예배와 직장과 사회에서의 예배가 바로 그것이다. 가정이 교회가 되어야 하고, 직장과 세상이 교회가 되어야 한다. 그리고 그곳에서 예배를 드려야 하고, 예배를 드리는 자세로 생활해야 한다.

우리는 모이는 교회생활은 비교적 잘하고 있는데, 흩어지는 교회생활은 잘하고 있지 못한 것 같다. 약 천 만 정도의 그리스도인이 있다지만 우리의 가정과 직장은 기독교화되지 못하고 있지 않은가. 천 만 성도는 작은 숫자가 아니다. 대여섯 명 중 한 명이 크리스천이라는 것은 대단한 의미를 가진다. 우리가 모이는 교회만큼이나 흩어지는 교회의 중요성을 제대로 인식하고 흩어지는 교회의 교인 노릇을 잘하기 시작한다면, 가정과 세상이 복을 받고 변화하게 될 것이다.

흩어지는 교회…

모이는 교회에서 힘을 공급받아 흩어지는 교회의 일원으로 사명을 감당해야 한다.

가정예배가 살아나야 한다. 기독교교육도 교회학교 교육 일색에서 탈피하여 가정교육 쪽으로 눈을 돌려야 한다. 물론 교회학교에서 교사들을 통해서도 교육을 해야 한다. 또한 가정의 부모들이 기독교교육을 위한 좋은 교사로 개발되고 가정에서 자녀에게 하나님의 말씀을 가르치는 일이 일어나야 한다. 우선 부모부터 올바른 신앙교육을 받는 일이 대단히 중요하다.

직장예배도 살아나야 한다. 자신의 일터에서 찬송을 부르고 성경을 보며 예배를 드리는 일이 얼마나 소중한 일인지 기억해야 한다. 우리는 만인 제사장설을 믿는다. 우리 모두가 제사장이라는 것은 우리 모두가 교회의 목사로 부름받았다는 것을 의미하지는 않는다. 우리 직장이 교회여야 한다. 그리고 그 직장을 섬기는 크리스천들은 모두가 다 그 직장을 위해 하나님의 부르심을 받은 제사장이어야 한다. 요즘 한국교회의 문제는 무엇인가? 교인들을 훈련시켜서 죄다 교회 일꾼으로만 만들려고 한다. 물론 교회 일꾼도 필요하다. 그러나 세상과 직장을 섬길 일꾼도 필요하다.

교회는 교인들을 훈련시켜서 세상으로 내보내야 한다. 그리고 그들이 세상을 섬기도록 해야 한다. 그들이 흩어지는 곳마다 하나님의 교회가 세워지도록 해야 한다. 우리가 열심히 모여서 교회생활을 하면 사탄은 어쩌면 교회를 포기하려고 할지 모른다. 그러나 우리가 열심히 교회생활만 하려고 하면, 이때 사탄은 우리가 교회에만 정신을 팔게 하고 세상은 포기하게 만드는지도 모른다. 이런 사탄의 작전에 넘어가서는 안 된다.

우리는 세상을 포기하면 안 된다. 교회의 가장 중요한 사명이 무엇인가? 세상을 교회, 즉 하나님나라로 만드는 것이다. 교회가 좋다고 그곳에 초막 셋을 짓고 영적인 소꿉장난만 하고 있는대서야 될 말인가? 세상으로 내려가 귀신 들린 아이에게서 귀신을 쫓아내는 사역을 감당해야만 한다.

사도행전에 보면 초대교인들이 오순절에 성령 충만함을 받은 후 핍박을 받아 사방으로 흩어지는 모습을 볼 수 있다. 사탄은 저들을 흩어지게 해서 그 세력을 약화시키려고 하였다. 그러나 그와 같은 사탄의 의도는 빗나가고 말았다. 이미 성령 충만함을 받은 초대교인들은 흩어져서도 조금도 기죽지 않았다. 저들은 가는 곳마다 세상에 하나님의 교회를 세웠다.

◆ 흩어지는 교회에도 성공해야

사도행전에는 모이는 교회와 흩어지는 교회, 두 모델이 분명하게 나타난다. 모이는 교회를 통해 능력을 받고 흩어지는 교회를 통해 그 능력으로 땅끝까지 복음의 증인이 되라고 하신 예수님의 말씀에 순종했던 모습을 볼 수 있다. 한국교회는 일단 모이는 교회로 성공한 모델이 되었다. 그러나 아직 흩어지는 교회에는 성공하지 못한 교회라고 할 수 있다. 교회는 교인들을 영적으로 잘 훈련시키고 무장시켜서 교회 밖에서도 그리스도인답게 사는 사람이 되게 해야 하며, 교회 밖에서 제사장 역할을 감당하는 사람이 되도록 해야 한다.

교인들의 가정이 교회가 되고 저들이 일하는 직장이 교회가 되도록 해야 한다. 우리도 사도행전에 나타나는 초대교회의 교인들같이 모이는 교회와 흩어지는 교회를 잘 섬김으로, 땅끝까지 주님의 복음을 전하는 사람들이 되어야 하겠다.

CHRISTIAN BASIC

PART 6

마라나타,
그분이 오십니다!

종말과 심판

CHAPTER 23

겁주는 게
아니라니까

종말과 심판

하나님을 알지 못하는 사람은 자신이 어디서 와서 어디로 가는 존재인지 알지 못한다. 그래서 그들은, 인생은 어디서 와서 어디로 가는지 알지 못하는 나그네와 같은 것이라고 고백한다. 어디서 와서 어디로 가는지 알지 못한다는 것은 출발을 알지 못하고 종착을 알지 못한다는 것을 의미한다. 그렇다면 그 사람은 자연히 방황하는 삶을 살 수밖에 없다.

종말이 있다

그러나 하나님을 믿는 사람은 방랑자가 아니다. 저들은 자신이 하나님께로부터 와서 하나님께로 가는 존재라는 것을 알고 있으며, 분명한 푯대를 향하여 달려가는 경주자로서의 삶을 살아간다. 하나님을 믿는 사람은 우리가 살고 있는 이 세상과 역사가 태초에 하나님에 의해 시작되었다는 것을 알고 있다. 그리고 이 세상과 역사가 종말을 향해 달려가고 있다는 사실도 알고 있다. 성경이 우리에게 그것을 가르쳐주고 있기 때문이다.

우리가 살아가는 이 세상과 역사는 하나님이 창조하신 본모습으로서의 세상과 역사가 아니다. 인간들이 범죄하여 망쳐놓은 세상과 역사다. 언젠가는 하나님께서 끝내시고 심판하실 세상과 역사다. 하나님께서는 분명히 우리에게, 하나님께서 새 하늘과 새 땅을 준비하고 계신다는 사실을 말씀하셨다.

너희는 마음에 근심하지 말라 하나님을 믿으니 또 나를 믿으라 내 아버지 집에 거할 곳이 많도다 그렇지 않으면 너희에게 일렀으리라 내가 너희를 위하여 거처를 예비하러 가노니 가서 너희를 위하여 거처를 예비하면 내가 다시 와서 너희를 내게로 영접하여 나 있는 곳에 너희도 있게 하리라 요 14:1-3

또 내가 새 하늘과 새 땅을 보니 처음 하늘과 처음 땅이 없어졌고 바다도 다시 있지 않더라 또 내가 보매 거룩한 성 새 예루살렘이 하나님께로부터 하늘에서 내려오니 그 준비한 것이 신부가 남편을 위하여 단장한 것 같더라 내가 들으니 보좌에서 큰 음성이 나서 이르되 보라 하나님의 장막이 사람들과 함께 있으매 하나님이 그들과 함께 계시리니 그들은 하나님의 백성이 되고 하나님은 친히 그들과 함께 계셔서 모든 눈물을 그 눈에서 닦아주시니 다시는 사망이 없고 애통하는 것이나 곡하는 것이나 아픈 것이 다시 있지 아니하리니 처음 것들이 다 지나갔음이러라 보좌에 앉으신 이가 이르시되 보라 내가 만물을 새롭게 하노라 하시고 또 이르시되 이 말은 신실하고 참되니 기록하라 하시고 또 내게 말씀하시되 이루었도다 나는 알파와 오메가요 처음과 마지막이라 내가 생명수 샘물을 목마른 자에게 값없이 주리니 이기는 자는 이것들을 상속으로 받으리라 나는 그의 하나님이 되고 그는 내 아들이 되리라 계 21:1-7

🔹 종말과 심판을 믿는 믿음

성경은 우리에게 종말의 때는 심판의 때가 될 것임을 말씀한다. 그리고 그 심판은 예수님의 재림을 통해 이루어질 것이라고 말씀하고 있다. 그러므로 종말과 예수님의 재림과 심판은 언제나 같은 개념으로 이해되고 있다.

"예수께서 이르시되 내가 진실로 너희에게 이르노니 세상이 새롭게 되어 인자(人子)가 자기 영광의 보좌에 앉을 때에 나를 따르는 너희도 열두 보좌에 앉아 이스라엘 열두 지파를 심판하리라"(마 19:28).

예수님이 다시 오실 때에 기뻐할 수 있는가?

예수께서 종말의 때에 재림하셔서 이 세상을 심판하시리라는 것이 우리의 신앙고백이다. 우리는 매주일 사도신경으로 다음과 같이 신앙을 고백하고 있다.

"… 하늘에 오르사, 전능하신 하나님 우편에 앉아 계시다가, 저리로서 산 자와 죽은 자를 심판하러 오시리라…."

종말의 때는 심판의 때다. 그날에 예수께서 재림하셔서 우리의 모든 삶을 심판하실 것이다. 우리는 이 세상과 역사의 종말을 믿을 뿐만 아니라 하나님의 심판을 믿는다. 그것이 우리의 믿음이다. 종말이 있음을 믿기 때문에 우리는 이 땅에 살지만 땅에 얽매여 살지 않는다. 땅은 우리가 영원히 머물 곳이 아니기 때문이다. 성경도 우리의 시민권은 이 땅에 있지 않고 하늘에 있다고 말씀하고 있다.

"그러나 우리의 시민권은 하늘에 있는지라 거기로부터 구원하는 자 곧 주 예수 그리스도를 기다리노니"(빌 3:20).

하늘에 시민권이 있다고 하여 이 세상을 소홀히 여기며 아무렇게나 살 수는 없다. 왜냐하면 종말만 있는 것이 아니라 심판도 있기 때문이다. 그러므로 우리는 이 땅에서 반듯하게 살아야 한다. 성실하게 살아야 한다. 심판이 있기 때문이다. 종말이 있음을 알기에 땅에 얽매이지 않고 자유하는 삶을 살 수 있으며, 심판이 있음을 알기에 땅에 대하여 자유하나 땅에서도 성실하고 반듯하며 책임 있는 삶을 살아야 한다.

사탄은 할 수 있는 대로 힘을 다해 종말과 심판을 믿지 못하게 하려고 한다. 믿는다고 해도 그것을 자꾸 잊어버리게 하려고 애쓴다. 종말과 심판이 있다는 것을 믿지 않거나 잊어버릴 때, 우리 삶이 온전해지지 못하며 추하게 된다는 것을 잘 알고 있기 때문이다. 종말과 예수님의 재림, 그리고 심판이 있다. 그리고 그것을 믿는 것이 믿음이다. 그 믿음이 우리의 삶을 반듯하게 하고 아름답게 한다.

🧊 종말은 언제나 가깝다

종말의 때가 언제인지 우리는 알지 못한다. 하나님께서 그것을 우리에게는 감춰두셨기 때문이다. 그 종말의 때가 언제인지는 알 수 없으나 우리는 죽음으로 그 종말을 맞게 될 것이다. 예를 들어 어떤 사람이 서기 1000년에 죽었다고 하자. 그런데 종말은 서기 2000년에 왔다고 한다면 시간적으로 볼 때 그는 죽어서 종말에 이르기까지 1000년을 기다려야만 했다는 계산이 나온다.

그러나 그것은 그렇지 않다. 죽음 이전의 시간과 죽음 이후의 시간이 다르다는 것을 우리는 알아야 한다. 죽음 이후에 우리는 영원한 시간으로 들어가게 된다. 이 세상의 시간은 직선적인 개념의 시간이어서 시작과 끝이 서로 거리를 두고 있다. 하지만 죽음 이후의 세상은 영원한 시간이 흐르는 곳으로, 영원한 시간은 원과 같은 개념의 시간이어서 시작과 끝 사이에 거리가 없다. 시작에 끝이 있고 끝에 시작이 있다. 그것이 바로 원의 개념이다. 원은 시작과 끝이 한 점에 있기 때문이다.

죽음 이후의 영원한 시간은 하루가 천 년 같고 천 년이 하루 같은 시간이다. 그곳은 이 세상에서의 서기 1000년과 서기 2000년이 한곳에 붙어 있는 곳이다. 그러므로 서기 1000년에 죽은 사람은, 서기 2000년에 종말이 온다고 해도, 죽음 이후 1000년을 어디서 더 기다릴 필요가 없다. 죽는 순간 그는 종말의 자리에 가게 된다. 그러므로 사람은 언제 죽든지 관계없이 종말의 자리,

심판의 자리에 서게 된다. 종말의 시간은 알 수 없다. 그러나 개인적으로 보면 죽음이 바로 종말이 된다.

예수님은 당시 백성들에게 "회개하라 천국이 가까이 왔다"라고 말씀하셨다. 그런데 2000년이 넘도록 하나님의 나라, 즉 종말은 오지 않고 있다. 예수님의 말씀이 잘못된 것일까? 그렇지 않다. 개인적으로 볼 때 종말은 죽음을 통해 온다. 그리고 그 죽음은 언제나 우리에게 가깝다. 우리에게 언제 종말이 올지 모르는 것과 마찬가지로 언제 죽을지 모르기 때문이다. 우리의 죽음이 오늘일지 내일일지 우리는 모른다. 죽음은 언제나 우리 가까이에 있다. 개인적으로는 죽음이 곧 종말이다. 그러므로 하나님의 나라는 언제나, 그리고 누구에게나 가까이 있다. 하나님의 나라가 가까웠다고 하신 예수님의 말씀은 옳다.

◈ 종말을 준비하는 지혜

종말이 있다. 사람에게도 종말이 있고 세상에도 종말이 있다. 죽음을 예상하고 죽음을 준비하는 삶이 지혜롭듯이 종말을 알고 종말을 준비하면서 사는 것이 지혜가 된다. 사람은 죽음을 생각하고 살 때 지혜롭고 아름답게 살 수 있다. 어떻게 죽어야 할지 생각하는 사람은 어떻게 살 것인가에 대한 해답도 얻을 수 있다. 죽음을 생각지 않고, 죽음을 예비하지 않는 모든 삶은 어리석고 추할 수밖에 없다.

종말이 있고 심판이 있다. 우리는 종말과 심판에 대한 확실한 믿음을 가져야 한다. 그 믿음은 종말에 대한 준비뿐만 아니라 종말 이전의 삶을 반듯하고 아름답게 하는 효과가 있다. 종말과 심판에 대한 신앙은 이 세상과 저 세상에서의 삶을 축복하는 매우 중요한 신앙이다.

CHAPTER 24

When과
Where의 문제

종말의 때

나는 아직도 시한부 종말론자들의 모임이었던 '다미선교회'를 기억하고 있다. 몇 년, 몇 월, 며칠에 종말이 온다고 교인들을 혼란에 빠뜨리는 시한부 종말론자들은 그간 언제나 교회를 어지럽혀 왔다. 예수께서 우리에게 분명히 종말의 때는 하나님만 아신다고 말씀해주셨음에도 불구하고 이런저런 엉뚱한 소리를 하면서 내내 종말의 때에 관해 이야기하는 사람들이 있었고, 그 말에 현혹되는 사람들 또한 계속 있었다는 것은 참으로 답답하고 안타까운 일이 아닐 수 없다.

"그러나 그날과 그때는 아무도 모르나니 하늘의 천사들도, 아들도 모르고 오직 아버지만 아시느니라"(마 24:36).

🔷 몰라도 돼

왜 하나님은 우리에게 종말의 때를 알려주려고 하지 않으신 걸까? 우리를 무시하셔서 그러신 걸까? 대답은 "그렇지 않다"이다. 하나님은 우리를 무시해서 그것을 우리에게 감추시는 게 아니다. 우리를 무시해서가 아니라 우리를 위하고 사랑해서 그러신 것이다. 종말의 때를 아는 것이 우리에게 유익하지 않기 때문이다. 몰라도 되어서 그러는 게 아니라 몰라야 되기 때문에 그러시는 것이다.

만일 종말의 때가 2030년 12월 31일이라고 가정해보자. 하나님께서 그것을 우리에게 계시해주고 알려주셨다면 대부분의 경우 사람들은 2030년 1월 1일 정도나 돼서 정신을 차리고 종말을 준비하게 될 것이다. 종말은 그때부터 준비해도 충분하기 때문이다. 그보다 좀 더 늦게 준비한대도 상관이 없다. 계산적으로 말한다면 2030년 12월 30일에 회개해도 능히 천당에 가게 될 테니 말이다.

종말의 때를 미리 알게 된다면 그날이 되기 전까지 아무래도 우리는 나태하고 안이해질 가능성이 높다. 그래서 하나님은 우리에게 일부러 종말의 때를 가르쳐주지 않으신 것이다. 하나님께서 우리에게 종말의 때를 가르쳐주지 않은 가장 중요한 이유는

슬기로운 처녀 -

매일매일 주님 다시 오심을 준비하며 사는가?

하루하루를 오늘이 마치 종말인 것처럼 생각하고 살아가게 하시기 위함이다. 그런 마음과 자세로 살아간다면 그날 하루하루가 마치 구원받은 천국생활과 같아질 수 있기 때문이다.

예수님의 비유 중에 열 처녀 비유가 있다. 지혜로운 다섯 처녀는 미리 기름을 준비해서 혼인 잔치에 들어갔지만, 나머지 어리석은 다섯 처녀는 미리 기름을 준비하지 못해서 신랑의 혼인 잔치에 들어가지 못했다는 말씀이다. 지혜로운 다섯 처녀는 신랑이 오는 시간을 미리 알고 있었고 어리석은 다섯 처녀는 신랑이 언제 오는지 그 시간을 몰랐던 것일까? 그렇지 않다. 지혜로운 처녀나 어리석은 처녀 모두 신랑이 오는 시간을 알지 못했다는 점에서는 차이가 없다.

🔲 당장 오늘이다

그러나 지혜로운 처녀는 신랑이 마치 지금 당장 올 것처럼 생각했고, 어리석은 처녀는 설마 신랑이 지금 당장 올까 생각했던 것이다. 여기에 지혜로운 처녀와 어리석은 처녀의 중요한 차이가 있다. 하나님은 우리가 지혜로운 다섯 처녀와 같이 생각하면서 살기 원하신다. 하나님의 종말과 심판이 어느 때인지 알지 못하더라도, 지혜로운 다섯 처녀와 같이 그 종말과 심판이 마치 오늘인 것처럼 생각하고 조심하면서 산다면 그는 죽어서도 천국에 가겠지만 살아 있는 이 세상에서도 구원받은 자의 축복된 삶을 살 수 있을 것이다.

그런 마음과 정신으로 예수 믿는 것을 일러 우리는 '종말 신앙'이라고 한다. 하루하루를 그날이 마치 종말인 것처럼 준비하면서 사는 삶은 지혜로운 삶이다. 그것처럼 지혜로운 일은 없다. 매일매일을 종말로 인식하고 지혜로운 처녀가 기름을 준비하듯 하나님나라를 준비하면서 살면 죽어서도 천국에 가는 것은 물론 이 세상에서의 하루하루가 마치 천국의 삶인 것처럼 살 수 있게 된다. 하나님은 바로 우리가 그런 삶을 살도록 하기 위해 종말의 때를 우리에게 알려주지 않고 감춰두셨다.

CHAPTER 25

당신은
안 죽어요

부활과 하나님나라

부활은 우리 기독교 신앙의 핵심이 되는 진리이다. 모든 신앙의 중심과 목표가 바로 부활에 있기 때문이다. 우리는 바로 이 부활 하나만을 바라보고 세상 사람들이 상상하기 어려운 삶의 투자를 하면서 살아가고 있다. 그러므로 만약 부활이 없다면 우리처럼 불쌍한 사람도 없을 것이다. 사도 바울은 이것을 고린도전서 15장 19절에서 "만일 그리스도 안에서 우리가 바라는 것이 다만 이 세상의 삶뿐이면 모든 사람 가운데 우리가 더욱 불쌍한 자이리라"라는 말로 고백하고 있다.

🧊 두 가지 부활

성경은 우리에게 두 가지 부활이 있음을 말씀해주고 있다. 하나는 생명의 부활이요, 다른 하나는 사망의 부활이다. 우리는 보통 생명의 부활에 대해서만 생각하는데, 부활에는 생명의 부활만 있는 것이 아니라 사망의 부활도 있다는 것을 알아야 한다.

성경의 표현대로 하자면 생명의 부활은 새 하늘과 새 땅으로의 부활이요(계 21:1, "또 내가 새 하늘과 새 땅을 보니 처음 하늘과 처음 땅이 없어졌고 바다도 다시 있지 않더라"), 사망의 부활은 불과 유황으로 타는 못으로의 부활이다(계 21:8, "그러나 두려워하는 자들과 믿지 아니하는 자들과 흉악한 자들과 살인자들과 음행하는 자들과 점술가들과 우상 숭배자들과 거짓말하는 모든 자들은 불과 유황으로 타는 못에 던져지리니 이것이 둘째 사망이라").

생명의 부활이 있다. 그러므로 이 세상에서의 삶이 좀 힘들고 어렵더라도 절망하거나 낙심할 필요는 없다. 부활의 날에 우리의 모든 삶은 생명으로 회복될 것이기 때문이다. 그리고 사망의 부활이 있다. 그러므로 이 세상에서 조금 성공하고 출세했다고 해서 함부로 안심하면 안 된다. 이 세상에서의 삶으로 모든 것이 끝나는 게 아니기 때문이다. 부활의 날에 사망의 부활로 부활하게 된다면, 이 세상에서의 성공과 출세가 아무것도 아닌 게 되기 때문이다.

성경은 사망의 부활을 둘째 사망이라고 한다. 이 둘째 사망의 특징은 죽지 않는 사망이라는 것이다. 영원히 죽지 않고 사망의 고통을 당하는 것이 둘째 사망이다. 그곳에서는 죽음도 축복이 된다. 죽음으로 모든 고통을 끝낼 수만 있다면 그것은 축복이다. 그러나 그곳에서는 아무리 죽음을 바란다 해도 죽을 수가 없다. 부활에는 두 가지 부활이 있다는 사실을 한시도 잊어서는 안 된다.

🔵 회복과 부흥, 부활의 능력

우리가 믿고 소망하는 부활은 생명의 부활이다. 새 하늘과 새 땅으로의 부활이다. 그것이 진정한 의미의 부활이다. 생명의 부활에는 두 가지 중요한 능력이 포함되어 있다. 첫째는 회복의 능력이고, 둘째는 부흥의 능력이다. 생명의 부활 속에는 회복의 능력이 있다. 부활을 통해 모든 것이 회복되기 때문이다. 부활을 통해 모든 것이 회복되지만 그 가운데서도 대표적인 것으로 다음 세 가지 회복을 들 수 있다.

첫째, 생명으로의 회복이다.

부활을 통해 모든 죽음이 생명으로 회복된다. 죄로 말미암아 이 땅에 죽음이 들어왔다. 그러므로 사람은 누구나 죽게 되어 있다. 히브리서 9장 27절에도 보면 "한 번 죽는 것은 사람에게 정해진 것이요 그 후에는 심판이 있으리니"라고 기록되어 있다. 모든 사람은 죽어서 이 세상을 떠나게 되고 죽음으로 사랑하는 사람과 이별할 수밖에 없다. 그러나 이 모든 슬픈 죽음이 부활의 날에 생명으로 회복될 것이다.

"예수께서 이르시되 나는 부활이요 생명이니 나를 믿는 자는 죽어도 살겠고 무릇 살아서 나를 믿는 자는 영원히 죽지 아니하리니 이것을 네가 믿느냐"(요 11:25, 26).

우리는 부활의 날에 예수님을 믿은 자의 모든 죽음이 생명으로 회복된다는 것을 알고, 또 믿고 있다. 부활 속에는 죽음을 생명으로 다시 회복시키는 하나님의 능력이 있다.

둘째, 아름다움으로의 회복이다.

요한계시록 21장 말씀에 따르면, 하나님께서 우리를 위해 예비하신 새 하늘과 새 땅은 마치 신부가 남편을 위하여 단장한 것처럼 아름답다고 한다. 죄로 말미암아 이 세상과 세상 사람들은 하나님이 주셨던 모든 깨끗함과 아름다움을 상실하게 되었다. 그러나 부활의 날에는 죄로 말미암아 상실했던 삶의 아름다움이 다시 회복될 것이다. 부활을 통해 온 세상이 깨끗하고 아름답게 회복될 것이다. 아름답게 회복되는 것은 비단 세상과 자연뿐만이 아니다. 좀 더 중요한 것은 사람과 그 사람의 삶이 아름답게 회복되리라는 것이다.

세상에는 미운 사람들이 있다. 추한 사람도 있다. 악한 사람

무덤이 끝이 아니다. 부활의 첫 열매인 예수님이 우리를 부활시키신다.

도 있다. 사람은 본래 하나님의 형상을 닮았는데 죄로 말미암아 그 소중한 하나님의 형상을 잃어버렸다. 그러나 부활의 날에 우리는 잃었던 하나님의 형상을 다시 회복하게 되고 모두 아름다운 사람이 될 것이다. 하나님을 닮게 될 것이기 때문이다. 생각과 마음과 행동이 모두 하나님을 닮은 사람으로 부활하게 된다.

내 속에는 내가 원치 않는 '나'가 있다. 그래서 나는 때때로 나 자신이 마음에 들지 않는다. 못마땅하다. 다른 사람들에게 감추고 살지만 나 자신에게까지 감출 수는 없다. 마음으로는 하나님을 섬기려고 하는데, 육신으로는 죄의 법을 섬기는 어떻게 할 수 없는 '나'가 내 안에 있다. 그러나 부활의 날에 그런 '나'는 다 없어지고 정말 마음에 드는 '나'로 회복될 것이다. 부활에는 모든 악하고 추한 것들이 다시 하나님의 형상을 닮은 아름다운 존재와 삶으로 회복되는 놀라운 능력이 있다.

셋째, 완전함으로의 회복이다.

죄로 말미암아 타락한 세상은 불완전한 세상이다. 불완전함에서는 불안전함이 나오고, 그 불안전함에서 모든 실패와 좌절이 생겨난다. 세상은 늘 불안전하고 그래서 세상에서의 삶은 늘 불안하고 초조하다. 그러나 부활은 그런 인간의 모든 불완전함을 완전함으로 회복시킨다. 완전함의 회복은 안전함으로 나타나고, 안전함을 통하여 모든 실패와 좌절이 회복될 것이다. 그래서 그 나라에는 눈물도, 애통함도 없다고 성경은 말씀한다. 완전한 세상이기 때문이다.

◆ 부활의 능력은 구체적으로 나타난다

부활은 예수님의 재림과 심판을 통해 이루어진다. 그 날과 시한은 우리가 알지 못한다. 그러나 우리가 알아야 할 것이 있다. 부활의 때는 우리가 알지 못하는 미래가 될 테지만, 그 부활의 능력은 후에 나타나는 것이 아니고 우리가 살아 있는 지금부터 나타난다는 것이다. 예수를 바르게, 그리고 온전히 믿으면 이 땅에서도 우리는 부활의 능력을 덧입으면서 살아가게 된다. 그 부활의 능력은 앞에서도 이야기한 바와 같이 회복과 부흥으로 우리 삶에 나타나게 된다. 모든 죽음과 실패는 생명과 성공으로 회복될 것이다. 악함과 추함은 선함과 아름다움으로 회복될 것이다. 우리의 불완전하고 불안전한 모든 삶은 완전하고 안전한 삶으로 바뀌게 될 것이다. 그래서 우리의 삶에는 진정한 부흥의 역사가 일어나게 될 것이다.

성경이 약속한 바와 같이 시냇가에 심은 나무가 철을 따라 열매를 맺는 것과 같은 현상이 우리 삶에 구체적으로 나타나게 된다는 말이다. 나는 목회가 직업인 사람이다. 나는 목회 성공을 통해서 인생의 성공을 이루게 될 것이다. 나는 내가 온전한 믿음을 통해 부활의 축복을 얻게 된다면, 현세와 내세에서 분명히 부활의 능력을 체험하게 되리라는 것을 믿는다. 그 부활의 능력을 덧입으며 살아가면 틀림없이 목회에도 성공할 것이라고 확신한다. 그리고 그런 능력과 축복은 목회뿐만 아니라 가정과 자녀 양육에도 나타날 것이다.

이런 일이 목회뿐만 아니라 우리의 삶 전반에 걸쳐서 나타난다. 정치, 경제, 사회, 문화 할 것 없이 그곳에 부활의 능력이 나타나면 모든 어그러진 것은 바르게 회복되고, 모든 약하고 죽어가는 것은 강하고 생명력 있는 것으로 바뀌게 되어 진정한 부흥의 역사가 삶의 구체적인 현장에 나타날 것이다.

그러므로 우리는 부활을 사모해야 한다. 부활의 능력이 우리의 모든 삶을 주관할 수 있게 되기를 소원하기 바란다.

● 오직 믿음

부활의 능력을 덧입기 원한다면 이 부활의 능력을 어떻게 얻을 수 있는지 알아야 한다. 부활의 능력과 축복은 오직 믿음으로만 얻을 수 있다. 돈은 귀하고 유용하고 좋은 것이다. 세상의 온갖 좋은 것을 살 수 있다. 그러나 돈으로도 구원과 부활을 살 수는 없다. 세상의 그 어떤 지식이나 세상의 그 어떤 권세로도 구원과 부활을 살 수는 없다. 구원과 부활은 오직 믿음으로만 얻을 수 있다.

오직 믿음의 부유함만이 부활의 능력을 소유할 수 있다. 그런데 우리의 문제는 이 믿음이 부유하지 못하다는 데 있다. 우리의 믿음은 참으로 가난하고 초라한 것일 때가 많다. 믿음이 없지는 않지만 그것이 너무 보잘것없고 초라해서 부활의 능력을 덧입지 못한 채 참으로 가난한 삶, 구차한 삶을 살아가게 되는 경우가 많다.

아이들이 공부하는 것을 보면 대개 부모님들은 성에 차지 않아 한다. 공부를 안 하는 것은 아닌데 집중하지 않고 대충대충 적당히 하는 경우가 많다는 얘기다. 그럴 때 우리는 답답해서 아이들에게 "애야, 그렇게 공부해서 대학에 갈 수 있겠니?"라고 이야기한다. 그런데 생각해보면 우리가 예수를 믿는 모습이, 영락없이 꼭 공부 잘 못하는 아이들이 공부하는 것과 비슷하다. 안 믿는 것은 아닌데 믿음에 집중하지 못한다. 그래서 믿음이 영 시

원치 않은 경우가 많다. 평생을 믿어도 자라지 않는 믿음을 가지고 있다. 그러면 혹 하나님이 우리에게 이렇게 말씀하지 않으실까?

"얘야, 그렇게 예수 믿어서 어디 천당 가겠느냐?"

성경은 입으로 "주여, 주여" 한다고 다 하나님나라에 들어가는 게 아니라고 말씀한다. 그저 성전 뜰만 밟고 다닌다고 구원을 얻는 것이 아니다. 교회 봉사는 중요하다. 하지만 교회 봉사만 한다고 구원을 얻는 것은 아니다. 봉사를 아무리 열심히 해도 정작 예수 믿는 믿음은 보잘것없는 사람들이 많다. 연보를 많이 한다고 구원을 얻는 것도 아니다. 구원은 오직 믿음으로만 얻는다.

믿으면 반드시 얻는다. 그러나 믿지 않거나 믿음이 부족하다면 세상의 그 어떤 것으로도 구원을 얻을 수는 없다. 믿음으로만 구원을 얻을 수 있다. 구원을 얻으면 죽어서는 물론이려니와 이 땅에서도 부활의 능력을 덧입게 될 것이다. 모든 죽음과 실패는 회복될 것이고 모든 삶과 일에는 하나님의 부활의 능력이 나타나게 될 것이다.

🔵 회복 플러스 부흥

부활 속에는 회복의 능력뿐만 아니라 부흥의 능력이 함께 들어 있다. 부활은 단순한 회복에서 그치지 않는다. 회복만으로도 큰 은혜가 되지만 부활은 그 회복 위에 부흥을 더한다. 회복과 부흥은 하나님의 본래 창조 원리요, 원칙이다. 심각한 것은 아니었다 해도 이제껏 살아오면서 이런저런 병에 걸려 고통스러웠던 적이 있다. 그러나 나는 나를 괴롭혔던 모든 병에서 다 치유되었다. 회복된 것이다.

축구를 하다가 새끼손가락이 부러진 적이 있었다. 그런데 그것도 얼마 가지 않아 제자리를 찾아 붙어서 다시 온전하게 되었다. 스케이트를 타다가 넘어져서 스케이트 날에 손바닥을 베인 적도 있었는데, 그 손바닥도 지금은 다 붙어서 아무런 문제가 없다. 모든 것이 주 안에서 다 회복되고 있다. 사람도, 자연도 모든 것이 다 회복되고 있다.

부흥과 성장도 하나님의 창조원리다. 밀알 하나를 심으면 그것이 30배, 60배, 100배가 된다고 성경은 말씀하고 있다. 그러나 그것은 최소한을 이야기하고 있다. 사실은 100배도 훨씬 넘는다. 하나님의 원칙과 질서 안에 있으면 부흥하고 성장하는 것이 원칙이다. 시편 1편에도 복 있는 사람은 시냇가에 심은 나무와 같이 철을 따라 열매를 맺으며 하는 모든 일이 다 형통하리라고 말씀하지 않는가. 하나님이 창조하신 삶은 열매를 맺고 형통한 삶을 사는 것이 원칙이다. 그것이 하나님의 뜻이다.

그러나 우리는 범죄함으로 하나님의 원칙과 질서를 잃어버리게 되었다. 실패하고 연약해지는 것은 하나님의 뜻이 아니다. 실패와 연약함은 우리의 죄악으로 말미암은 것이고, 본래 하나님의 뜻과 원칙은 부흥과 성장에 있다는 것을 우리는 알아야 한다. 부활의 때에 우리 삶은 단순히 회복되는 데서 그치지 않고 부흥하고 발전하게 된다는 것을 믿는 믿음이 중요하다.

부활이라는 단어를 영어 사전에서 찾아보면 그 속에 'Restoration'(회복)과 'Revival'(부흥)이라는 단어가 함께 있는 것을 볼 수 있다. 부활은 회복을 의미하며 부흥을 의미하기 때문이다. 부활을 통해 우리는 우리의 모든 삶이 완전하고 아름답게 회복되고, 회복될 뿐만 아니라 우리 삶이 30배, 60배, 100배로 부흥하는 축복을 경험하게 될 것이다.

온전한 믿음을 가지고 목회를 하는 사람은 목회에 성공하게 될 것이요, 온전한 믿음을 가지고 사업을 하는 사람은 사업에 성공하게 될 것이요, 온전한 믿음을 가지고 직장생활 하는 사람은 직장에서 성공하게 될 것이다. 구원과 부활의 능력은 가정에도 나타나고 세상에도 나타나며, 교회에, 그리고 우리 마음속에도 나타나게 될 것이다.

이런 놀라운 축복을 누리는 데까지 이르도록, 우리는 믿음의 부유함을 사모해야 한다. 믿음으로 살고 믿음으로 일하기 위해 힘쓰고, 노력하며 기도해야 한다. 가정생활을 믿음으로 하고, 직장생활을 믿음으로 하고, 교회생활을 믿음으로 해야 한다. 그러면 믿음으로 한 모든 일에 구원과 부활의 역사가 나타나게 된다.

CHRISTIAN BASIC

PART 7

선교가 서글서글

그리스도의 증인론

CHAPTER 26

혼자 잘 살면
무슨 맛이여?

중생자의 소명

사람은 어느 때 가장 행복할까? 죽을 만큼 사랑하는 사람을 만
날 때 사람은 행복하다. 함석헌 선생의 시 중에 〈그대는 그 사람
을 가졌는가?〉라는 시가 있다.

> 만리 길 떠나는 길
> 처자를 내맡기며 갈 만한 사람
> 그 사람을 그대는 가졌는가?
> 탔던 배 꺼지는 순간
> 구명대 서로 사양하며

너만은 제발 살아다오 할 만한 사람
그 사람을 그대는 가졌는가?
(후략)

나는 이 시를 1977년에 알게 되었다. 이 시를 본 즉시 나는 캐
나다에 있던 내 친구에게 편지를 썼다. 그 친구가 바로 내게는
그런 친구였기 때문이다. 이 시를 다 타이핑한 후 나는 맨 밑에
이렇게 적어넣었다.

네가 있는 나는 행복이니라.
내가 있는 너도 행복이니라.
너와 내가 있는 이 세상도 행복이니라.

🧊 소명과 행복

죽을 만큼 사랑하는 사람이 있을 때 사람은 행복한 것처럼,
죽을 만큼 사랑하는 일이 있을 때도 사람은 행복하다. 죽을 만
큼 사랑하는 일, 그것을 우리는 소명이라고 부른다. 소명이 있을
때에만 사람은 행복하다. 나는 윤동주 시인의 〈십자가〉라는 시
를 좋아한다.

좇아오던 햇빛인데

지금 교회당 꼭대기

십자가에 걸리었습니다

첨탑이 저렇게도 높은데

어떻게 올라갈 수 있었을까요?

종소리도 들려오지 않는데

휘파람이나 불며 서성거리다가

괴로웠던 사나이

행복했던 예수 그리스도에게처럼

나에게도 십자가가 허락된다면

모가지를 드리우고

꽃처럼 피어나는 피를

어두워가는 하늘 밑에

조용히 흘리겠습니다.

　자기 한 목숨, 십자가에 걸 만한 일이 있는 사람은 행복한 사
람이다. 절대 불행한 사람이 아니다. 그래서 윤동주는 그 예수님
의 십자가를 부러워하고 있다. 그것이 얼마나 괴로운 일인가를

뻔히 알면서도 그것을 부러워하고 있다. 아무리 어렵다고 해도 옛날에 비하면 모든 것이 풍족하고 넉넉해졌다. 그러나 그것이 우리를 좀 더 행복하게 만드는 것은 아니다. 행복은 소유의 넉넉함에 달려 있지 않기 때문이다.

먹고사는 일은 전보다 많이 나아졌지만 먹고 죽을 일, 즉 자기 한 목숨을 십자가에 걸 일이 없어졌기 때문에 우리의 삶은 그저 그렇고 그런 삶이 되어버리고 말았다. 죽을 만큼 사랑하는 사람을 찾아야 한다. 죽을 만큼 사랑하는 일을 찾아야 한다. 자기 한 목숨을 십자가에 걸어도 좋을 만한 일을 찾아야 한다. 그래야만 행복한 삶을 살 수 있다.

◈ 십자가에 걸어도 좋을 일

자기 한 목숨을 십자가에 걸어도 좋을 만한 일은 과연 무엇일까? 단 하나뿐인 귀한 목숨을 걸 만큼 귀하고 소중한 일은 과연 무엇일까? 나는 그것을 선교라고 생각한다. 이전에 방영되었던 텔레비전 프로 중에 미국의 911 대원들(우리나라로 말하면 119 대원들)의 활동상을 그린 다큐멘터리 식의 프로그램이 있었다. 911 대원들이 최선을 다해 위급한 사람들의 생명을 건져내려 애쓰는 모습을 담은 프로그램이었다.

자기 생명을 지키기 위해 최선을 다하는 것도 아름답지만, 다른 사람의 생명을 구하기 위해 최선을 다하는 모습은 언제 보아

중생자는 전도에 목숨을 건다.

도 감동적이다. 그런 최선의 봉사로 죽을 사람이 살아났을 때, 서로 부둥켜안고 펄쩍펄쩍 뛰는 모습을 보면서 '얼마나 기쁠까, 얼마나 좋을까' 생각해본 적이 있다. 그리고 그런 생각을 하면서 하나님께 "하나님, 저도 저런 일 한 번만 해보게 해주세요"라고 기도를 한 적도 있었다. 그런데 하나님은 그 지나가는 말로 한 것 같은 기도에도 응답해주셨다.

전에 섬기던 교회에서 성경 공부반을 만들어 매주 화요일에 성경 공부를 했었다. 교회가 컸기 때문에 새벽반과 낮반으로 나누어 공부를 했는데, 어느 날 권사님 한 분이 나를 찾아와서 시간을 좀 내달라고 하셨다. 이유를 물었더니 점심을 한턱내고 싶어서 그러신다고 했다. 무슨 좋은 일이 있으시냐고 물었더니, 내가 자기 딸을 살려주어서 그런다고 대답하셨다. 하지만 나는 그 권사님의 딸이 누군지도 모르고 있었다. 그래서 나는 권사님께 "따님이 누군지 알지도 못하는데 내가 언제 권사님 따님을 살려주었다고 그러시냐?"고 물었다. 권사님은 내게 자초지종을 밝혀주셨다.

권사님 딸은 우리나라의 유명한 오페라 주연 가수 중의 하나라고 한다. 결혼한 지 얼마 되지 않아 남편이 미국에 잠깐 다녀오겠다며 간 후 돌아오지 않고 그곳에서 또다시 결혼을 했다고 한다. 그날부터 권사님 딸은 꼭 15년 동안, 집 밖으로 한 번도 나오지 않았다. 말이 쉬워서 15년이지 15년 동안 집 밖으로 나오지 않았다는 것은 완전히 폐인이 되었다는 것을 의미한다. 권사님의 남편은 딸의 일로 충격을 받아 그만 세상을 떠나고 말았다. 15년 만에 그 딸은 어머니 손에 이끌려 교회에 나오게 되었다. 어머니를 따라 교회에 나오기는 했지만 꼭 닫힌 마음의 문을 다 연 것은 아니었다. 그렇게 화요 성경 공부 시간에도 나오게 되었는데, 여전히 마음의 문이 닫힌 채였다.

그러나 놀라운 일이 일어났다. 어느 날 하나님의 말씀이, 굳게 닫아걸린 그 딸의 마음의 문을 뚫고 들어가게 되었다. 그 말씀 하나가 그 딸의 마음에 가 닿으면서 놀라운 생명의 역사가 일어나기 시작했다. 좁은 틈으로 하나님의 말씀이 들어가기 시작했다. 그 말씀이 들어가면서 권사님 딸은 살아나기 시작했다. 끌려 나오던 딸이 따라 나오기 시작했고 나중에는 어머니를 끌고 나오다시피 할 만큼 열심을 내게 되었다.

어느 날 그 권사님 딸은 낮반에 있는 찬양대에 들어가게 되었고, 드디어 어느 날인가 독창곡도 부르게 되었다. 마음에서부터 우러나오는 감격적인 찬양을 할 수 있었다. 사정을 알지 못하는 교인들도 깊은 은혜를 받은 찬양이었다. 그러나 그날 찬양으로 가장 큰 은혜를 받은 사람은 다름 아닌 권사님이었다. 권사님은 그 찬양을 들으면서 '죽었던 내 딸이 다시 살아났다'는 생각을 했다. 그래서 나에게 점심을 사겠다고 했다는 것이다.

◼ 영적 119 대원

그 이야기를 들으면서 나는 정말 기뻤다. 당장 죽어도 원이 없겠다 싶을 만큼 기뻤다. 내가 살린 것은 아니지만 내가 전한 하나님의 말씀에 죽었던 사람 하나가 살아났다는 것은 얼마나 감격스러운 일인지 모른다. 나는 그 순간 911 대원이 되게 해달라는 내 기도가 응답되었다는 것을 깨달았다. 나는 그 순간 내가 영적 911 대원이 되었다는 사실을 알게 되었다. 영적 911 대원, 얼마나 근사한 일인가?

영적 911 대원은 세상의 911 대원과 비교할 수 없는 일을 하는 사람이다. 세상의 911 대원은 육신의 생명만 건지지만 그날 내가 하나님의 말씀으로 살린 생명은 다르다. 단순한 생명이 아니라 영적인 생명이었다. 그리고 911 대원은 생명의 질에 대해서는 책임을 질 수 없다. 그가 불행할지 행복할지 보장할 수 없다. 그러나 내가 살린 생명은 그냥 육신의 호흡만 살려놓은 생명이 아니다. 이 땅에 살면서도 천국을 사는 생명, 그것도 잠시가 아니라 영원히 사는 그런 생명으로 살려놓은 것이다.

나는 그 순간 단 하나밖에 없는 귀한 생명을 십자가에 걸어야 할 일이 선교라는 사실을 깨닫게 되었다. 믿지 않는 사람에게 복음을 전하여 그 사람이 예수 믿고 구원을 얻게 하는 일, 그보다 더 귀한 일은 세상에 없다는 것을 알게 되었기 때문이다. 사람들에게 복음을 전하는 일, 그리하여 그가 예수 그리스도를 자신의 주(主)로 영접하고 그분의 말씀대로 살아 구원을 얻게 하는 일, 이 땅에 하나님나라를 건설하여 뜻이 하늘에서 통한 것같이 땅에서도 통하게 하는 일, 그것은 얼마나 귀한 일인가? 세상에 그보다 더 귀한 일은 어디에도 없다.

예수 믿고 구원을 얻은 사람의 소명은 선교이다. 그가 목사든 교인이든 상관이 없다. 차이가 없다. 목사의 소명도 선교요, 교인의 소명도 선교이기 때문이다. 디모데후서 4장 2절에 "너는 말씀을 전파하라 때를 얻든지 못 얻든지 항상 힘쓰라 범사에 오래 참음과 가르침으로 경책하며 경계하며 권하라"라는 말씀이 있다. 우리의 모든 시간은 선교를 위해 쓰여야만 한다. 구원을 얻은 우리의 소명이 바로 선교에 있기 때문이다.

🔷 각각 선교지로 부르시다

사람들은 목사를 성직자라고 한다. 그렇다. 목사는 성직자다. 그러나 목사만 성직자는 아니다. 예수를 믿는 모든 사람의 직업은 모두 성직이다. 성경이 우리에게 그렇게 가르쳐주고 있다.

"그러나 너희는 택하신 족속이요 왕 같은 제사장들이요 거룩한 나라요 그의 소유가 된 백성이니 이는 너희를 어두운 데서 불러내어 그의 기이한 빛에 들어가게 하신 이의 아름다운 덕을 선포하게 하려 하심이라"(벧전 2:9).

어느 대학교의 교수님들과 함께 성경 공부를 한 적이 있었다. 어느 교수님 한 분이 학기 초에 학교 게시판에 자신이 예수 믿는 교수임을 밝히고 자신과 함께 성경 공부를 할 학생을 모집한다고 광고를 냈다. 그 교수님의 말에 따르면, 20여 명의 학생이 신청했는데 그중 9명이 전혀 교회를 다니지 않는 학생이었다고 한다.

만일 내가 그 학교의 게시판에 그와 같은 광고를 냈다면 어땠을까? 그래도 학생들이 왔을까? 아마도 몇 명쯤 왔을는지 모른다. 그러나 전혀 교회를 다녀보지 않은 학생은 거의 오지 않았을 것이다.

여기서 우리는 교회에 나가본 경험이 없는 대학생들에게 선교하기에는 목사보다 교수가 더 효과적이라는 사실을 알 수 있다.

땅끝까지 복음을 전하기 위해 모든 사람이 다 목사가 될 필요는 없다. 그럴 필요가 없는 것이 아니라 그렇게 해서는 안 된다. 모두가 다 목사가 된다면 절대로 땅끝까지 복음을 전할 수 없게 되고 만다. 모든 직업을 성직으로 이해하고 그렇게 헌신할 때라야 땅끝까지 복음을 전할 수 있게 될 것이다.

나는 앞에서 모이는 교회와 흩어지는 교회에 대해 이야기한 바 있다. 이를테면 직장은 흩어지는 교회다. 직장은 우리의 선교지이며 모든 직업인은 그 선교지의 선교사이고 목회자이다. 그것이 바로 만인 제사장설의 바른 이해라고 할 수 있다. 선교적인 소명을 감당하기 위해 누구나 다 신학교에 들어가 목사가 될 필요는 없다. 왜냐하면 목사만 성직이 아니라 모든 직업이 다 성직이기 때문이다. 우리는 우리가 가진 은사와 달란트에 따라 전공과 직업을 택해야 한다. 그러나 그 직업과 전공을 자신을 위해 사용하지 않고 하나님과 선교를 위해 사용해야 한다. 그렇게 한다면 우리가 무슨 직업에 종사한다고 해도 우리는 선교사다.

직업은 단순히 밥을 벌어먹기 위한 수단이 아니다. 직업은 그보다 더 중요한 의미가 있다. 직업은 소명이다. 직업에는 선교적인 소명이 있다. 그래서 영어로는 'calling'이라고 하는 것이다. 한국교회는 교인들에게 이것을 가르쳐주어야만 한다. 물론 교회생활을 열심히 하는 것도 중요하지만 그에 못지않게 사회생활과 직장생활, 그리고 가정생활을 바르게 하는 것 역시 중요하다고 가르쳐야 한다.

　가정과 직장이 목회지라는 사실, 우리 각 사람들이 그 목회지에 파송된 목회자라는 사실을 가르쳐주어야만 한다. 교인들을 훌륭한 선교사로, 목회자로 양육하여 저들의 임지인 가정과 세상으로 파송하는 일이 교회의 중요한 사명임을 가르쳐야만 한다.

CHAPTER 27

그냥 가면 안 돼요

선교를 위한 준비

선교적 소명을 이루기 위해 필요한 두 가지가 있다. 그것은 헌신과 준비다. 선교적 헌신이 없다면 아무리 잘 준비된 사람이라고 해도 선교적인 삶을 살 수 없다. 반대로 아무리 선교적인 헌신이 투철하다고 해도 그에 따라 철저히 준비되지 않았다면 선교의 효과가 크게 나타날 수 없게 된다. 그러므로 선교적인 소명을 온전히 이루기 위해서는 반드시 헌신과 준비가 뒤따라야만 한다.

여기서는 선교에 헌신한 사람이 효과적인 선교를 하기 위해 어떤 준비를 해야 하는지 다루어보려고 한다. 좀 더 효과적인 선교를 위해 우리는 다음과 같은 것들을 준비해야 한다.

🔷 첫째가 믿음

선교(宣教)와 전도(傳道)에서 가장 중요한 것은 '宣'(베풀 선)과 '傳'(전할 전)이 아니라 '敎'(가르칠 교)와 '道'(길 도)다. '敎'와 '道'가 철저하지 못하면 어떻게 온전한 선교와 전도를 할 수 있겠는가? 그러므로 선교적인 소명을 위해 준비하는 자는 먼저 기독교의 '敎'와 '道', 즉 말씀에 대한 확고한 믿음과 신념이 있어야 한다. 사도 바울은 우리가 잘 아는 고린도전서 4장 1,2절에서 다음과 같이 말한다.

"사람이 마땅히 우리를 그리스도의 일꾼이요 하나님의 비밀을 맡은 자로 여길지어다 그리고 맡은 자들에게 구할 것은 충성이니라."

대개 사람들이 이 말씀 속에서 가장 많이 인용하는 부분은 "맡은 자들에게 구할 것은 충성이니라"라는 말씀이다. 그러나 이 말씀을 잘 살펴보면 충성보다 앞서서 강조하고 있는 말씀이 있는 것을 알 수 있다. 그것은 "하나님의 비밀을 맡은 자로 여길지어다"라는 말씀이다. 하나님은 충성보다 하나님의 비밀을 아는 것을 더 중히 여기고 계신다. 왜냐하면 하나님의 비밀을 알지 못하고 충성하면 엉뚱한 일이 일어날 수 있기 때문이다. 충성도 중요하지만 충성보다 중요한 것은 하나님의 비밀을 아는 일이다.

'敎'와 '道'를 제대로 알지 못하고는 '宣'과 '傳'을 할 수 없다. 그러므로 선교적인 소명을 온전히 감당하기 위해 먼저 준비해야 할 것은 믿음의 비밀을 아는 일이다. 그러면 우리는 믿음의 비밀을 어떻게 가질 수 있는가? 그것은 말씀의 실험을 통해 얻을 수 있다. 하나님의 말씀은 연구만 한다고 알 수 있는 것이 아니다. 반드시 실험을 해보아야만 한다. 씨앗은 땅에 심어보아 싹이 나오는 것으로 그 존재를 알듯이, 우리는 하나님의 말씀을 믿음으로 심어서 그 결실을 통해 믿음의 비밀을 얻을 수 있게 된다.

히브리서 11장 1절에서, "믿음은 바라는 것들의 실상이요 보이지 않는 것들의 증거"라고 했다. 믿음은 보이지 않는 것이지만 우리는 말씀의 농사와 실험으로, 보이는 증거와 실상을 얻을 수 있게 된다. 그러므로 선교적인 소명을 잘 감당하려면 말씀을 듣기만 하는 자가 되어서는 안 된다. 듣고 행하는 자가 되어야만 한다. 그렇게 할 때 믿음의 비밀을 간직한 사람이 되고 그제야 비로소 선교적인 소명을 수행할 수 있는 사람이 된다.

🔲 탁월성과 전문성을 구비하라

전투에서 가장 중요한 전술 중의 하나는 유리한 고지를 먼저 점령하는 것이라고 한다. 고지를 점령하면 전략적으로 최소한 3배에서 5배까지 유리하다고 한다. 그것은 영적인 전투에서도 마찬가지다. 우리는 앞에서 직업이 곧 소명이라는 이야기를 했다. 직업을 소명으로 알고 직업의 세계에서 선교적인 소명을 잘 감당하려면 그 사람은 직업적인 전문성과 탁월성을 확보해야만 한

선교는 올라운드 플레이어의 각오로 감당해야 한다.

다. 그것이 곧 고지를 정복하는 것이 된다.

직업을 소명으로 알고 직업 세계에서 선교적인 소명을 감당하려면, 자신의 전문 영역에서 누구보다 탁월하고 우수해야 한다. 예수 믿는 사람이라면 자신의 전문 영역에서 남에게 뒤지지 않도록 최선을 다해야 한다. 예수님은 우리에게 낮아지라고 말씀하셨다. 그러나 예수께서 우리에게 낮아지라고 말씀하신 것은 자세에 관한 것이지 실력에 대해서가 아니다. 예수님은 자세를 낮추라고 말씀하셨지 실력을 낮추라고 말씀하신 것이 아니다.

자세를 낮추는 것이 겸손이지, 실력을 낮추는 것은 겸손이 아니다. 하나님은 상한 갈대를 꺾지 않으신다. 그러나 하나님은 우리가 상한 갈대가 되기를 원하시지는 않는다. 하나님은 우리가 쉽게 꺾이지 않는 백향목 같은 사람이 되기를 원하신다. 하나님은 꺼져가는 등불도 끄지 않으시는 분이다. 그러나 하나님은 우리가 꺼져가는 등불 같은 사람이 되기를 원하지 않으신다. 하나님은 우리가 어떠한 바람에도 쉽게 꺼지지 않는 횃불 같은 사람이 되기를 원하신다.

먼저 자기가 맡은 전문 세계에서 뛰어난 사람이 되어야만 그 세계에서 선교의 기회를 얻을 수 있다. 불성실하여 뒤떨어지고 낙오된 자가 그 세계에서 선교의 기회를 얻지 못하게 되는 것은 당연하다. 그러므로 선교에 자신의 소명을 두고 준비하는 사람은 항상 '탁월성'(excellence)과 '전문성'(speciality)을 염두에 두고 학업에 정진하는 일과 훈련하는 일에 성심을 다해야 할 것이다. 선교를 핑계로 공부하는 일과 훈련하는 일을 소홀히 하는 것은 옳지 않다. 탁월성과 전문성으로 자기 직업의 세계에서 승리하고 성공하는 선교사들이 될 수 있기 바란다.

🔲 사랑으로 감당하는 선교

일반교육과 기독교교육에는 매우 중요한 차이가 있다. 일반교육의 진리는 증명을 통해야만 이해가 가능한데, 기독교교육의 진리는 증명으로는 이해에 이를 수 없다는 것이다. 기독교교육의 진리는 증명을 통해 이해에 이르는 것이 아니라 믿음을 통해 이해에 이른다. 그러므로 기독교교육에서 가장 중요한 것은 믿음이다.

그런데 믿음은 교육으로 생겨나는 것이 아니다. 믿음은 사랑에서 생겨난다. 그러므로 선교하려고 하는 사람은 무엇보다 먼저 사랑의 은사를 사모해야 한다. 사람을 사랑하는 뜨거운 마음이 없다면 선교란 불가능한 일이기 때문이다.

초등학교 2학년 때 나의 교회학교 담임선생님은 홍 선생님이라는 대학 2학년의 여선생님이었다. 그 선생님은 아이들을 무척이나 예뻐해주셨다. 주일예배 때마다 아이들을 자기 무릎 위에 앉혀놓고 예배를 드리시곤 했다. 내 차례가 되어 그 선생님 무릎 위에 앉아서 예배를 드리게 되면 세상에 그것처럼 좋은 일이 없었던 기억이 있다.

그 선생님 때문에 내 취미며 특기는 교회 다니는 것이 되고 말았다. 그 선생님의 사랑으로 내 안에는 어려서부터 쉽게 믿음이 자리 잡게 되었다. 그 선생님이 말씀하는 것이면 뭐든지 다 믿을 수 있었다. 그 믿음으로 나는 쉽게 기독교 진리를 이해할 수 있게 되었고, 결국 목사가 되었다. 나는 내가 목사가 된 가장 첫째가는 이유로 주일학교 2학년 때 그 담임선생님의 사랑을 꼽는다.

선교적인 소명을 감당하려면 무엇보다 이 사랑이 중요하다. 사랑이 없으면 선교적인 삶을 견딜 수도 없고 혹시 견뎌낸다고 해도 선교적인 열매를 맺을 수 없다. 사랑이 없으면 믿음이 생기지 않기 때문이다. 사랑은 은사다. 그러므로 사모하면 누구나 하나님께 받을 수 있는 것이 사랑이다. 하나님께 이 사랑의 은사를 받으면 그가 어떠한 성격의 사람이든 상관없이 누구나 사랑의 사람이 될 수 있다. 그렇게 되면 그는 비로소 선교적인 소명을 감당하는 삶을 살 수 있게 된다.

🔷 성령으로 거듭난 사람

예수님은 승천하시면서 제자들에게 "오직 성령이 너희에게 임하시면 너희가 권능을 받고 예루살렘과 온 유대와 사마리아와 땅끝까지 이르러 내 증인이 되리라"(행 1:8)라고 말씀하셨다. 선교적인 소명을 감당하는 사람이 되기 위해 무엇보다 필요한 것이 성령이라는 사실을 우리는 이 말씀을 통해 알 수 있다. 선교적인 삶을 살기 위해 무엇보다 필요한 것 중의 하나가 바로 '세상을 초월함'이다. 세상을 초월하지 못하는 사람은 하나님나라를 위한 일꾼으로서의 삶을 살아내기 어렵다. 어려운 것이 아니라 불가능하다.

세상을 초월하려면 하늘을 보아야 한다. 하늘을 보는 사람만이 세상을 초월할 수 있다. 하늘을 보려면 성령으로 거듭나야만 한다. 예수님은 니고데모에게 사람이 물과 성령으로 거듭나지 아니하면 하나님나라에 들어갈 수 없다고 말씀하셨다. 성령으로 거듭나면 하나님나라를 볼 수 있다는 말씀이다. 성령으로 거듭나 하나님나라를 볼 수 있게 되면, 그는 땅에 살아도 땅을 초월할 수 있다.

그러므로 선교적인 소명을 감당하려면 무엇보다 반드시 성령으로 거듭나는 체험을 해야 한다. 성령으로 거듭남을 체험하지 않고 선교를 한다는 것은 불가능한 일이다. 성령으로 거듭나지 않으면 선교의 삶을 견뎌내지도 못할 뿐 아니라 혹시 견딘다고 해도 열매를 맺을 수 없게 되기 때문이다. 성령을 받는 일은 어렵지 않다. 하나님께서는 우리에게 성령 주기를 원하시는 분이다. 그러므로 누구나 성령 받기를 사모하면 받을 수 있다.

내가 또 너희에게 이르노니 구하라 그러면 너희에게 주실 것이요 찾으라 그러면 찾아낼 것이요 문을 두드리라 그러면 너희에게 열릴 것이니 구하는 이마다 받을 것이요 찾는 이는 찾아낼 것이요 두드리는 이에게는 열릴 것이니라 너희 중에 아버지 된 자로서 누가 아들이 생선을 달라 하는데 생선 대신에 뱀을 주며 알을 달라 하는데 전갈을 주겠느냐 너희가 악할지라도 좋은 것을 자식에게 줄 줄 알거든 하물며 너희 하늘 아버지께서 구하는 자에게 성령을 주시지 않겠느냐 하시니라 눅 11:9-13

여기서 중요한 말씀은 "너희 하늘 아버지께서 구하는 자에게 성령을 주시지 않겠느냐"라는 말씀이다. 이 말씀에서 우리는 매우 중요한 사실을 발견하게 된다. 그것은 우리가 그렇게도 간절히 구하고 찾고 두드려야 할 것이 바로 성령이라는 사실이다. 그리고 성령은 구하고 찾고 두드리면 반드시 받게 된다는 사실이다. 선교적인 소명을 감당하기 위해 무엇보다 필요한 것이 성령이다. 성령의 충만함을 사모하여 구하고 찾고 두드려서 하나님의 응답을 받아 성령의 충만함을 받아야 한다. 그리고 그 능력으로 세상에 나아가 주(主)의 복음을 전하는 사람, 선교의 소명을 잘 감당하는 사람이 되어야 한다.

CHAPTER 28

누구,
총대 멜 사람?

교회와 선교

교회의 가장 중요한 존재 목적 가운데 하나는 선교다. 그러므로 선교를 게을리하거나 소홀히 하는 교회는 이 땅에 존재해야 할 이유와 목적을 상실한 교회라고 할 수 있다.

그런데 불행하게도 오늘날 많은 교회가 바로 이 존재 목적을 상실한 채 무능해지고 약해지고 있다. 세상으로 나아가 복음을 전하는 데는 별 관심이 없고 세상으로부터 교회를 지키고 보호하기 위해 교회의 울타리를 높이고 그것을 튼튼히 하는 데만 관심이 많은 교회로 변질되어가고 있다. 교회는 변화산에 초막을 짓듯 교회의 울타리만 튼튼하게 하여 세상과 완전히 격리된 채 그저 그 안에서 세상에서 맛보지 못하는 영적인 황홀경에만 빠져 있지는 않는가? 교회는 그 안에 안주하여 영적인 전투력을 상실한 무능한 군대로 전락해가고 있다.

🔹 선교회인가 친목회인가

우리나라의 경우 상당한 예산이 국방 예산으로 잡혀 있다. 그것은 비단 우리나라의 경우만 그런 것은 아니다. 국방은 그만큼 중요하다. 많은 예산이 국방이나 첨단과학적 기술이 집약된 전략 무기 개발에 우선적으로 사용되고 있다. 교회에서 선교는 국방과 같은 개념이다. 하나님나라를 방어하고 한 걸음 더 나아가 이 땅에 하나님나라를 확장하는 일이 바로 선교이기 때문이다. 선교를 국방의 개념으로 본다면 교회에서 가장 많은 예산을 지출하는 항목도 당연히 선교 분야가 되어야 한다.

내가 시무하던 당시 동안교회에도 많은 남녀 선교회가 있었다. 동안교회 남녀 선교회의 원칙 중 하나는 예산의 80퍼센트 이상을 선교비로 지출한다는 것이었다. 남녀 선교회를 유지하고 관리하는 데도 물론 예산이 소요되었다. 그러나 가능한 한 관리 예산을 줄이고 선교 예산을 많이 확보하기 위해 노력했다. 많은 교회의 경우, 소속 남녀 선교회가 너무 잡다한 일들을 하려고 하는 경향이 있다. 그런 잡다한 일들 때문에 가장 중요한 선교의 사명이 약해지고 있다. 그것은 옳지 않다. 많은 교회의 남녀 선교회에서는 선교비보다 친교와 같은 조직 관리 비용이 더 많이 소요되고 있다. 실제로 어느 교회의 선교회가 50퍼센트 이상을 선교비로 쓰고 있다고 자랑하는 것을 들은 적이 있는데, 그것은 그리 자랑할 만한 일이 아니다.

많은 교회의 남녀 선교회는 남녀 친목회로 그 이름을 바꾸어야만 한다. 물론 남녀 선교회에도 건전한 의미의 친목이 있어야 한다. 회원 간의 친목도 중요한 목적 중의 하나다. 그러나 먼저 할 일이 있고 나중에 할 일이 있다. 좀 더 중요한 일이 있고 그만 못한 일이 있다. 그 우선순위가 바뀌면 진정한 의미의 선교회가 될 수 없다.

교회나 남녀 선교회 모두 선교의 효율을 높일 필요가 있다. 오늘날 한국교회의 치명적인 문제 가운데 하나가 바로 이 선교 효율이 매우 낮다는 점이다. 선교의 효율이 떨어진다는 것은 그만큼 교회가 선교의 사명을 소홀히 하고 있다는 것을 의미한다.

오늘날 선교에 대해 전투적인 자세를 견지하는 교회들이 나타나고 있다. 그리고 그런 교회가 부흥 성장하고 있다. 예산의 50퍼센트 이상을 선교비로 지출하며 그 일을 감당하기 위해 예배당 짓는 일도 뒤로하는 교회, 에어컨도 틀지 않는 교회도 있다. 물론 지나친 것도 문제가 되지만 지금의 한국교회로서는 선교에 관해 좀 더 전투적인 자세를 가질 필요가 있다. 그리고 선교의 효율을 높이기 위해 좀 더 힘쓰고 노력해야 한다.

🔲 선교 전략이 없다

선교를 전투에 비유한다면 가장 시급한 일 중의 하나는 선교를 위한 전략을 개발하는 일이라고 할 수 있다. 한국교회의 가장 큰 약점 중에 하나가 바로 전략이 없다는 점이다. 똑같이 100만 원을 써도 연구하고 전략을 짜서 쓰면 좀 더 효율이 높아진다. 생각 없이 과거의 습관을 좇아 무비판적으로 예산을 사용하고 집행한다면 자연히 선교의 효율은 낮아질 수밖에 없다.

그러나 한국교회에 본래부터 선교 전략이 없었던 것은 아니다. 어떤 의미에서 보면 세계적으로도 한국교회처럼 좋은 선교 전략으로 효과적인 전투를 치른 교회도 그리 많지 않다고 생각한다. 한국교회가 비교적 짧은 시간 안에 세계적인 교회를 이룰 수 있었던 것은 바로 그런 효과적인 선교 전략이 있었기 때문이다. 그동안 한국교회에서 좋은 효과를 거두었던 선교 전략으로는 다음과 같은 몇 가지가 있다.

첫째, 농어촌 교회 및 미자립 교회의 지원이다.

아마 한국교회처럼 농어촌 교회나 미자립 교회를 적극 지원하는 교회도 세계에 그리 흔치 않을 것이다. 한국교회는 설립되면 으레 더 약한 교회를 지원하려고 한다. 아직까지 다른 교회의 지원을 받고 있는 교회라도, 한 달에 5만 원, 10만 원씩 보태어 더 약한 교회를 돕는 모습도 쉽게 찾아볼 수 있다. 그런 정신과 전

군대는 선교의 황금 어장이다.

략은 참으로 소중하고 매우 효과적이어서, 힘들고 어려운 상황
속에서도 방방곡곡에 교회를 세우고 하나님나라를 확장하는 데
큰 역할을 감당했다.

둘째, 군 선교다.

군 선교도 한국교회가 세계에 자랑할 만한 효율적인 선교 전
략 중에 하나다. 한국교회는 군 선교에 아주 열심이다. 군목 제
도를 창설하여 군목을 파송하고 부대마다 교회를 세우도록 지
원하는가 하면, 군목들이 효과적으로 목회할 수 있도록 승용차
까지 지원해줄 만큼 적극적이었다. 한국교회가 가장 열심을 낸
선교 중의 하나가 바로 군 선교였다고 할 수 있을 것이다.

군 선교는 대단한 황금 어장이다. 가장 힘들고 어려울 때, 그리고 외로울 때 군목과 군종을 통하여 군인들을 위로하고 섬기게 함으로써 그들을 하나님께로 돌아오게 하는 중요한 역할을 맡은 것이 군 선교였고, 그와 같은 전략은 대성공을 거두었다고 평가할 수 있다.

군 선교는 예수님 오실 때까지도 유효한 효과적인 선교 전략 중의 하나다. 군 선교 전략을 고루하다고 생각하여 포기하지 말고 끝까지 잘 유지해야 하겠다.

셋째, 학원 선교이다.

군 선교 못지않게 중요하고 효과적인 전략 가운데 하나가 학원 선교다. 엄밀히 말해서 학원 선교는 한국교회가 개발한 전략이 아니라 해외 선교사들이 개발한 전략이라고 할 수 있다. 선교사들은 곳곳에 학교를 세우고 아이들을 가르치기 시작했다. 기독교학교에서 교육을 위주로 선교했던 전략은, 교육열이 높은 우리 민족의 정서와 잘 맞아떨어져서 대단한 선교 효과를 거두었다. 학원 선교가 한국교회의 부흥과 발전에 기여한 공은 말로 다 할 수 없이 크다.

미션스쿨 계통의 어느 여자 중고등학교 교장으로 봉직하고 계신 장로 한 분을 알고 있다. 어느 날 학교에 갔더니 학생들 때문에 마음이 많이 상했는지 크게 낙심하고 계신 것 같았다. 그 분을 위로하면서 나는 이런 말씀을 드린 기억이 있다.

"장로님, 너무 속상해하지 마세요. 저 녀석들이 암만 그래도 코가 꿰였습니다. 아무리 말을 안 듣는 것 같아도 죽기 전에 80퍼센트는 꼭 예수 믿을 겁니다. 그러니 너무 상심하지 마세요."

어느 날 그 학교에 여선생님 한 분이 새로 부임하셨는데, 그 선생님의 어머니가 바로 그 여고 출신이라고 했다. 교장 선생님은 그 여선생님의 어머니를 통해 몇십 년 전 그 학교를 졸업한 동창의 전화번호를 알아내어 40명에게 일일이 전화를 걸었다. 과연 그들 중 몇 명이나 교회를 다니고 있는지 알아보기 위해서였다. 40명 중 33명이 교회를 다닌다고 했다. 내 말이 맞았다. 정말 미션스쿨 계통의 중고등학교를 졸업한 사람 중 80퍼센트 이상이 예수를 믿고 있었으니 말이다.

학원 선교는 이처럼 효율적인 선교임에도 불구하고 선교사들이 떠난 이후, 한국교회는 이 일에 최선을 다하지 못했다. 교회가 한참 부흥하고 발전할 때에도 우리 손으로 세운 기독교학교가 그다지 많지 않았다. 참으로 안타까운 일이 아닐 수 없다. 이제 한국교회는 더 늦기 전에 학원 선교에 다시금 눈을 돌려야 한다. 힘이 있는 교회는 예배당만 짓지 말고 학교도 지어야 한다. 학교를 세울 만하지 못하면 지금 있는 기독교학교라도 적극적으로 지원해야 한다. 한국교회가 학교에 눈을 돌린다면 21세기에도 교회는 변함없이 부흥하고 성장할 것이다.

넷째, 사회 선교이다.

교회가 이 땅에 들어왔을 때부터 최근에 이르기까지 한국은 참으로 가난하고 어려움이 많았던 나라였다. 불과 50년 전만 해도 우리나라는 세계에서 손꼽히는 가난한 나라였다. 또 전쟁으로 많은 상처가 있는 나라이기도 했다. 교회는 이 가난과 상처를 외면하지 않았으며 앞장서서 보듬고 살펴주었다. 고아원과 모자원을 세우고, 가난한 이웃에게 입을 것과 먹을 것을 공급해주는 일에 나름대로 최선을 다했다. 전략적인 사업은 아니었지만 그것이 결과적으로 아주 효과적인 선교가 되었다는 점은 부인할 수 없다. 그동안 한국교회는 우는 사람과 함께 울고 아파하는 사람과 함께 아파하는 교회였다. 그런 점이 많은 사람을 교회로 이끄는 결과를 낳게 되었다.

그런데 지금은 어떠한가? 어느 순간 한국교회는 가난한 이웃들에 대한 관심을 잃어버렸다. 그 결과 가난한 우리의 이웃들 또한 교회에 대해 관심을 잃어버린 지 오래다. 이 점이 오늘날 한국교회가 성장을 멈추고 정체와 퇴보의 길을 걷게 된 중요한 원인 가운데 하나가 되었다. 이에 반해 천주교는 다른 어떤 종교 단체나 교단보다 가난하고 소외된 이들에 대해 관심을 많이 가지고 그들을 섬기고 있다. 곳곳에 무료병원을 세우고 노숙자들을 위해 거처를 마련하는 일이라든가, 무료 식사를 제공하는 일에 깊은 관심을 가지고 사역하고 있다.

그 결과 개신교가 정체와 답보를 계속하고 있는 동안에도 천주교는 계속 성장했다. 천주교의 성장 배경으로 꼽는 중요한 원인 중에 하나가 가난한 이웃에 대한 적극적인 배려라는 점은 누구도 부인하지 못할 것이다. 여기서 우리는, 가난한 이웃들을 섬기는 사회 선교가 전략적으로 얼마나 큰 효과를 올릴 수 있는지 다시 한번 확인할 수 있었다.

　　그동안 한국교회가 이만큼 성장 발전하게 된 것은 절대로 우연이 아니다. 한국교회가 선교를 아주 전략적으로 잘 해왔기 때문이다. 그러나 세월이 흐르고 교회가 조금씩 부흥하고 성장하면서, 이제 한국교회는 구체적인 선교 전략에 둔해지고 게을러지기 시작했다.

　　새로운 전략을 개발하는 일은 둘째 치고, 아직도 많은 효과를 볼 수 있는 전략들을 서서히 포기하고 있다는 데 문제가 있다. 앞서 이야기한 학원 선교나 사회 선교는 아직도 유효한 선교 전략인데, 많은 교회가 그런 측면의 선교에서 점차 손을 떼고 있는 실정이다. 한국교회는 효과적인 선교 전략을 계속 펼쳐나가야 한다. 또 거기서 만족하지 않고 새로운 선교 전략을 개발해내야만 한다. 나는 선교를 전공한 선교 전문가는 아니지만, 비즈니스 분야에 전략적인 의미를 두고 선교하려고 노력해왔다.

🔲 비즈니스 선교

10년 동안 섬기던 동안교회를 사임하고 쉰이 넘은 늦은 나이에 높은뜻숭의교회를 개척했다. 개척은 새 부대와 같은 신선함과 새로움을 허락해주었다. 전에 보지 못했던 것, 계속 머물러 있었으면 생각지 못했을 것들이 보였다. 그중에 중요한 하나가 '하나님나라'에 대한 새로운 관점이었다.

마태복음 20장에 보면 포도원 주인의 비유가 나온다. 포도원 주인은 새벽부터 오후 5시까지 틈만 나면 시장에 나가 일자리를 얻지 못한 사람들을 자기 포도원에 들여보낸다. 오후 5시에 들어간 사람은 한 시간밖에 일하지 못했다. 그런데도 포도원 주인은 그 사람에게도 다른 사람과 똑같이 한 데나리온의 품삯을 지급하였다.

그것은 충동적인 일이 아니었다. 포도원 주인은 본래부터 그럴 작정이었다. 온종일 일하고 같은 품삯을 받은 노동자가 항의할 때 그는 '그렇게 하는 것이 내 뜻'이라고 당당히 대답했다. 그 말에 참 깊은 감동을 받았다.

'그렇게 하는 것이 자기 뜻이라고?!'

나는 그 비유의 말씀을 새롭게 읽으며 '이 포도원 주인은 포도원을 위하여 일꾼을 고용한 사람이 아니라, 일꾼을 고용하여 품삯을 주고 싶어서 포도원을 경영한 사람 같아 보인다'는 생각을 했다. 이 포도원 주인의 비유는 예수님이 우리에게 하나님나라를 설명해주기 위해 사용하신 말씀이다. 그래서 이 말씀은 "천국은 마치"라는 말로 시작된다.

'맞네, 그럼 하나님나라네. 그런 사고방식과 삶의 철학을 가지고 사는 사람들이 있다면 거기가 하나님나라지!'

마태복음 20장의 말씀을 통해 새로운 선교의 패러다임을 갖게 되었다. 그것은 '비즈니스 선교'였다. 나는 비즈니스는 철저히 포도원을 경영하기 위하여 일꾼을 고용하는 것이라고만 생각했다. 그런데 일꾼을 고용하여 품삯을 주고 싶어서 포도원을 경영하는 식의 비즈니스도 있을 수 있겠다는 생각을 하게 되었다. 나중에 알게 되었는데 그것이 바로 사회적기업이었다. 일반 기업은 빵을 팔기 위하여 고용하지만, 사회적기업은 고용하기 위해 빵을 파는 기업이라는 것을 알게 되었다.

보이지 않는 성전 건축 프로젝트

높은뜻숭의교회는 처음에 학교 강당을 빌려서 교회를 시작했다. 출석 교인이 3천 명쯤 되었을 때 건축헌금을 당회에 제안했다. 장로님들은 내가 예배당을 지으려고 생각한 줄 알고 좋아하셨다. 그런데 내가 이야기한 건축헌금 이름을 들으시고는 다들 웃으셨다. 내가 제안한 성전 건축헌금은 '보이지 않는 성전 건축헌금'이었다.

성전 건축을 위해 헌금하여 그 돈으로 예배당을 짓지 않고(나

중에 짓고) 먼저 하나님이 기뻐하시는 일을 하자는 것이었다. 그것이 높은뜻숭의교회의 보이지 않는 성전 건축 프로젝트가 되었다. 교인들이 기쁨으로 동의해주어서 200억 원의 헌금이 작정되었다. 그 돈으로 열매나눔재단을 세웠다.

그리고 제일 먼저 탈북자들의 자립을 위한 공장을 세웠다. 탈북자 23명을 고용하여 메자닌아이팩이라는 박스 제조 공장을 시작했는데, 6개월 만에 첫 흑자를 기록했다. 기적 같은 일이었다. 우리나라의 130개 언론이 이를 보도하였다. 이에 감동 받은 정부의 지원으로 메자닌에코원이라는 커튼 공장도 세웠다. 두 공장은 지금까지 10년 넘게 잘 생존해오고 있다.

공장을 시작할 때 탈북자들에게 전도하지 않는다는 원칙을 세웠다. 그리스도 예수의 마음으로 진심으로 저들의 자활과 자립을 돕고 섬기겠다는 결심만 했다. 그리고 실제로 그 원칙을 지켰다. 그러면 저들의 마음이 열릴 것이라 생각했다.

목사가 장사꾼이냐며 못마땅해하는 목회자들이 있었다. 목사가 복음을 전하고 씨를 뿌려야 하는 것 아니냐고 공격성 발언을 하는 사람도 많았다. 그러면 나는 이렇게 대답했다.

"씨를 뿌리기 전에 먼저 해야 할 일이 있습니다. 그게 뭔지 아십니까? 밭을 가는 것입니다. 밭을 갈기도 전에 씨를 뿌리는 걸 뭐라고 하는지 아십니까? 씨도 안 먹히는 소리라고 합니다."

내 전략은 성공했다. 우리 공장 출신 탈북자 중에는 예수 믿는 사람이 참 많다. 공장을 시작한 지 4년쯤 되었을 때, 직원의 약 40퍼센트 정도가 교회에 출석하고 예수를 믿고 있다는 보고를 받았다.

탈북 청년들을 위하여 블리스 앤 블래스라는 커피 전문점을 몇 년 동안 운영한 적도 있다. 그때 점장으로 있던 탈북 청년이 꽤 오랫동안 교회를 나가지 않았다. 그래도 전도하지 않았다. 단지 예수 그리스도의 마음으로 섬기고 인격적으로 대해주며 가까이 하였다.

2011년 11월, 그 점장 청년이 페이스북에 기막힌 글을 올렸다. 내용을 정리해보면 다음과 같다.

나는 이북에 있을 때부터 속에 있는 이야기를 누구에게도 하지 않았다. 친구에게도, 형제에게도, 부모에게도…. 그런데 요즘 이상한 버릇이 생겼다. 자꾸 누구에게 이야기하기 시작했다는 것이다. 그런데 그 이야기하는 대상이 하나님이시다. 2011년에 제일 잘한 일은 하나님을 만난 일이다.

눈물이 핑 돌았다.

피피엘 재단과 백사장 프로젝트
교회를 은퇴하면서 부모님의 유산을 팔아 피피엘(People &

Peace Link)이라는 재단을 세웠다. 피피엘 재단의 대표적인 사업 중 하나는 백사장 프로젝트이다. 탈북자와 사회적 취약계층민 100명을 사장으로 만들겠다는 돈키호테와 같은 프로젝트다.

후원을 결정해준 대기업과 미래나눔재단 그리고 남북하나재단 등의 지원을 받아 탈북자들에게 약 7개월간 직업 교육을 하고 가능성이 있어 보이는 친구들을 뽑아 일본식 전통 라멘 가게를 열어주는 것이다. 그것을 위하여 '이야기를 담은 라멘'이라는 프랜차이즈를 만들었다.

재단이 약 1억 5천만 원에서 2억 원 정도를 먼저 투자하여 가게를 열어주고 그들에게 가게 운영을 맡긴 후 약 5년에 걸쳐서 그 돈을 벌어 갚게 하는 것이다. 하루 매상 80만 원 정도를 올리면 자기가 한 달에 약 2백에서 3백만 원 정도를 생활비로 사용하고 5년 안에 1억 5천만 원 정도의 빚을 갚을 수 있다. 그러면 그 가게를 그 친구 앞으로 넘겨주는 프로젝트다.

어린이 대공원 쪽에 이야기를 담은 라멘 세종점이 있다. 2년 만에 1억 5천만 원을 다 상환하고 2019년 4월에 가게 이양식을 할 예정이다. 우리 재단의 대박 사건이라고 할 수 있다.

그 사장에게 가게를 시작하기 전 이렇게 물었다.

"벌면 당신 것, 망하면 재단 것. 사장님은 우리가 왜 이런 말도 안 되는 일을 한다고 생각하세요?"

도무지 그 이유를 모르겠다는 사장에게 다음과 같이 이야기해주었다.

"제가 목사잖아요? 제가 예수 믿는 사람이잖아요? 우리 예수 믿는 사람은 하나님나라를 믿어요. 그런데 하나님나라는 이렇게 사는 겁니다."

물론 어려움도 많았다. 실패하여 문 닫은 공장과 카페와 라멘 가게들이 있다. 그래도 포기하지 않고 끝까지 붙잡고 매달렸더니 앞서 언급했듯이 우리가 기대하고 예상한 것 이상의 기적과 같은 일들이 일어나고 있다. 그런데 중요한 것은 사업은 실패도 하고 성공도 하는데, 하나님의 나라를 전파하는 선교는 실패를 통해서도 성공하고, 성공을 통해서도 성공한다는 것이다.

다양한 선교의 방법과 도구가 있다. 목회하면서 그것들을 실험해보고 실천해보았다. 그런데 제일 힘들고 어렵긴 하지만, 비즈니스처럼 하나님나라를 위하여 사용하기 좋은 선교적 도구는 그다지 많지 않다는 생각을 한다.

요즘 사람들은 비즈니스 선교를 BAM(Business As Mission)이라고 부른다. 나는 BAM이라는 말보다 굳이 쓰자면 BIM이라고 쓰고 싶다. "Business Is Mission"이란 표현이 더 마음에 와닿기 때문이다.

우리 예수 믿는 사람들이 포도원 주인 같은 마음으로 사업을 한다면 예수님의 말씀처럼 이 땅에 하나님의 나라가 훨씬 더 빨리 확장되지 않을까 생각해본다.

🔲 하나님의 보급

세계에서 가장 강한 군대를 가진 나라는 어느 나라일까? 몇 나라를 꼽을 수 있겠지만 그중에도 가장 강력한 나라가 미국이라는 데는 누구도 이의를 제기하지 않을 것이다. 그렇다면 미국이 세계 최강의 군대를 보유하게 된 이유는 무엇일까? 여러 가지를 들 수 있지만, 가장 중요한 것을 꼽으라면 당연히 '최고의 보급'을 들 수 있다. 세계에서 미국만큼 자국 군대에게 최고의 것으로 보급해줄 수 있는 나라는 아마도 없을 것이다.

그러나 미국과 비교도 안 될 만큼 막강한 보급이 가능한 나라가 있다. 그것은 하나님나라다. 미국의 보급도 하나님나라의 보급에 비하면 상대가 되지 않는다. 세상 최고의 보급은 하나님나라의 보급이다. 그 보급을 받는 사람은 어떠한 상황에서도 승리하고 또 성공하게 된다.

그런데 하나님은 그 하나님나라의 보급을 누구에게 하시는가? 하나님나라의 확장을 위해 십자가의 군병으로 헌신한 자에게 하신다. 가장 훌륭하고 막강한 보급은 그 나라를 위해 싸우는 사람, 군인에게 해주신다. 그것은 하나님나라에서도 마찬가지이다.

선교에 소명을 가지고 선교의 삶을 살아가려고 하는 사람들에게 하나님은 최고의 것으로 보급해주신다. 그것은 개인이나 교회도 마찬가지다. 하나님의 막강한 보급을 통해서만 자신과의 싸움에서 승리할 수 있고 세상과의 싸움에서도 승리할 수 있다. 우리가 선교의 마인드를 가지고 살아갈 때, 하나님께서는 전투기도 주시고 미사일도 주신다. 나는 그렇게 믿는다.

크리스천 베이직

초판   1쇄 발행 2000년 4월 20일
초판   85쇄 발행 2018년 4월 16일
개정판 1쇄 발행 2019년 4월 1일
개정판 13쇄 발행 2025년 5월 7일

지은이   김동호

펴낸이   여진구
책임편집   이영주
편집   박소영 최현수 구주은 안수경 김도연 김아진 정아혜
책임디자인 노지현 | 마영애 조은혜 정은혜
홍보·외서   진효지
마케팅   김상순 강성민   **마케팅지원** 최영배 정나영
제작   조영석 허병용   **경영지원**   김혜경 김경희

303비전성경암송학교 유니게 과정
이슬비전도학교 / 303비전성경암송학교 / 303비전꿈나무장학회

펴낸곳   규장

주소   06770 서울시 서초구 매헌로 16길 20(양재2동) 규장선교센터
전화   02)578-0003   팩스   02)578-7332
이메일 kyujang0691@gmail.com   홈페이지 www.kyujang.com
페이스북 facebook.com/kyujangbook   인스타그램 instagram.com/kyujang_com
카카오스토리 story.kakao.com/kyujangbook
등록번호 1922-2461
since 1978.08.14

ⓒ 저자와의 협약 아래 인지는 생략되었습니다.
이 출판물은 저작권법에 의해 보호를 받는 저작물이므로 무단 전재와 무단 복제를 할 수 없습니다.

책값   뒤표지에 있습니다.
ISBN 978-89-6097-575-0 03230

규 | 장 | 수 | 칙

1. 기도로 기획하고 기도로 제작한다.
2. 오직 그리스도의 성품을 사모하는 독자가 원하고 필요로 하는 책만을 출판한다.
3. 한 활자 한 문장에 온 정성을 쏟는다.
4. 성실과 정확을 생명으로 삼고 일한다.
5. 긍정적이며 적극적인 신앙과 신행일치에의 안내자의 사명을 다한다.
6. 충고와 조언을 항상 감사로 경청한다.
7. 지상목표는 문서선교에 있다.

하나님을 사랑하는 자 곧 그의 뜻대로 부르심을 입은 자들에게는 모든 것이 合力하여 善을 이루느니라(롬 8:28)

 Member of the Evangelical Christian Publishers Association

규장은 문서를 통해 복음전파와 신앙교육에 주력하는 국제적 출판사들의 협의체인 복음주의출판협회(E.C.P.A:Evangelical Christian Publishers Association)의 출판정신에 동참하는 회원(Associate Member)입니다.